코로나19시대 부합되는 신앙생활 하실 분의 책

코로나19
시대의
신앙생활
강요셉지음

"너희는 너희가 하나님의 성전인 것과 하나님의 성령이 너희 안에 계시는 것을 알지 못하느냐 (17) 누구든지 하나님의 성전을 더럽히면 하나님이 그 사람을 멸하시리라 하나님의 성전은 거룩하니 너희도 그러하니라."(고전 3:16-17)

성령

코로나9 시대의
신앙생활

성령

들어가는 말

지금 코로나19는 수그러들 기세가 전혀 보이지 않고 있으며, 확진자와 사망자의 수는 계속해서 증가하고 있습니다. 코로나19로 인하여 개인적인 신앙생활이 녹록치 못하게 되었습니다. 우리는 최근 확진자가 확산되면서 사회적 거리두기 수도권 4단계 지방은 3단계 격상과 함께 더욱 긴장하면서 생활하고 있을 때도 있었습니다. 다행스럽게도 거리두기 3-4단계에서도 완화되어 교회들마다 10%-20%의 성도들이 예배당에서 대면예배를 드리고 있습니다.

코로나19 시대라고 해서 우리 신앙의 본질이 달라지는 것은 결코 아닙니다. 우리의 외형적인 삶의 환경과 조건에 많은 변화가 생길지라도, 우리의 신앙은 하나님께서 우리에게 기대하시는 것으로부터 출발해야 하고, 예수께서 우리에게 가르치신 것에 순종하는 것으로 꽃피어야 합니다.

이제 우리는 코로나19 시대를 직시하며 자신부터 진리의 근원인 '하나님의 말씀'으로 돌아가는 것, '살아계신 하나님의 성전이 되는 것,' 나부터 '알곡성도'가 되어 하나님의 성전으로 살아가려는 신앙을 결단해야 합니다. "나는 너로 인해 존재하고, 너는 나로 인해 존재하며, 너 없이는 내가 없고, 나 없이는 네가 없다."는 공동체 정신을 지녀야 합니다. 또한 너와 나는 하나의 하늘나라 성전이기 때문에 내가 성전이 완전하기 위해서라도 너의 성전이 완전해야 하고, 코로나19 시대에도 너와 내가 살아계신 하나님의 성전이 되기 위해서 "알곡성도"로 신앙생활을 해야 합니다.

　이 책은 코로나19 시대를 살아가는 우리 믿는자들의 예배생활과 알곡성도들의 영성생활에 대하여 정보를 제공합니다. 많은 크리스천들이 비대면 예배를 드리다가 보니까, 신앙이 흔들린다는 것입니다. 예배는 분명하게 영과 진리로 드리는 것인데 예배를 본다고 말하고 행하여 성령이 충만하지 못하고 영성이 메말라가고 있는 것이 사실입니다.

　성도는 영적인 능력이 생명입니다. 영적능력이라고 함은 예수님, 즉 성령하나님과 영적으로 교제하는 생명력 넘치는 내외적 생활과 하늘나라, 성령 충만, 믿음 충만을 의미합니다. 영적 능력은 영과 진리로 드리는 예배와 성령으로 기도할 때 자신 안에 계시는 성령의 역사로 영적 충전을 받아 능력 있는 삶을 살아 갈수가 있습니다. 이 책을 통하여 코로나19 시대에 합리적인 신앙생활을 통하여 걸어다니는 성전으로 하나님의 살아계심을 나타내기 바랍니다.

주후 2021년 9월 28일
충만한 교회 성전에서
저자 강요셉목사

세부적인목차

3부 코로나시대 영혼이 깨어있는 신앙생활

4부 코로나시대 개별 신앙을 관리하는 비결

1부 코로나19로 신앙생활이 쉽지 않다.

1장 주님께서 왜 세상에 코로나를 허락했을까?

(고전 3:16-17)"너희는 너희가 하나님의 성전인 것과 하나님의 성령이 너희 안에 계시는 것을 알지 못하느냐 (17) 누구든지 하나님의 성전을 더럽히면 하나님이 그 사람을 멸하시리라 하나님의 성전은 거룩하니 너희도 그러하니라."

코로나19 전염병은 벌써 2년이 다되어가도록 기세가 꺾이는 것이 아니라 점점 더 강하게 역사하고 있습니다. 정부에서 굵고 짧게 코로나를 종식시키겠다고 수도권에 4단계를 선포하며 대처했지만 코로나는 잡히지 않고 벌써 3개월이 다 되도록 2,000-3,000명의 확진자가 속출하고 있습니다.

이는 우리나라만의 문제가 아니라 전 세계적인 문제입니다. 이 쓰나미는 우리의 신앙관을 점검하고 바꾸도록 시험하고 있습니다. 평상시에는 몰랐는데 우리가 믿는 내용이 어떤 것인지 그 민낯이 드러나고 있습니다. 예를 들면, 비대면 예배로 전환하라는 정부의 방역지침을 종교탄압이라고 저항하는 교회들이 있습니다. 그 몇몇 교회들을 바라보는 세상의 시선은 이미 기독교 전체를 향한 조롱과 비난으로 바뀌었습니다. 교회는 이제 만천하에 드러난 자신의 실체를 돌아보고, 그 근본을 다시 점검해서 보강하여 하나님의 뜻을 이루어 드려야 하는 과제를 받았습니다. 우리는 예수님을 믿는 하나님의 자녀들입니다. 하나님께서 왜 코로나19를 허락하셨는지 하나님의 뜻을 분명하게 깨달아야 합니다.

첫째, 하나님께서 왜 코로나19를 세상에 허락하셨을까요?
하나님은 예수님을 믿고 성령으로 거듭난 성도 한 사람 한 사람이 살아계신 하나님의 성전이 되기를 원하십니다. 우리는 처음 교회에서 코로나19가 전염된 사실을 상기해볼 필요가 있습니다. 대구 신천지입니다. 다수의 사람이 모여서 집회를 한 결과 코로나19가 집단으로 발생을 했습니다. 그 뒤에도 다수의 사람들이 모여서 예배를 드리고 집회를 한 곳에서 코로나19가 집단으로 감염이 되었습니다. 이런 사건을 바르게 판단하여 하나님의 뜻을 깨달아 알려면 눈을 감고 성령의 지배와 장악된 가운데 성령의 인도하심을 받으며 하나님의 깊은 뜻을 헤아려야 합니다.

하나님은 이렇게 집단으로 모여서 예배를 드리고 집회를 하는 것을 좋지 않게 여기신다는 것입니다. 구약과 신약성경을 잘 읽어보면 하나님은 웅장한 건물 안에 집단으로 모여서 예배를 드리는 것을 원치 않으셨습니다. 쉽게 설명하면 특정한 건물을 신성시하는 것을 원치 않으신다는 것입니다. 사도행전 17:24-25에 보면 "우주와 그 가운데 있는 만물을 지으신 하나님께서는 천지의 주재시니 손으로 지은 전에 계시지 아니하시고 (25)

또 무엇이 부족한 것처럼 사람의 손으로 섬김을 받으시는 것이 아니니 이는 만민에게 생명과 호흡과 만물을 친히 주시는 이심이라." 그런대도 우리 성도들이 잘못알고 있는 것이 하나님께서 콘크리트와 벽돌로 지어진 교회예배당에 하나님께서 계신 줄로 오해하는 것입니다.

하나님은 손으로 지은 전에 계시지 않고 예수님을 주인으로 모신 성도들을 성전 삼고 계시는 것입니다. **"너희는 너희가 하나님의 성전인 것과 하나님의 성령이 너희 안에 계시는 것을 알지 못하느냐 (17) 누구든지 하나님의 성전을 더럽히면 하나님이 그 사람을 멸하시리라 하나님의 성전은 거룩하니 너희도 그러하니라."**(고전 3:16-17). 하나님은 성도 한 사람 한 사람을 성전삼고 주인으로 계시는 것입니다. 하나님은 보이지 않지만 살아계신 인격을 가지고 계신 하나님이십니다. 인격을 가지신 하나님께서 콘크리트와 벽돌로 지어진 인격이 없는 건물에 거하시지 못하는 것입니다. 하나님은 분명하게 하나님께서 계신 곳은 건물이 아니라 하늘입니다. 이는 솔로몬이 **솔로몬 성전에서 하나님께 기도한 사실을** 성경에 보면 밝히 깨달을 수가 있습니다. **"주의 종과 주의 백성 이스라엘이 이곳을 향하여 기도할 때에 주는 그 간구함을 들으시되 주께서 계신 곳 하늘에서 들으시고 들으시사 사하여 주옵소서"**(왕상 8:30). **"주는 계신 곳 하늘에서 그들의 기도와 간구를 들으시고 그들의 일을 돌아보시오며"**(왕상 8:49). 그런 지금 성령님이 역사하시는 교회시대에 하나님은 어디에 계십니까? 예수를 믿고 성령으로 거듭난 성도 안에 계십니다. "너희는 너희가 하나님의 성전인 것과 하나님의 성령이 너희 안에 계시는 것을 알지 못하느냐 (17) 누구든지 하나님의 성전을 더럽히면 하나님이 그 사람을 멸하시리라 하나님의 성전은 거룩하니 너희도 그러하니라."(고전 3:16-17). 우리는 바르게 알고 믿음생활을 해야 합니다. 우리가 기도하면 성령하나님께서 계신 곳 우리 안에서 응답을 하시는 것입니다.

하나님은 벽돌로 지어진 웅장한 건물에 계시면서 응답하시지 않고 하나님께서 친히 지으신 사람을 성전삼고 계시면서 응답하시는 것입니다. 예수님의 말씀에 귀를 기우려야 합니다. "조금 있으면 세상은 다시 나를 보지 못할 것이로되 너희는 나를 보리니 이는 내가 살아 있고 너희도 살아 있겠음이라 (20) 그 날에는 내가 아버지 안에, 너희가 내 안에, 내가 너희 안에 있는 것을 너희가 알리라"(요 14:19-20). 하나님은 우리를 성전삼고 주인으로 계십니다. 성도가 살아계신 하나님의 성전입니다.

그래서 하나님은 성도들이 웅장한 건물 안에 집단으로 모여서 예배를 드리는 것을 원치 않으시는 것입니다. 이는 사도행전에 나오는 초대교회의 상황을 보면 바르게 깨닫게 됩니다. "그 때에 스데반의 일로 일어난 환난으로 말미암아 흩어진 자들이 베니게와 구브로와 안디옥까지 이르러 유대인에게만 말씀을 전하는데"(행 11:19). 하나님은 어느 한 곳에 모여서 한가하게 예배들이고 집회하는 것을 원하시는 것이 아니고 성도 한 사람 한 사람이 걸어 다니는 하나님의 성전이 되어 세상에 하나님의 나라를 건설하기를 원하시는 것입니다. 요한계시록에 나오는 일곱 교회가 지금 그대로 있습니까? 모두 파괴가 되었습니다. 하나님은 세상 사람들을 동원하여 교회를 핍박하게 하여 초대교회 성도들을 흩으신 것입니다. **"사울이 교회를 잔멸할 새 각 집에 들어가 남녀를 끌어다가 옥에 넘기니라 (4) 그 흩어진 사람들이 두루 다니며 복음의 말씀을 전할새** (5) 빌립이 사마리아 성에 내려가 그리스도를 백성에게 전파하니"(행 8:3-5).

지금 코로나19 시대를 잘 분별하여 보시고 바르게 깨닫기를 바랍니다. 코로나19속에서도 정부에서 크고 웅장한 건물 속에서 집단으로 모여서 예배를 드리는 것을 통제하지 않으면 아마 코로나19가 다수에게 전염이 되어도 아랑곳 하지 않고 집단으로 모여서 예배드리는 것을 중단하지 않았을 것입니다. 하나님은 집단으로 모여서 예배하고 집회하는 장소에서 코로나19가 집단으로 발생하도록 허용하시어, 정부가 이를 통제하여 집단으로 모여서 예배를 드리지 못하게 했다고 볼 수가 있습니다.

이렇게 되니 자연스럽게 흩어져서 소규모로 예배를 드리면서 살아계신 하나님의 성전으로 살아가도록 역사하시는 것입니다. 성도들의 삶이 예배가 되기를 원하시는 것입니다. 지금의 경우를 생각해 보세요. 아무리 큰 교회, 한 번에 1만 명을 수용하는 교회라고 해도 99명 이상 들어가 예배를 드리지 못합니다. 그래서 주일이면 새벽부터 시간을 쪼개서 예배를 연속적으로 드리지 않습니까? 하나님은 한꺼번에 1천명이 모여서 예배를 드리는 것을 좋게 여기지 않습니다. 우리는 하나님의 뜻을 바르게 깨닫고 헤아려야 합니다. 지금 신앙이 약한 초신 자들은 웅장한 건물이 있는 교회에 하나님께서 계신 줄로 착각하고 있습니다. 필자가 병원에 능력전도 하러 다닐 때 이런 말을 들었습니다. **큰 교회를 목회하시는 목사님이 능력이 강하다는 말입니다. 필자와 같이 작은 교회 목사는 능력이 약하거나 능력이 없다는 것입니다.** 그러니까, 영적으로 성령으로 진리를 깨달아 영의 눈과 귀가 열리지 않은 성도들은 지금도 웅장한 건물 안에 하나님께서 거하시는 줄로 아는 것입니다. 하나님의 뜻은 웅장한 건물이 우상이 되는 것을 원하시지 않습니다. 예수를 믿는 한 사람 한 사람이 살아계신 하나님의 성전이 되는 것을 원하십니다. 그래서 계시록에 나오는 일곱 교회를 모두 파괴해버리신 것입니다. 그대로 두면 한 사람 한 사람이 살아계신 하나님의 성전 되는 일에는 관심이 없고, 크고 웅장한 건물을 건축하는데 온 정성과 마음을 다할 소지가 있기 때문입니다. 사람은 큰 건물을 통해 자신을 나타내기를 좋아하는 심리 때문입니다.

이스라엘을 왜 70년 바벨론 포로로 끌려가게 하셨습니까? 우상을 숭배했기 때문입니다. 남 유다가 망하기 직전 활동했던 예레미야 선지자는 그들의 죄를 지적하면서, **우상숭배에 대하여 여러 차례 경고하였습니다**(렘 1:16-17, 5:19, 13:10, 25:6-7, 44:5-6 등). **"무리가 나를 버리고 다른 신들에게 분향하며 자기 손으로 만든 것들에 절하였은즉 내가 나의 심판을 그들에게 선고하여 그들의 모든 죄악을 징계하리라** (17) 그러므로 너는 네 허리를 동이고 일어나 내가 네게 명령한 바를 다 그들에게 말하라 그들 때문에 두려워하지 말라 네가 그들 앞에서 두려움을 당하지 않게 하리라."(렘 1:16-17). 당시 유다 백성들은 우상숭배에 골몰하여, **그 섬긴 우상의 수가 그들이 거한 성읍의 수와 같을 정도였습니다**(렘 2:28, 11:13). 우리가 알아야 할 것은 세상 사람이나 종교를 가진 사람이나 할 것 없이 세상을 다스리는 신이 있다는 것을 믿고 섬기고 있습니다. 그래서 다수의 절이 높은 산에 있고, **무당들이 높은 산에 가서 높은 산에 있는 귀신을 접신 받으려고 손이 발이 되도록 비는 것입니다.** 세상 신에게 잘 보여야 되기 때문에 종교가 생긴 것이고, 우상이 생긴 것입니다. 선민이라고 자부하던 이스라엘 유다 사람들도 하나님께서 눈에 보이지 않으니 보이는 우상을 만들어 숭배한 것입니다. 우리는 하나님께서 왜 코로나19를 세상에 허락하셨는가! 바르게 알고 살아계신 하나님의 성전이 되어야 합니다.

둘째, 살아계신 하나님의 성전이 되어 예배드리기 원하신다.
하나님은 고전 3:16절에서 "너희는 너희가 하나님의 성전인 것과 하나님의 성령이 너희 안에 계시는 것을 알지 못하느냐" 앞에서도 설명했지만 하나님은 예수를 믿고 성령으로 거듭나 성령의 인도를 받는 성도들이 모두 살아계신 하나님의 성전이 되기를 원하십니다. 걸어 다니는 성전되기 원합니다. 사도 바울도 로마에 있는 그리스도인 공동체에게 하나님께 드릴 합당한 예배는 그리스도인이 자신의 몸을 하나님께서 기뻐하실 거룩한 산 제물로 드리는 것이라고 말합니다(롬 12:1). 죽은 동물이 아니라, 자신의 생명은 살아있지만 예수로 죽고 예수로 살아난 산 제물로 드리는 것, 그것이 합당한 예배라는 것입니다.

중요한 것은 '몸과 마음'입니다. 감각적이고, 가시적이고, 역사적인 존재인 우리 '몸과 마음'을 산 제물로 드리라는 권면입니다. 남성이건 여성이건, 건강한 몸이건, 아픈 몸이건, 장애(障碍)가 있건 없건, 가장 물질적이고, 가장 구체적이고, 가장 현실적인 '몸과 마음'을 드리는 것을 하나님은 기뻐하신다는 것입니다. '거룩한' 어떤 것이란, 하나님을 위해 따로 구별함, 준비함, 그에게 바침, 제공된 것을 의미하고, 제물이란 내주는 것을 의미합니다. 예배는 '주님의 은혜로 구별된 우리 몸과 마음'을 내드리는 것이지, 다만 '마음'만 드리거나, 다만 '영적으로', 다만 '생각으로 하는 순종'이 아닙니다. 몸과 마음은 구분될 수 있는 것이 아닙니다. 몸과 마음은 하나입니다. 몸과 마음을 다하여 성령의 지배 가운데 영으로 예배를 드려야합니다.

그러니 예배는 보는 것이 아닙니다. 눈과 귀만 바쁜 구경이 아니라, 온 몸과 마음을 내 드리는 것입니다. 구약성경 신명기는 예배를 "하나님을 경외하며, 그의 모든 길을 따르며, 그를 사랑하며, 마음을 다하고 정성을 다하여 하나님을 섬기며, 하나님의 명령과 규례를 지키는 일"(신 10:12-13; 신 11:13; 신 13:3; 신 30:2; 신 30:6; 신 30:10)이라고 규정하고 있습니다. 그러므로 '예배 본다.'는 말은 틀린 말입니다. 예배는 구경하는 것이 아니라 온 몸으로 산 제물이 되어 하나님을 예배하며 드리는 것입니다. 산 제물이 된다는 것은 자신은 죽어 없어지고 성령님이 주인 되어 예배를 드리라는 것입니다.

그런데 하나님을 만나고, 하나님을 예배하며 주인으로 모시기 위하여 교회에 오는 것이 아니라, 끼리끼리 만나고, 자기가 섬김을 받으러 오거나, 단지 구경하기 위해서 오는 것이라면, 그들에게 예배는 어쩔 수 없는 의무감에서 보는 지루한 구경일 뿐입니다. '코로나19의 세계적 대유행'으로 온라인 예배를 드림으로 자칫 예배가 다만 '보는 것'으로 오해하여 온 몸을 바치는 행위가 아니라, '눈과 귀'만 움직이는 행위가 되는 것이 아닐까 걱정이 됩니다. 하나님은 분명하게 거룩한 산 제물이 되어 영과 진리로 예배를 드리라고 하십니다.

예배는 특정한 공간이나 특정한 성전에서만 드려지는 것이 합당한 예배는 아니기 때문입니다. 우물가에서 만난 사마리아 여인에게 하신 주님의 말씀대로, "하나님은 영이시다, 그러므로 하나님께 예배를 드리는 사람은 영과 진리로 예배를 드려야 한다."(요 4:21-24). 요4:23절에 **"아버지께서는 자기에게 이렇게 예배하는 자들을 찾으시느니라."** 그렇습니다. 우리 몸 자체가 하나님께서 거하시는 성전이고(고전 3:16-17; 고전 6:19), 우리 몸을 하나님께서 기뻐하실 산 제물로 바치는 것이 곧 영과 진리로 드리는 예배이고, 합당한 예배(롬 12:1)입니다.

그렇다면 우리 몸을 하나님께서 기뻐하시는 산 제물로 바친다는 것은 무엇을 의미하는 것일까요? 사도 바울은 "이 시대의 풍조를 본받지 않고, 마음을 새롭게 함으로 변화를 받아서, 하나님의 선하시고 기뻐하시고 완전하신 뜻이 무엇인지 분별하는 것"(롬 12:2), "그리스도 안에서 한 몸을 이룬 지체로서, 하나님

께서 우리에게 주신 은혜를 따라, 저마다 받은 신령한 선물, 곧
은사로 알고, 일상 속에서 서로 사랑하고 섬기는 일을 하는 것"
(롬 12:5-9)이라고 합니다.

예배는 특정한 공간에 격리된 특정한 시간에만 드려지는 것
이 아니라, 매일의 일상의 생활 속에서 우리의 온 몸으로, 우리
의 온 몸과 마음을 통하여, 우리의 온 몸과 함께 마음 중심으로
드려지는 것이라는 말입니다. 주일이라는 구별된 날만이 아니
라, 매일이 예배드리는 날이고, 예배 시간만 예배가 아니라, 우
리의 삶 전체가 하나님께 드리는 예배여야 한다는 말입니다.

**셋째. 살아계신 하나님의 성전되는 "신앙생활"에 적응하려
면.** 오늘날 코로나 시대에 성도들이 살아계신 하나님의 성전으
로 걸어 다니는 성전으로 살아가려면 어떻게 해야 할까요?

1) 하나님을 주인으로 모시고 성전 되어 동행해야 합니다. 코
로나19 시대 신앙생활에 힘쓰려면 주인이신 하나님과 동행해
야 합니다. 이에 사용된 단어가 여호수아 22장 5절에 '그에게
친근히 하고'입니다. 원어 '다바크'는 '굳게 결합하다'는 의미로
서로 달라붙어 있는 두 물체의 상태를 묘사하는 데 사용되었고,
침묵할 때 혀가 입천장에 붙어 있다는 비유로도 쓰였습니다(시
137:6). 은유적으로는 '어떤 사람과 가까이 지내다'는 의미에서
애정과 충성을 가지고 사람에게 밀착되어 있다는 의미도 있습
니다(창2:24). 구약성경에서 이 단어는 많은 경우에 '하나님의

은혜를 입은 이스라엘 백성들이 애정을 갖고 하나님을 의지한다'는 의미로 사용되었습니다(신10:20). 또한 '다바크'는 이스라엘 백성들이 하나님을 붙들고 있는 상태 곧 굳게 결합되어 있는 상태를 나타내고 있는 것으로서, 영적이고 내적인 관계성을 특징짓는 단어입니다.

신명기10:20절은 이스라엘 백성들이 하나님을 신뢰해야 하며, 애정을 가지고 그와 늘 가까이 붙어 있어 하나님과 연합된 생활을 해야 함을 말하고 있습니다. 요단동편지파들이 그들의 정착지로 돌아가서 경건생활을 유지하려면 바로 하나님께 착 달라붙어있어야 합니다. 하나님과 떨어져 있어서는 가나안 땅에서 여호수아 지도하에서 누리던 것을 빼앗길 수밖에 없습니다. 또한 그렇게 살아야 그들의 가족들도 믿음 안에서 살게 할 수 있는 것입니다.

코로나로 인해 집에서 영상예배를 드리고, 예배도 축소되고 하는 모든 과정 속에서 "나 자유 얻었네"가 아니라, 그럴수록 나 자신을 조여매어서 자신 안에 주인으로 계시는 하나님께 착 달라붙어 있어야 합니다. 항상 하나님과 대면하는 신앙이 되어야 합니다. 이때가 우리의 믿음의 시험대가 될 수 있는 기회입니다.

하나님은 어떤 상황에서든지 그의 자녀들의 마음이 늘 자신에게로 향하여 있으며, 그를 떠나서는 살 수 없음을 알고, 그를 의지하면서 사랑하기를 바라십니다. 그래서 사도바울은 "사랑은 율법의 완성이니라."(롬 13:10)고 교훈합니다. 하나님은 살아계십니다. 우리는 하나님 사랑함에 변함이 없어야 합니다.

신약에서 예수님께서는 스스로를 포도나무로, 성도를 그 가지에 비유하셔서 자신과 굳게 결합하는 것이 곧 참 생명과 열매 맺을 수 있는 삶이라고 하셨습니다(요15:1~10). 나무에 가지가 잘 붙어있으면 열매를 많이 맺는데, 나무를 떠난 가지는 말라져서 사람들이 그것을 모아다가 불에 던져 사르게 된다고 합니다. 또한 야고보 사도는 (약4:8)"하나님을 가까이 하라 그리하면 너희를 가까이 하시리라 죄인들아 손을 깨끗이 하라 두 마음을 품은 자들아 마음을 성결하게 하라"고 말했습니다. 주인이신 하나님께 가까이 나아가는 것은 쾌락을 즐기는 자들로부터 그리스도인을 구분 짓는 결정적인 특권입니다.

세상을 사랑하는 마음과 하나님을 사랑하는 두 마음을 품은 자들은 경건한 삶을 살 수 없습니다. 사람이 두 주인을 섬길 수 없습니다. 하나님만 사랑해야 합니다. 그러려면 하나님을 주인으로 모시고 착 달라 붙어있어야 합니다. 베드로가 예수님을 멀찍이 따라가다가 예수님을 세 번이나 부인한 것처럼 살지 말고, 우리는 코로나19로 혼란스러운 시대 속에서도 하나님께 착 달라 붙어있어야 합니다. 우리는 코로나19를 두려워할 것이 아니라, 하나님을 두려워해야 합니다. 비대면 시대에 우리들은 나의 신앙의 면역력을 키우기 위해 힘써야 합니다. 결국 지금은 개인별로 하나님께 착 달라붙어서 영성을 키워야 할 때입니다.

2) 하나님의 뜻에 순종하는 성도가 되어야 한다. 성도들이 살아계신 하나님의 성전으로 살아가면서 '신앙생활'하려면 하나

님의 뜻에 순종하는 성도가 되어야 합니다. 순종은 '주의를 기울여든다', '이해하다', '청종하다'의 의미로 사용되었습니다. 특히 하나님과 관련해서 이 단어가 사용되면 '하나님의 말씀을 듣고 단순히 흘려보내는 것이 아니라, 그의 뜻을 충분히 이해하여 순종하는 자리에까지 나아가는 것'을 의미합니다. 요단 동편의 지파는 수22장 2절에서 모세의 명령과 여호수아의 명령에 귀를 기울여 순종하게 되었습니다. 여호수아가 가나안 정복전쟁을 앞에 두고 그들에게 모세와 맺은 언약을 상기시키며 전쟁에 참가할 것을 명령했을 때, 그들은 모세의 명령을 가볍게 여겨 지나치지 않았으며, 여호수아의 명령을 듣고 지켜 순종하여 행하기를 힘썼습니다. 이런 그들이 그들의 정착지로 돌아가서는 모세나 여호수아의 명령이 아닌 하나님의 명령, 즉 하나님에게 대한 마음의 순종과 율법을 지킬 것을 여호수아는 당부하고 있습니다. 이것은 언약백성인 그들에게 제일 중요한 문제입니다. 신약에서는 하나님의 말씀에 대한 관심이 성령으로 말씀을 지키는 행위로 나타나야 비로소 하나님께 대한 온전한 순종이 되는 것이며(마 3:10), 야고보는 "믿음의 그의 행함과 함께 일하고 행함으로 믿음이 온전케 되었느니라"(약2:22)고 합니다.

이제 코로나 시대에 우리는 삶 속에서 나의 신앙을 행위로 드러내야 할 사명을 갖게 되었습니다. 필자가 개인적으로 생각하기는 코로나19는 교회의 사역에도 많은 변화를 가져올 것입니다. 교회예배당 건물 안에 얼마나 많은 교인을 불러 모으느냐를 가지고 목회를 평가할 수 없는 시대가 될 것입니다. 얼마나 많은 성도들을 걸어 다니는 성전이 되도록 하였는가를 가지고 목회자를 평가하게 될 것입니다. 코로나19가 종식이 되더라도 몇 년 전과 같이 큰 교회 예배당에 많은 성도들이 집단으로 예배드리기는 쉽지 않을 것입니다. 교회예배당마다 이를 대비해야 할 것입니다. 내가 선 곳이 교회고 삶이 예배가 되어야 합니다. 예배와 삶이 떨어져 있어서는 안 됩니다. 삶이 예배고 예배가 삶이 되어야 합니다. 이것이 진정한 성도의 개인적인 '신앙생활'이고 경건생활입니다. 입술의 경건, 마음의 경건, 행위의 경건이 필요합니다. "하나님 아버지 앞에서 정결하고 더러움이 없는 경건은 곧 고아와 과부를 그 환난 중에 돌보고 또 자기를 지켜 세속에 물들지 아니하는 그것이니라."(약1:27). 충만한 교회 성도로서뿐 아니라, 성령 안에서 홀로서며 하나님의 성전, 하나님의 자녀로서도 부끄럽지 않은 성도들이 되어야 할 것입니다.

3) 전인격이 성전이 되어 주인으로 모셔라. 개인적인 신앙생활 경건생활에 힘쓰려면 하나님께 온 마음을 다해 주인으로 모시며 섬겨야 합니다. 오늘 수22:5절에 "너희의 마음을 다하며 성품을 다하여 그를 섬길지니라." 했습니다. 이 말씀은 신명기 계명의 요약으로서, 모세 역시 거듭거듭 권면하며 백성들의 마음속에 새겨준 생명의 말씀이었습니다. "너는 마음을 다하고 뜻을 다하고 힘을 다하여 네 하나님 여호와를 사랑하라."(신6:5)

가나안 정복 때에는 적들과의 전투 상황이었기 때문에 백성들은 항상 위험과 불안에 둘러싸여 있었습니다. 그렇기 때문에 그 상황 속에서 하나님께 대한 간절한 신뢰와 믿음이 요구되었습니다. 그러나 이제 가나안 땅에 정착하게 되면 안정된 생활이 시작됩니다. 그러다 보니 안일함에 빠져 하나님을 멀리하고 가나안의 우상의 유혹에 빠지게 되고 영적인 삶을 추구하기 보다는 육신의 쾌락을 좇는 자들이 많아질 것에 대해서 여호수아는 우려할 수밖에 없었습니다.

따라서 자신들의 기업인 요단 동편으로 귀가하는 두 지파 반에게 다른 무엇보다 '전심으로 오직 하나님만을 섬기라'는 경건생활을 부탁한 것입니다. 인간은 어려울 때가 아니고 평안할 때 오히려 하나님을 잊고 불신앙 적으로 사는 경향이 있습니다. "인간은 어려움에 처해 있을 때 기도를 하지만, 번영의 때에는 하나님의 말씀에 주의하지 않는다"(존 브라이트)고 했습니다.

말씀을 마칩니다. 우리는 코로나19로 인하여 하나님께서 무엇을 원하시는지 성령으로 밝히 깨닫고 준비해야 합니다. 우리는 하나님께서 우리에게 던지는 질문에 귀를 기울여야 합니다. "너는 나를 주인으로 생각하고 있느냐?" "걸어 다니는 성전이 되었느냐?" "너는 나와 동행하고 있느냐", "나와 얼마나 친밀하느냐?"와 같은 질문입니다. 의외로 예수를 믿고 있느냐는 질문에 답하기를 쉽습니다. "예~ 예수님을 믿습니다." 하면 되기 때문입니다. 하지만 언제부터 주님과 친밀하게 동행하는지를 묻는다면 대답이 까다롭습니다. 평소 이런 신앙생활을 하지 않아서입니다. 왜 하나님은 코로나19를 세상에 허락하셨을까, 예수 믿은 모든 사람이 하나님의 성전이 되게 하기 위함입니다.

2장 개별 영성관리가 녹록치 못하다.

    (마 16:21-25)"이 때로부터 예수 그리스도께서 자기가 예루살렘에 올라가 장로들과 대제사장들과 서기관들에게 많은 고난을 받고 죽임을 당하고 제삼일에 살아나야 할 것을 제자들에게 비로소 나타내시니 (22) 베드로가 예수를 붙들고 항변하여 이르되 주여 그리 마옵소서 이 일이 결코 주께 미치지 아니하리이다 (23) 예수께서 돌이키시며 베드로에게 이르시되 사탄아 내 뒤로 물러 가라 너는 나를 넘어지게 하는 자로다 네가 하나님의 일을 생각하지 아니하고 도리어 사람의 일을 생각하는도다 하시고 (24) 이에 예수께서 제자들에게 이르시되 누구든지 나를 따라오려거든 자기를 부인하고 자기 십자가를 지고 나를 따를 것이니라 (25) 누구든지 제 목숨을 구원하고자 하면 잃을 것이요 누구든지 나를 위하여 제 목숨을 잃으면 찾으리라."

    코로나19로 인해서 세계 전체가 고통을 당하고 있고, 방역을 잘 하고 있는 우리나라 역시 예외는 아니라 할 수 있습니다. 우리는 7월에 확진자가 확산되면서 사회적 거리두기 4단계 격상과 함께 델타 변이 바이러스가 준동하여 더욱 긴장하면서 생활하고 있습니다. 지금 코로나19는 수그러들 기세가 전혀 보이지 않고 있으며, 확진자와 사망자의 수는 계속해서 증가하고 있습니다. 다행스럽게도 거리두기 4단계에도 대면예배가 가능하여 우리교회는 정부에서 나온 지침대로 방역수칙을 준수하며 주일날 모든 성도들이 예배당에서 예배를 드리고 있습니다. 한꺼번에 모여서 예배를 드리는 것이 아니라, 시간을 쪼개서 여러부로 나누에 드립니다.

과연 코로나19의 끝이 있을까 할 정도로 상황은 우리에게 좋아 보이지 않습니다. 과학자들에 의하면 코로나19는 인간의 탐욕으로 인한 무한개발이 원인이라고 말합니다. 산업혁명 이래로 물질문명이 급격히 성장하면서 세계 인류는 편리한 삶을 목표로 너무 많은 탄소를 배출하고 있습니다. 환경은 오염되고, 숲은 사라지고, 지구온도는 상승하고, 빙하는 녹고, 바닷물의 온도 역시 상승하고, 일정했던 기후는 뒤죽박죽으로 변화하고, 이와 동시에 동식물의 서식지는 점점 축소되고 있습니다. 동물들의 서식지가 없어짐으로 인하여 동물들이 점점 사람이 사는 곳으로 서식지를 옮기므로 인하여 동식물에 서식하며 자기 생명성을 유지하던 바이러스가 이제는 인간을 서식처로 삼으면서 생겨난 것이 코로나19가 아닌가 싶습니다.

필자는 코로나19는 분명한 하나님의 뜻이 있다고 생각하고 있습니다. 사람은 적당한 긴장감이 필요합니다. 인생을 살아가면서 위기의식이 없으면 언제나 사고에 직면할 수가 있습니다. 세상에는 곳곳에 위험이 도사리고 있습니다. 영적인 것도 마찬가지입니다. 사단은 우리가 잠을 자는 동안에도 악한 씨를 뿌리고 올무를 치고 있기 때문입니다.

한국교회의 위기입니다. 예배당 중심으로 신앙생활을 하다가 오랫동안 예배당에서 예배를 드리지 못하고 기도를 하지 못하니까, 성도들의 영성관리가 녹록치 못합니다. 성도들이 우울증과 고공황장애, 영적인 질병으로 고통당합니다. 필자는 치유를 전문으로 하는 목사입니다. 지금 전국에서 상당한 성도들과 목회자들이 저에게 전화로 고통을 호소하고 있습니다. 전도 제로의 시대입니다. 아니 마이너스 시대입니다. 너무나 많은 사람들이 코로나로 인한 부작용과 예배의 부재 속에서 교회를 떠나고 있습니다. 이성적이지 못한 그리스도인들의 무책임한 행동이 교회를 증오의 대상으로 만들었습니다.

입장 바꿔서 필자가 비기독교인이였다면 아마도 나는 교회는 없어져야 할 대상이라고 생각 했을 지도 모를 일입니다. 그만큼 교회에 다니는 사람들이 지혜롭지 못하게 말하고 행동했으며 칭찬 받기는 커녕 비난의 빌미를 세상 사람들에게 심어주었습니다. 코로나가 전파 되는데 그것을 막기 위한 노력 보다는 오히려 교회가 전파의 주범으로 몰리는 현상 속에서 본질이 어떻게 되었든 교회는 본을 보이지 못했습니다.

지금 교회예배당마다 예배를 제대로 드릴수가 없습니다. 교회예배당에 나가서 기도를 할 수가 없습니다. 컴퓨터나 핸드폰도 없는 농어촌에 노인들은 비대면 예배를 드릴 생각조차 못합니다. 교회학교는 문을 닫고 교사나 담당 교역자는 실업자의 상태로 있습니다. 성찬식은 언제 행하여질지 기약도 없고 교회에 등록하는 사람들도 없습니다. 아니 설령 주일날 교회에 예배를 드리겠다고 찾아온다고 해도 받아들일 수가 없는 처지에 있습니다. 필자의 교회는 주일날 문을 잠그고 예배를 드립니다. 혹시 다른 성도가 찾아와 예배를 드리겠다고 할 수가 있기 때문입니다. 예배 시간에 늦은 분들은 일일이 전화로 확인하고 문을 열어주고 있습니다. 코로나19가 사람을 통해서 전염되기 때문입니다. 무증상 감염자가 있을 수 있기 때문에 모르는 사람을 무서워할 수밖에 없습니다.

예수님을 믿으라고 말하면서 전도라는 말을 꺼내기가 두려운 세상이 되었습니다. 그리스도인이 스스로 자초한 결과라고 생각합니다. 교회 건축 중인 교회는 부도의 위기에 처해 있고, 농어촌 미 자립 교회는 교역자가 빈궁에 처해서 굶어야 할 판이 되었습니다. 세계 선교사 파송 1,2위를 자랑하던 한국교회는 선교사들이 선교지를 떠나 귀국길에 오르고 있으며, 더 이상 선교사 파송에 엄두도 내지 못하고 있습니다.

예배당에 모여서 합심하여 기도 하던 때가 추억처럼 꿈속에서만 이루어지고 믿음이 연약한 자들의 신앙은 교회에서 설교를 듣지 못하니 믿음생활을 접고 있는 형국이 되어 있습니다. 개인적으로 신앙과 영성관리가 그리 쉽지 않기 때문입니다. 개별적으로 영성을 관리하는 수준이 되려면 평소부터 자신안의 주님과 동행하며 걸어 다니는 성전이 되어야 가능합니다.

자신만의 신앙을 유지하기에도 영적 에너지가 모자라기 때문입니다. 교역자가 심방하려고 해도 모두가 꺼려합니다. 필자는 전화로 심방을 하고 전화로 기도하여 성령 충만하게 지내도록 하고 있습니다. 전화로 기도해도 성령의 역사가 강하게 일어나기 때문입니다. 특별하게 정신적이고 영적이고 육체적인 문제가 생긴 성도는 정부 방역지침에 어긋나지 않는 범위안에서 예배당에 나와서 기도하도록 하고 필자가 안수를 해서 건강을 회복하도록 하고 있습니다. 예배당에 모여서 찬송하고 기도하며 말씀을 들을 때에는 성령충만한 생활이 유지 되었던 사람들도 물이 없어 말라 버리는 화초처럼 시들해지고 있습니다. 새로운 찬양을 배울 기회도 없고 성경 읽는 일에도 열심이 생기지를 않습니다. 무엇보다 기도를 마음대로 할 수 없기 때문에 점점 개인의 영성이 매 말라가고 있습니다.

참으로 개인적인 영성관리가 중요한 때가 되었습니다. 필자는 코로나19 전에는 주일날 40-50분간씩 기도하면서 안수하여 개인 영성을 관리하도록 했습니다. 개인별 영성관리가 무엇보다도 중요하기 때문입니다. 담임목사가 성도들의 신앙을 어찌 할 수가 없습니다. 성도들 각자가 성령 안에서 자신의 신앙을 책임지고 홀로 서며 지켜야합니다. 코로나19가 계속확산하고 있는 지금은 전화하게 하여 기도를 하게 하고 기도를 돕고 있습니다.

그런데도 위기의식을 느끼지 못한다면 문제가 아닐 수가 없습니다. 좀 더 큰 환란이 온다면 나 자신도 배교를 안 한다고 장담 할 수 없는 연약한 믿음에 처해 있습니다. 나 자신도 힘든 시기에 이웃을 위해 산다는 것이 어려운 때가 되었습니다.

그러면 어찌 할까요? 잘 때가 아니고 깨어나야 합니다. 지금은 자다가 깰 때입니다. (롬 13:11)"또한 너희가 이 시기를 알거니와 자다가 깰 때가 벌써 되었으니 이는 이제 우리의 구원이 처음 믿을 때보다 가까웠음이라." 위기의식을 가져야 합니다. 나를 다시 한 번 돌아보고 내 신앙을 추슬러야 합니다. 언제까지 누워서 회복되기만 기다릴 것입니까? 마귀는 춤을 추며 자기편으로 만들려고 삼킬 자를 찾아 우는 사자와 같이 혈안이 되어 있습니다. 정신 차리지 않으면 언제 나 자신이 불신자의 길을 갈지 모르는 일입니다. 자신의 주인이신 하나님께 긴급한 S.O.S쳐야 합니다. 하나님과 영의통로가 열리도록 하나님을 부르짖어 찾아서 주무시는 하나님을 깨워야 합니다. 교회와 나를 이 수렁에서 건져 주시도록 구조를 요청해야 합니다. 위기에 처한 교회를 위해 아무것도 하지 않는 것이 불신자요 죄를 짓는 것입니다. 나의 삶을 돌이켜 다시금 하나님께로 돌아와야 할 때입니다. 걸어 다니는 성전이 되어야 합니다.

어디서나 예배하고 기도하는 성도가 되어야 합니다. 방심은 금물입니다. 위기의 태풍 코로나19가 나를 향하여 몰려오고 있습니다. 잘못하면 내 영혼은 곧 마비되고 죽을 수도 있습니다. 나를 위하여 성령으로 기도하고 말씀으로 돌아가야 합니다. 긴장하지 않고 방심하면 넘어질 수 있는 것이 영적 세계이기 때문입니다. 자신의 영성관리를 본인이 책임을 져야 합니다. 하나님과 동행하는 신앙인이 되어야 합니다.

코로나19는 자연을 제대로 관리하지 못한 우리 인간의 산물이라고 말할 수 있습니다. 하나님께서 보시기에 좋았다고 선언하시면서 당신의 형상으로 지으신 인간에게 잘 관리하라고 맡기신 자연이 인간의 무책임한 개발로 인해서 자정능력을 상실했기 때문입니다. 코로나19는 인간이 뿌린 대로 거둔 결과이니 한마디로 인간의 자업자득(自業自得)이라 할 수 있습니다. 혹자는 코로나19가 하나님의 심판이라고 말하는데, 그러한 이해는 하나님을 왜곡하거나 오해하게 할 위험성이 있습니다.

하나님께서는 코로나19로 인해서 고통당하는 인류를 심판하며 즐기시는 분이 아니라 고통당하는 인류와 함께 하시며 매우 안타까워하는 분이시기 때문입니다. 필자는 개인적으로 지금 코로나19 시대에 알곡과 가라지를 구별하고 계신다고 믿습니다. 지금 세계 도처에서는 신약개발 관련 연구소마다 코로나19의 백신과 치료제를 개발하기 위해서 불철주야로 노력하고 있습니다. 주식시장에서 바이오 관련 주식들이 상한가를 치는 이유이기도 합니다. 그런데 설사 어느 연구소가 코로나19의 백신과 치료제를 개발했다고 하더라도, 우리 인류가 코로나19 이전의 상황으로 돌아가는 것은 쉽지 않을 것 같습니다. 인간의 연구력 못지않게 코로나19의 적응력 역시 뛰어나서 새로운 형태의 바이러스로 변이할 것이 틀림없기 때문입니다. 핵심은 인류가 살아온 삶의 방식을 바꾸지 않으면 안 된다는 데 있습니다.

바로 그러한 점에서 우리는 코로나19로 인한 문명사적인 대전환의 시기에 있음을 인식하고, 그에 상응해서 변화된 삶을 살아야 합니다. 코페르니쿠스의 과학적인 발견 이래로 지구를 중심으로 우주를 바라보던 천동설의 세계관이 사라지고, 태양을 중심으로 지구가 공전한다는 지동설의 세계관으로 전환했습니다. 이제는 지구와 우주를 천동설로 이해할 수 없고, 지동설로 이해해야만 합니다. 마찬가지로 우리는 코로나19로 인한 생태계의 변화를 전제하고, 우리의 삶을 꾸려야 그나마 살아남을 수 있을 것입니다.

그렇다면 코로나19 시대에 기독교와 우리 그리스도인은 어떻게 변해야 생존할 수 있을까요? 그동안 기독교는 건물로 대변되는 교회를 중심으로 해서 성장해 왔습니다. 그래서 기독교 신자들은 매주일 예배를 드리는 '보이는 교회' 건물에 모이는 것을 당연시했습니다. 열성 있는 신자들은 수요일 예배에, 더 열성 있는 신자들은 새벽기도회에 매일 참석하기 위해서 '보이는 교회' 건물에 반드시 방문해야 했습니다. 그러다 보니 기독교 신자들은 대개가 신앙생활의 핵심적인 장소로서, 아니 신앙생활의 전체로서 교회예배당을 생각하는 경향이 있었습니다.

그런데 지금 우리는 코로나19로 인해서 사회적 거리를 두면서, '보이는 교회'에 모이는 것이 쉽지 않게 되었습니다. 우리교회들을 최근에 대면 예배에 부분적으로 참석하다가 사회적 거리두기 4단계 격상으로 그것조차 여의치 않게 되었던 경우도 있지만, 코로나 이전의 전면적인 예배가 언제 재개될지는 누구도 예상할 수가 없습니다.

그렇다면 기독교 신자들이 온라인예배를 드린다고 해서 자기 신앙의 정체성을 상실하게 될까요? 아닙니다. 기독교 신자들이 '보이는 교회'에 모이지 않는 것이 신앙의 약화를 가져올 위험성이 있는 것은 사실이지만, 그렇다고 기독교 신자들이 자신의 신앙적 정체성을 포기하게 될 것이라 볼 수는 없습니다.

초대교회를 보면, 교회는 보이는 건물을 지칭했던 것이 아니고, 예수를 그리스도로 고백하는 사람 자체를 의미했습니다. 당시 세상의 보통사람들은 자신들과 구별되는 그리스도인들을 칭찬하기 위해서 그리스도인이라는 별명을 붙여주었고, 그들의 모임인 교회 역시 사회적인 약자들에게 기쁨과 소망을 주는 사람들 자체로 이해했습니다.

그러므로 코로나19 시대의 우리 그리스도인은 머리되신 예수의 가르침을 따라서 살아가는 예수의 몸으로서 우리 자신이 소중한 교회라는 사실을 명확히 인식해야 할 것입니다. 개별적으로 하나님과 대면하는 신앙 생활하는 습관을 길러야 합니다.

건물 중심의 교회는 매주 주일에 '보이는 교회'의 예배의식에 참여하는 것이 하나님께 드리는 예배의 전부인 것처럼 오해하게 만드는 경향이 있습니다. 한국교회는 '주일성수'를 매우 중요한 교회의 전통으로 이어오고 있습니다. 신앙의 다른 측면은 설사 양보한다고 하더라도 주님의 날 11시 '보이는 교회'에서 드리는 주일예배만은 반드시 지켜야한다는 전통입니다. 이 전통이 우리 한국교회의 소중한 전통임에는 틀림이 없습니다. 주일예배와 성도의 교제를 통해서 신앙적 삶의 에너지를 충전할 수 있기 때문입니다. 그러나 그보다 훨씬 더 중요한 것은 자기 삶의 자리에서 하나님께 예배를 드리며 사는 것입니다. 걸어 다니는 성전이 되어 어디서나 하늘나라가 되어야 합니다.

어느 날 사마리아 여인이 예수를 만났습니다(요 4:20-24).

그녀는 자기 조상들은 그리심 산에서 예배를 드렸고, 유대인들은 예루살렘에서 예배를 드려야 한다고 말하는데, 어느 것이 맞는지 예수께 질문했습니다. 그때 예수께서는 그리심 산에서나 예루살렘에서 예배를 드려야 한다고 고집하지 않을 때가 올 것이라 말씀하셨습니다.

그리고는 참되게 예배를 드리는 사람은 영과 진리로써 언제 어디서나 하나님께 예배를 드릴 수 있다고 말씀하셨습니다. 그러므로 코로나19 시대의 우리 그리스도인은 교회에서 드리는 주일예배에 머물지 말아야 하고, 삶의 구체적인 자리에서 우리 스스로가 '산 제물'이 되어서 드리는 참된 예배로 무게 중심을 바꾸어야 할 것입니다.

지금 한국교회는 보이는 건물로서의 교회와 주일예배 성수에 집착을 하다 보니, 교회란 것이 '교회 자체를 위한' 존재로서 집단이기주의에 빠진 집단인 것처럼 세상에서 오해를 받고 있습니다. 교회 안에 들어온 성도들이 성스럽고 성전이 되어야 하는데, 교회 건물이 성스러운 장소요, 성전이 되었다는 것입니다. 다시 한 번 말씀드리면 교회예배당이 성스럽고 성전이 아니고, 교회당 안에서 예배를 드리고 기도하는 성도들이 성스럽고 하나님의 성전이라는 것을 잊어서는 안 됩니다. 하나님은 (고전 3:16)"너희는 너희가 하나님의 성전인 것과 하나님의 성령이 너희 안에 계시는 것을 알지 못하느냐" 말씀하십니다.

필자는 항상 성도들에게 예배당에서 예배를 드릴 때는 예배당에 하나님께서 계시지만 예배를 마치고 예배당을 떠나면 우리들과 같이 동행하시면서 가는 곳마다 성전이 되게 하신다고 강조합니다. 성도들 자신들이 살아계신 하나님의 성전이라는 것을 잊지 못하게 매주 강조합니다.

신천지의 신도 중에서 코로나19, 31번 확진 환자가 생겼을 때, 신천지는 자기 집단의 정체를 감추기 위해서 신도들의 명단과 예배처소, 심지어는 확진환자 신도의 동선까지 미혹하고 속이려고 했습니다.

이로 인해서 일반 시민들은 신천지의 거짓된 정체와 사회적인 역기능을 알게 되었지만, 하여튼 신천지는 말도 안 되는 짓을 했던 것입니다. 그런데 코로나19의 방역을 책임지는 당국이 교회 역시 사회적 거리를 두고, 현재 상황은 대면 예배를 중지해야 한다고 규정했을 때, 적지 않은 목회자들과 교회들이 방역 당국에 대해서 '교회탄압'이라 비난하며 적대적인 모습을 드러냈습니다.

그러자 교회를 잘 알지 못하는 일반 시민들은 신천지 집단과 정통교회가 무엇이 다르냐며 불편한 마음을 드러내기 시작했습니다. 교회가 시민사회 전체의 생명과 안전을 생각하지 않고, 자신들의 이기적인 관심사에만 몰두한다는 것이었습니다. 성경을 보면, 교회는 교회 '자신을 위한 존재'가 아니라 '세상을 위한 존재'입니다. 본회퍼 목사의 용어대로 말하면, 교회와 그리스도인은 '타자(타인)를 위한 존재'라고 말할 수 있습니다. 내가 먼저 변화되어 다른이들을 구원해야 한다는 것입니다.

모세가 하나님을 만난 호렙산의 거룩한 자리에서 자기만을 위해 머물지 않고, 파라오의 억압 가운데 울부짖는 이집트로 들어가 이스라엘 백성을 위해 해방을 선언한 것은 타자를 위한 존재의 원형을 보여줍니다(출 3:1-12). 그러므로 코로나19 시대의 우리 그리스도인은 교회와 그리스도인의 존재의미가 어디까지나 세상 한 가운데서 타자의 필요를 충족시켜주는데 있음을 분명히 기억해야 할 것입니다.

코로나19를 경험하면서 우리는 나 혼자만 건강하면 된다는 생각이 얼마나 큰 오만인지를 알게 되었습니다. 다른 사람이 코로나19에 감염되어 확진 환자가 되면, 그 사람으로 인해 나 역시도 감염될 수 있기 때문입니다. 혹시라도 내가 코로나19에 감염되어 확진 환자가 되면, 나로 인해 나의 가족과 친구와 친지들까지 기하급수적으로 감염이 확산될 수 있기 때문입니다.

코로나19 시대에 충만한교회 담임목사로서 성도들의 영-혼-육을 치유하는 치유목회를 전문으로 하는 목사로서 가족들에게 날마다 경각심을 주며 생활하고 있습니다. 저나 저의 가족 중 누군가 코로나19에 감염되면, 그 자체가 문제인 것은 틀림없지만, 더 큰 문제는 저나 제 가족의 감염이 충만한 교회의 정상적인 예배에 어려움을 줄 수 있습니다. 더 나아가 충만한 교회 성도들의 가정과 그들이 다니는 직장에도 사업장에도 문제가 발생하기 때문입니다.

그래서 가족들에게 "어디 함부로 나돌아다니지 말아라, 마스크를 꼭 해라, 모임을 자제해라, 일찍 들어와라." 끊임없이 잔소리를 합니다. 그러면 자기들도 직장생활하기 때문에 더 조심을 한다고 말합니다. 그러나 우리는 너와 나, 우리 모두의 생명을 위해서 불편함을 감수하는 것이 당연하다고 해야 할 것입니다.

어느 날 예수께서는 산에서 제자들에게 기도하는 법을 가르쳐주셨습니다(마 6:9-13). 예수께서는 하나님을 나만의 아버지로 호칭하지 않으셨고, 우리 모두의 아버지라고 호칭하셨습니다. 나에게만 필요한 양식을 구하라고 하지 않으셨고, 우리 모두에게 필요한 양식을 구하라고 하셨습니다. 나의 죄만 용서해달라고 하지 않으셨고, 우리 모두의 죄를 용서해달라고 하셨습니다.

나만 시험에 들지 않게 해달라고 하지 않으셨고, 우리 모두가 시험에 들지 않게 해달라고 하셨습니다. 이처럼 기독교 신앙의 핵심은 나만 구원받으면 되는 것이 아니라, 우리 모두가 함께 구원을 받아야 하는 데 있습니다.

그러므로 코로나19 시대의 우리 그리스도인은 자신의 신앙이 자기만을 위한 신앙이나 자기 가족만을 위한 신앙이 되어서는 안 된다는 것, 공동체 전체를 위한 신앙으로, 보편 선을 실현하는 신앙으로, 대한민국 국민들의 구원을 위한 신앙으로, 특히 모두의 풍성한 생명을 증진하는 신앙으로 나아가야 한다는 사실을 언제나 견지해야 할 것입니다.

코로나19 시대를 사는 우리는 기독교 신앙의 근본인 복음의 '진리'와 사랑의 '자유'를 추구하며, 예수 그리스도의 십자가와 부활을 삶에 체화시켜 살아야 할 것입니다. 하나님의 진리는 하나의 틀 안에 도그마로 고정될 수 없습니다. 보수도 진리의 일부분이고, 진보도 진리의 일부분입니다. 보수와 진보가 서로를 상호 보완해야 전체적인 진리에 가까이 나아갈 수 있습니다. 어느 한쪽만을 진리라 주장하며 외골수가 되지 말아야 합니다. 필자는 항상 중도라고 말합니다. 목사로서 보수 진보 둘 다 포용해야 하기 때문입니다.

우리는 하나님의 무한한 진리 앞에서 우리의 아집과 편견으로 가득 찬 마음을 비워내야 합니다. 사랑은 로마서 12장 말씀처럼, 악한 것을 미워하고 선한 것을 굳게 잡는 것입니다. 거짓이 없는 것이며, 서로에게 다정한 것이며, 먼저 상대를 존경하는 것입니다. 사랑은 다른 사람의 필요한 것을 기꺼이 공급하고, 나그네인 손님을 환대하는 것입니다. 기뻐하는 사람들과 함께 기뻐하고, 우는 사람들과 함께 우는 것입니다. 우리가 이러한 사랑을 억지로 해야 한다면 종이 되는 것이지만, 자발적으로 하면 자유인이 되는 것입니다.

예수께서 예루살렘에 가서 십자가를 질 것이라고 예고하셨을 때, 베드로가 절대로 안 된다고 하자, 예수께서는 베드로를 향해서 가차 없이 꾸짖으셨습니다. "사탄아~ 내 뒤로 물러가라. 너는 나에게 걸림돌이다. 너는 하나님의 일을 생각하지 않고, 사람의 일만 생각하는구나."(마 16:23) 그렇습니다. 기독교의 복음은 십자가와 부활의 변증법 가운데 있습니다.

자신이 죽은 십자가 없이 부활은 결코 없습니다. 그러나 부활의 소망 없이 십자가의 자리로 기꺼이 나아가는 것 역시 어렵습니다. 예수께서는 부활의 소망을 갖고 계셨기에 십자가로 당당히 나아가실 수 있었습니다. 베드로는 부활의 소망이 없었기 때문에 십자가를 외면할 수밖에 없었습니다. 코로나19 시대가 어찌 보면 우리에게 절망처럼 보입니다.

그러나 "내가 너와 함께 하겠다."(출 3:12)는 하나님의 약속을 붙들고, 천국과 부활을 소망하며 사랑을 실천하는 십자가의 자리로 나아가겠다고 하면, 우리 한국교회는 아직 기회가 있습니다. 그러므로 코로나19 시대의 우리 그리스도인은 복음의 진리를 수호하고, 자발적으로 사랑을 실천하는 자유인으로 거듭나야 할 것입니다. 영원한 천국과 부활을 소망하는 가운데 자기를 부인하고, 지금 여기에서 감당해야 할 사랑의 십자가를 지고, 주님의 가르침에 순종하며 살아야 할 것입니다.

코로나19 시대라고 해서 우리 신앙의 본질이 달라지는 것은 결코 아닙니다. 우리의 외형적인 삶의 환경과 조건에 많은 변화가 생길지라도, 우리의 신앙은 하나님께서 우리에게 기대하시는 것으로부터 출발해야 하고, 예수께서 우리에게 가르치신 것에 순종하는 것으로 꽃피어야 합니다.

이제 우리는 코로나19 시대를 직시하며 나부터 진리의 근원인 '하나님의 말씀'으로 돌아가는 것, '살아계신 하나님의 성전이 되는 것,' 나부터 신앙의 기본인 사랑에서 시작하는 것을 시도해야 합니다. "나는 너로 인해 존재하고, 너는 나로 인해 존재하며, 너 없이는 내가 없고, 나 없이는 네가 없다."는 공동체 정신을 지녀야 합니다. 또한 너와 나는 하나의 온 생명을 구성하기 때문에 나의 생명이 온전하기 위해서라도 너의 생명이 온전해야 하고, 너의 생명이 온전하기 위해서라도 나의 생명을 온전하게 관리해야 한다는 '온 생명'의 의식을 확산해야 합니다. 그리고 우리의 이기심 때문에 자기를 포함하는 공동체를 부정하는 어리석음을 범하지 말고, 우리 모두의 풍성한 생명을 위해서 사랑의 공동체를 세우는 일에 앞장서야 합니다.

이렇게 근원으로 돌아가는 일, 이렇게 기본으로 돌아가는 일을 누군가에게 기대하지 말고, 내가 먼저 실천하겠다는 적극적인 결단을 해야 합니다. 우리 모두 코로나19 시대를 건강하게 살아가는 참된 그리스도인이 되기를 살아계신 예수 그리스도의 이름으로 축원합니다.

충만한 교회에서는 매주 토요일 백신2차 완료한 분들을 대상으로 1주전 필히 전화(02-3474-0675) 예약하여 집중내적치유 시간이 있습니다. 대상자는 여기서도 저기서도 치유와 능력을 받지 못한 분/ 병원에서 포기한 질병을 치유 받을 분/ 코로나19 후유증으로 고생하는 분/ 방언기도를 포함한 성령의 은사와 권능을 단기간에 받고 싶은 분/ 마음이 불안하고 두려워서 고통하는 분, 불치병, 귀신역사를 빨리 치유 받을 분/ 목, 허리디스크, 허리어깨통증, 근육통, 온몸이 아프고 무거움에서 치유해방 받고 싶은 분/ 자녀나 본인의 우울증, 공황장애, 조울증, 불면증을 빨리 치유 받을 분/ 가슴이 답답하고 기도하기가 힘이 드는 분/ 생업과 목회로 영육의 탈진에 빠져서 고통당하시는 분/ 성령의 불세례를 체험하고 싶은 분/ 최단기간에 성령치유 능력 받고 싶은 분이 참석하시면 쉽게 만족한 효과를 거둘 것입니다.

3장 성령의 충만함이 식어지고 있다.

(행 2:43-47)"사람마다 두려워하는데 사도들로 말미암아 기사와 표적이 많이 나타나니 (44) 믿는 사람이 다 함께 있어 모든 물건을 서로 통용하고 (45) 또 재산과 소유를 팔아 각 사람의 필요를 따라 나눠 주며 (46) 날마다 마음을 같이하여 성전에 모이기를 힘쓰고 집에서 떡을 떼며 기쁨과 순전한 마음으로 음식을 먹고 (47) 하나님을 찬미하며 또 온 백성에게 칭송을 받으니 주께서 구원 받는 사람을 날마다 더하게 하시니라."

코로나19의 사태가 길어지다가 보니까, 우리 성도들의 성령 충만이 점점 식어지는 것입니다. 예배당에 가서 예배를 마음대로 드리지 못하고, 특별하게 기도를 기도답게 하지 못하고 영적인 제약을 받다가 보니까, 성도들이 성령으로 충만함이 점점 약해지는 것입니다. 예배당이나 기도원에 가서 기도를 하려고 해도 마음대로 갈수가 없고, 마음대로 주님을 부르면서 기도할 수가 없습니다. 참으로 안타까운 현실입니다.

자연스럽게 성령의 충만함이 식어져갑니다. 그렇게 됨으로 성도들이 점점 세속화되기도 합니다. 성도가 세상에 동화되면 성령하나님은 주무십니다. 그러면 야성이 없는 패기가 없는 크리스천이 되는 것은 시간문제일 것입니다. 우리 모두 우리 안에 계시는 성령님을 찾으면서 부르짖어 기도를 해야 합니다.

그래야 우리 안에 계시는 성령님께서 역사하심으로 우리들을 성령으로 충만하게 하여 코로나19를 이기는 면역력을 길러주실 것입니다. 우리는 예수님을 믿을 때 죽었습니다. 그리고 예수님으로 다시 태어났습니다. (롬 6:4) "그러므로 우리가 그의 죽으심과 합하여 세례를 받음으로 그와 함께 장사되었나니 이는 아버지의 영광으로 말미암아 그리스도를 죽은 자 가운데서 살리심과 같이 우리로 또한 새 생명 가운데서 행하게 하려 함이라." 이제 성령의 능력으로 세상을 살아가야 합니다.

첫째, 성령님은 누구신가? 하나님 아들 예수 그리스도께서 이 세상 땅에 온 인류를 그 죄와 저주와 멸망에서 구원하시기 위하여 사람의 몸을 입고 구세주로 오셨습니다. 인류에 죄를 다지고 십자가에 달려 못 박혀 피 흘리고 대신 죽어 구원을 다 이루어 놓으셨습니다. 무덤에서 다시 살아나 부활 승천하셨습니다. 사도와 제자들과 성도들이 예수님의 십자가에 고난과 부활 승천과 그 약속하신 말씀을 기억하며, (행 1:4-5) "사도와 함께 모이사 그들에게 분부하여 이르시되 예루살렘을 떠나지 말고 내게서 들은 바 아버지께서 약속하신 것을 기다리라 (5) 요한은 물로 세례를 베풀었으나 **너희는 몇 날이 못되어 성령으로 세례를 받으리라 하셨느니라.**" 마가 다락방에 120여 명이 모여서 10일 동안 기도하던 중 오순절 날에 성령이 강한 바람같이 불에 혀같이 각자에게 하나씩 임하여 모두가 성령 충만을 받고 다른 방언으로 말하기 시작 하였습니다.

행1:4절에 "사도와 함께 모이사 그들에게 분부하여 이르시되 예루살렘을 떠나지 말고 내게서 들은 바 아버지께서 약속하신 것을 기다리라." 이렇게 말씀하심은 예수님의 명령에 순종하여 성령 세례를 받기 위함 이었습니다. 성령세례를 받고 예배하고 기도하며 성령 충만을 받은 베드로는 즉시 일어나서, 하나님의 말씀과 예수님의 고난과 부활과 천국 복음을 설교하여 하루에 3000명 이튿날에 5000명이 회개하고 예수님을 믿는 기적이 일어나고, 수많은 병자들이 치료받고 교회가 형성되고…

또 12 제자가 성령님의 권능과 능력으로 나가서 예수님의 복음을 전파하므로 교회가 확산되어, 전 세계로 하나님의 말씀과 예수님의 천국 복음이 전파되는 성령이 역사하는 교회 시대가 열리게 되었습니다. 행8:4절에 "그 흩어진 사람들이 두루 다니며 복음의 말씀을 전할 쌔…"

초대 교회란 사도들이나 그 뒤를 잇는 사람들이 복음 사역을 활동하며 주후 325년에 열린 니케아 종교 의회를 전 후한 시대를 말합니다. 성령 충만은 각자에게 방언과 여러 가지 성령에 은사가 나타났습니다. 성령으로 충만한 사도들과 제자들이 나가 예수님의 복음을 전도 할 때 질병을 치료받고 귀신들이 쫓겨나가며 축복에 역사가 나타났습니다.

역시 이 시대에도 하나님 아들 예수님을 구주로 영접해 죄를 회개하고 믿는 성도에게도 성령 충만의 역사는 동일하며 방언과 은사가 나타나며 영혼이 잘되고 범사에 축복이 되는 것은 동일하게 나타나는 것입니다. "예수 그리스도는 어제나 오늘이나 영원토록 동일하시니라."(히 13:8)

중세 시대는 흔히 암흑시대라고 말합니다. 그것은 성령과 그 역사를 온전히 믿지 않고, 구하지 않았기 때문에, 성령님의 역사가 활발하지 못하였습니다. 종교개혁 시대에 1517년 마르틴 루터가 부패한 로마 가톨릭교회에 대항하여 개혁을 일어 킴으로서 참된 신앙에 길을 열어 놓았습니다. 종교개혁 시대는 성경으로 돌아가 하나님의 말씀을 믿고 성령님에 역사와 은사와 예수님의 십자가 대속에 구원을 올바로 믿는 계기가 되었습니다.

현대의 성령에 역사는 요엘 2:23절에 "시온의 자녀들아 너희는 너희 하나님 여호와로 인하여 기뻐하며 즐거워할찌어다. 그가 너희를 위하여 비를 내리시되 이른 비를 너희에게 적당하게 주시리니 이른 비와 늦은 비가 전과 같을 것이라."

요엘 2:28-30절에 보면 "그 후에 내가 내 영을 만민에게 부어 주리니 너희 자녀들이 장래 일을 말할 것이며 너희 늙은이는 꿈을 꾸며 너희 젊은이는 이상을 볼 것이며 (29) 그 때에 내가 또 내 영을 남종과 여종에게 부어 줄 것이며 (30) 내가 이적을 하늘과 땅에 베풀리니 곧 피와 불과 연기 기둥이라" 이 말씀을 성령으로 깨닫고 순종할 때 성령님이 역사하시는 것입니다.

교회사를 통해 볼 때 오순절의 역사는 거의 1,800년 동안 나타나지 않았으며, 일시적으로 소나기 같이 잠간 지나갔지만, 영적으로 갈급했던 하나님의 자녀들이, 19세기에 들어와서 다시 늦은 비를 갈망하며, 열심히 성령의 임재를 간구 하였습니다.

그래서 성령에 단비가 1901년 1월 미국 캔자스 주 토피카 한 도시에서 일어난 부흥 운동의 출발점으로 오순절의 운동은 전 세계로 퍼져 나가게 되어 요엘이 예언한 대로 초대교회에 일어났던 오순절의 성령에 동일한 역사가 일어나 지금에 이르게 되었습니다. 그러므로 믿는 성도들 각자는 성령님을 사모하며 불같은 성령의 세례를 받기를 기도해야 합니다.

성령께서 영혼과 마음에 불같이 임하시면 그 어느 누구도 하나님과 예수님과 천국을 부인하지 못하고, 불같이 믿게 되며 살아계신 하나님과 그 아들 예수님의 십자가에 죽음과 부활과 승천에 증인이 되는 것입니다. "오직 성령이 너희에게 임하시면 너희가 권능을 받고 예루살렘과 온 유대와 사마리아와 땅 끝까지 이르러 내 증인이 되리라 하시니라."(행1:8)

원수 마귀는 성도들이 설교를 들어도 깨닫지 못하게, 말씀을 읽지 못하게, 기도하지 못하게, 성령 충만 받지 못하게, 복을 받지 못하게, 믿음을 방해하는 것입니다. 믿지 않는 불신자들에게는 그 마음과 귀에 문을 막아 듣지 못하게 깨닫지 못하게 믿지 못하게 하여 죽고 나면 그 영혼을 멸망시키는 것입니다.

모두가 다 십자가 앞에 나와서 하나님 아들 예수님을 구주로 영접하고 죄를 회개하고 믿고 죄 용서받고 저주와 심판과 멸망에서 구원받고, 마귀의 저주에서 해방 받고, 성령님이 함께하여 평안하기를 소원하고 기도하여 범사에 축복받고 감사하고 영광을 돌리며, 매일 하늘나라를 경험하며 즐겁게 사시기를 바랍니다. 내세에는 영원히 죽지 않는 진짜 사람 그 영혼이 영원한 천국으로 들어가서 제사장이 되어 빛난 면류관을 받아쓰고 별나라를 상속받고, 세세토록 왕 노릇하며 영생과 복락을 누리고, 즐거운 행복으로 영원히 살기를 축복합니다. 저는 믿습니다. 저는 매일 하늘나라를 체험하며 살아가고 있습니다.

둘째, 성령의 역사만이 코로나19로부터 해방되게 하십니다.
코로나19 사태로 교회가 문을 걸어 잠그는 위기의 상황이 닥쳤습니다. 그러나 하나님의 구원의 역사는 중단되지 않고, 다윗의 열쇠를 가지신 주님이(계3:7-8) 열린 문을 두시고, 성령님의 부흥의 역사는 교회를 통해서 계속됩니다. 하나님의 구원 역사, 성령님의 부흥의 역사는 교회의 어떤 프로그램이나 조직, 인간의 힘으로는 불가능함을 한국교회에 일깨워주십니다. 오직 성령님의 역사로만 가능합니다.

"위기상황, 절망의 상황은 있지만, 그래서 교회의 문을 걸어 잠그게 하는 상황은 있지만, 예수 그리스도께서 친히 세우시고, 주인이 되시는 교회, 예수님의 십자가가 하나님의 구원의 능력이 되시는 교회는(고전1:18) 음부의 권세가 결코 이기지 못합니다(마16:18). 성령님이 함께 역사하시는 우리에게는 절망은 없습니다. 오늘 이 곳에 성령님 임하시고, 교회의 문을 열어주시고, 우리의 입을 열어서 예수님을 증거 하게 하시는 성령님의 역사만이 오늘 이러한 위기상황에서 교회의 부흥을 새롭게 이룰 수 있음을 말씀합니다. 인간의 위기는 하나님 일하실 기회입니다."

지금 한국교회, 우리의 문제는 무엇입니까? 위기를 해결하는 방법을 인간의 지혜나 힘으로 찾으려 합니다. (스가랴4:6)에서 하나님 말씀하십니다. "힘으로 되지 아니하며 능력으로 되지 아니하고 오직 나의 영으로 되느니라."

사도행전의 역사, 평양대 부흥의 역사는 "오직 성령님의 역사로"만 가능함을 깨달아야 합니다. 이제 우리 교회가 먼저, 심령이 가난한 자가 되어, 하나님 없이도 인간의 지식이나 힘으로 내가 할 수 있다는 교만과 불신앙을 내려놓아야 합니다. 교회의 주인이신 주님을 날마다 대면하고, 그 앞에서 베드로와 같이, "내가 죄인입니다. 나를 불쌍히 여겨주옵소서." 회개의 눈물을 쏟읍시다.

그리고 밤마다 각자의 처소 자리에서 정한 시간에 자신 안의 성전을 향하여, 마가 다락방의 사도들과 남은 성도들 120명처럼, 우리 모든 성도들이 성령님을 간절히 사모하며, 합심해서 기도합시다. "성령님~ 내게 충만하게 임하시옵소서. 다시 이 땅에 불로 임하시고, 부흥의 불길 뜨겁게 타오르게 하옵소서. 오직 성령님의 역사로만, 하나님의 구원의 역사, 부흥의 역사를 이루실 수 있습니다." 그리고는 교회의 주인 되시는 주님이 열린 문을 두었으니, 예수님의 이름을 가지고 세상을 향해 담대하게 나갑시다.

세상을 이기신 예수님(요16:33)이 우리와 함께 하시고, 성령님이 입을 열어 예수님을 증거하게 하시고, 회개하고 예수님께 돌아오는 성령님의 역사가 함께 하십니다. 우리가 할 수 있는 것은 믿음으로 순종을 드리는 일입니다. 우리 주님 앞에서 결단합니다. 예수님 우리에게 말씀하십니다. (마19:26)"사람으로는 할 수 없으나 하나님으로서는 다 하실 수 있느니라." "오직 성령님의 역사로" 안 될 것이 없습니다.

셋째, 진실한 성령의 역사를 사모합시다. 지금도 꽤 많은 기독교인들이 성령을 잘못 이해하고 있습니다. 성령의 역사는 보이지 않는 역사이기 때문에 체험이 없는 성도들이 교회에서 잘못 가르쳤기 때문입니다. 그들은 신비적인 은사체험, 심리적인 조작, 감정적으로 고조됨, 점잖지 않고 야성적이고 다소 흥분된 기도소리… 이런 것을 성령의 역사로 오해합니다. 이런 성도들은 매주일 교회에서 찬송과 기도 중에 들뜬 마음을 경험하고 왈칵 눈물을 쏟고, 감정적인 엑스타시를 경험하면서 성령 받았다, 은혜 받았다고 말합니다. 그러나 가정과 직장으로 가서는 옛날과 별다르지 않은 모습으로 살아갑니다.

그들의 말과 생각과 인격에 큰 변화가 없이 이런 신앙생활을 반복하는 것은 참으로 안타까운 일입니다. 그러나 더 안타까운 것은 이렇게 '잘못된 성령의 사람들(?)'을 거부하는 마음 때문에, 오늘날 수많은 전통교회의 성도들, 소위 건전한 교단의 성도(?)들 중에는 성령께서 역사하실 기회를 전혀 주지 않는 자들도 많이 있다는 사실입니다. 사단은 거짓 목사와 거짓 성령의 역사를 통하여 많은 교인들에게 기독교를 혐오스런 종교로 생각하게 만들어 교회를 떠나게 하였습니다.

또한, 그리스도인들이 아예 성령의 역사를 사모하지 않게 만들어 성령님의 역사를 경험하지도, 성령님의 임재를 사모하지도 못하게 만들어 버렸습니다. 성령의 임재를 사모하고, 성령의 능력과 역사를 사모하는 자들이 마치 비성경적인 사람인양 오해받게 만들어 버린 것입니다.

이렇게 성령의 역사하심에 민감하지 못한 일부 전통 보수 교단의 교회들은 성령님을 사모하며 성령님의 임재를 구하는 것을 어색하게 생각하고, 그 대신 오직 하나님의 말씀에만, 행위에만 초점을 맞춥니다. 그래서 성경을 읽고, 암송하고, 문맥을 파악하고, 해석하고, 헬라어나 히브리어 원문에 뭐라고 쓰여 있었는지 연구하고, 그리고 그 말씀들을 내가 지킬 수 있는 규범으로 다시 정돈하여 말씀에 순종하려고 합니다. 당연히 우리가 성경을 사랑하고, 성경을 묵상하고, 성경을 정독하고, 그리고 성령으로 깨달은 말씀을 지켜야 합니다.

하지만 여기서 우리가 결코 잊지 말아야 할 것은 그 성경 말씀은 '오직 성령의 감동으로 기록된 책'이라는 것입니다. 그래서 성경을 읽고 묵상하고 공부하는 자들은 단 1초라도 성령님의 임재하심을 느끼지 않으면서 성경을 대할 수 없습니다. 성경 말씀은 성령으로 깨달아 전해야 한다는 말입니다. 성경이 그토록 자주 반복하여 말씀하시는 성령님, 그토록 강조하시는 성령님을 회피할 수 없다는 것입니다.

간혹 '제자훈련 하는 교회 성도는 머리만 무겁고 가슴은 차갑다. 성경공부만 하고 성령님의 역사에는 둔감하다'라는 말을 듣습니다. 그러나 제대로 된 제자훈련은 훈련의 과정 중에 성령님의 임재를 체험할 수 있어야 합니다. 훈련 과제물을 준비하면서, 성경을 읽으면서, 기도를 하면서, 그 어떤 과정 중에서도 성령님을 사모해야 하는 것입니다. 오늘도 성령님은 일하고 계시기 때문입니다. 하나님이 보내신 예수 그리스도, 그리고 그 예수님께서 보내신 보혜사 성령님께서 지금도 우리에게 말씀하십니다. 성령님이 우리의 주인이 되셨기 때문입니다.

예수님을 닮으라고, 하나님의 말씀을 신뢰하라고, 매 순간 성령님과 동행하라고 하십니다. 오늘도 성령님께서 내게 무엇을 말씀하려고 하시는지 귀 기울입시다. 읽고 듣는 성경말씀 중에서, 기도하는 가운데서, 사람들을 만나는 가운데서, 내가 듣고 보는 모든 사물들 속에서, 그리고 내 마음속에서 성령님은 다양한 방법으로 말씀하고 계십니다. 중요한 것은 내가 성령님을 얼마나 간절히 사모하고, 의지하고, 성령님의 지배가운데 음성을 계시를 들으려고 하는가 하는 것입니다. 이 가을 성령님의 역사에 민감한 매순간 되시어 코로나19를 이기시기를 바랍니다.

넷째, 성령의 역사가 변화되게 합니다. 성령이 임하자 어떤 변화가 일어났나요? 하나님의 놀라운 일들이 일어납니다. 오순절은 이스라엘 민족의 축제일입니다. 예루살렘 사람들뿐만 아니라 세계 각지에서 흩어진 유대인들이 모였습니다. 약 200여만 명이 모여 즐기는 소란스러운 명절입니다. 그 와중에 작은 무리들이 모인 곳을 사람들이 주목합니다.

베드로가 사람들 앞에서 일어나 큰 소리로 자신들이 경험한 일을 선포합니다. 베드로는 약 3년 전 갈릴리 바다에서 물고기를 잡던 어부였습니다. 베드로는 예수님이 가시는 길을 막아설 때 '사탄아 물러가라' 꾸지람을 듣기도 했습니다. 예수님이 대제사장 집에 끌려갔을 때 예수님을 저주하며 모른다고 했습니다. 그 후 부활하신 예수님을 만나는 경험을 했음에도 불구하고 자신의 속에 있는 부끄러운 마음과 유대인들이 자신을 죽일 줄 모른다는 두려움에 숨어있었습니다. 이렇게 실망스런 모습을 보였던 베드로가 수많은 사람 앞에서 외치기 시작했습니다. 두려움으로 문을 걸어 잠그고 있던 베드로가 자신들에게 일어났던 일들을 담대하게 외칩니다.

자신이 두려워하던 그들 앞에서 큰 소리로 선포합니다. 베드로만 일어나 외친 것이 아니라 열한 명의 사도와 함께 일어났습니다. 베드로의 증언의 증인으로서 모두 함께 일어났습니다. 그들이 위협을 가한다고 해도 전혀 개의치 않고 동참합니다.

베드로와 열한 사도, 120명의 제자들도 한 자리를 차지합니다. 언뜻 보면 베드로가 변화되었구나, 제자들이 변화되었구나, 단순하게 생각할 수 있으나 궁금한 것은 이들에게 어떤 일이 일어났기에 성령이 임하시자 이렇게 변화되었을까 궁금합니다.

베드로와 열한 사도, 120명 제자들이 자신들의 정체성을 드러냅니다. 두려움과 위협을 극복하고 정체성을 드러냅니다. 이들의 삶의 주인이 완전히 바뀐 것입니다. 하나님의 자녀, 하나님의 백성으로서 당당해집니다. 성령을 직접 체험하고 나니 세상의 모든 것이 부질없이 느껴졌고 공포의 대상을 향해 하나님의 일을 선포하게 되었습니다.

성령이 임하시면 삶이 완전히 바뀝니다. 택배를 전달하시는 분이 물건을 전하지 않으면 직무유기입니다. 성령을 경험하면 예수님을 말하지 않을 도리가 없습니다. 자신의 정체성을 드러내지 않을 수 없습니다. 이런 뜨거운 마음이 생기는 것입니다.

우리가 전해야 할 것이 무엇입니까? 우리를 사로잡고 있는 것이 무엇입니까? 코로나19로 인한 염려 근심입니까? 코로나19로 인하여 우울증이나 불면증에 걸리지 않을까 걱정입니까? 무엇을 먹고 마실까 그런 두려움입니까? 우리가 체험한 예수를 전해야 합니다. 성령으로 충만 받으려고 해야 합니다.

예수님의 보혈의 능력을 말해야 합니다. 성령이 임하면 예수님을 전하고 고백하려는 마음의 뜨거움이 생깁니다. 새로운 소망이 생깁니다. 성령이 임하실 때 기억할 것이 있습니다.

때가 삼시라고 했는데 아침 아홉시입니다. 예수님이 약속하신 성령님을 만나러 모인 때는 새벽이었을 것입니다. 적어도 베드로와 열한 사도와 120명 제자들은 무시로 모여 성령을 기다렸습니다. 삶의 모든 것 보다 성령을 기다리며 사모했습니다. 그들은 새벽이슬을 맞으며 기다렸을 것입니다.

우리에게 필요한 것은 성령님을 주인으로 모시려는 간절함입니다. 이 땅에서 성령으로 영의 세계가 열리면 하나님의 일하심이 보입니다. 성령님이 충만하면 보입니다. 새벽을 사모하며 나오는 성도들에게, 주님을 간절히 바라고 기다리는 마음에 성령의 놀라운 역사가 있기를 바랍니다. 오늘도 예수님을 뜨겁게 전하고 하루하루 벌어지는 상황 속에서 성령의 역사를 경험하길 축복합니다.

결론적으로 성령으로 충만해야 코로나19의 시대를 극복할 수가 있습니다. 성령 충만이 살길입니다. 성령 충만 안에 모든 해답이 있습니다. 성령 충만 받으면 모든 것을 다 받는 것입니다. 성령 충만을 날마다 구하고 사모해야 합니다. 사모하는 것만큼 받을 것입니다. 우리가 성령 충만 받으면 모든 것이 채워지기 때문에 마귀는 성령 충만 받지 못하게 기를 쓰고 막는 것입니다. 모든 좋은 것 중의 좋은 것이 성령충만입니다. 어떻게 해야 성령으로 충만할 수 있을까에 대하여 확실하게 깨달을 분은 "성령의 불세례에 숨은 비밀" 책을 참고하시기를 바랍니다.

왜 예수님이 제자들에게 "오직 성령을 받으라, 너희는 성령을 받으라!"고 하셨을까요? 성령 충만 안에 모든 답이 있기 때문입니다. 모든 것을 행할 수 있는 것은 성령충만입니다. 성령 충만 받아야 권능을 받아 주님의 증인이(순교자) 될 수 있습니다. 성령 충만 받아야 예수위해 죽을 수도 있습니다. 성령 충만 받아야 행함이 있는 믿음이 될 수가 있습니다.

성령 충만 받지 못하면 전도하고 헌신은 할 수 있으나 예수위해 죽을 수는 없습니다. 4복음서의 제자들과 사도행전의 제자들을 비교해보시기를 바랍니다. 성령 충만은 회개할 때 이루어지고, 회개는 기도로 하는 것이기에 루시퍼는 기도하는 자를 공격하고 막는 것입니다.

기도의 최종목표는 성령충만입니다. 성령 충만으로 기도하면 믿음이 생기고 강하고 담대함이 생기고 주님이 뜻대로 기도할 수 있습니다. 코로나19를 이기는 면역력이 강해집니다.

성령 충만이 임하여야 하고 가슴을 찢고 통회 자복함과 눈물로 회개할 수 있습니다. 성령 충만 없이 사랑을 행할 수 없습니다. 성령 충만이 식어지고 성령 충만이 없으면 아무것도 행할 수 없습니다. 그래서 마귀는 기도를 하더라도 성령 충만 받지 못하게 기를 쓰고 막는 것입니다. 모든 잡생각과 욕심으로 막는 것입니다. 생각을 집중해서 기도해야 합니다. 성령으로 충만해야 코로나19 속에서 영성을 관리할 수가 있습니다.

4장 지식적인 성도로 동화되고 있다.

　(약 2:14-26)"내 형제들아 만일 사람이 믿음이 있노라 하고 행함이 없으면 무슨 유익이 있으리요 그 믿음이 능히 자기를 구원하겠느냐 (15) 만일 형제나 자매가 헐벗고 일용할 양식이 없는데 (16) 너희 중에 누구든지 그에게 이르되 평안히 가라, 덥게 하라, 배부르게 하라 하며 그 몸에 쓸 것을 주지 아니하면 무슨 유익이 있으리요 (17) 이와 같이 행함이 없는 믿음은 그 자체가 죽은 것이라 (18) 어떤 사람은 말하기를 너는 믿음이 있고 나는 행함이 있으니 행함이 없는 네 믿음을 내게 보이라 나는 행함으로 내 믿음을 네게 보이리라 하리라 (19) 네가 하나님은 한 분이신 줄을 믿느냐 잘하는 도다 귀신들도 믿고 떠느니라 (20) 아아 허탄한 사람아 행함이 없는 믿음이 헛것인 줄을 알고자 하느냐 (21) 우리 조상 아브라함이 그 아들 이삭을 제단에 바칠 때에 행함으로 의롭다 하심을 받은 것이 아니냐 (22) 네가 보거니와 믿음이 그의 행함과 함께 일하고 행함으로 믿음이 온전하게 되었느니라 (23) 이에 성경에 이른 바 아브라함이 하나님을 믿으니 이것을 의로 여기셨다는 말씀이 이루어졌고 그는 하나님의 벗이라 칭함을 받았나니 (24) 이로 보건대 사람이 행함으로 의롭다 하심을 받고 믿음으로만은 아니니라 (25) 또 이와 같이 기생 라합이 사자들을 접대하여 다른 길로 나가게 할 때에 행함으로 의롭다 하심을 받은 것이 아니냐 (26) 영혼 없는 몸이 죽은 것 같이 행함이 없는 믿음은 죽은 것이니라."

코로나19로 인하여 대면예배를 장기간 드리지 못하니 교회 밖 신앙생활이 길어지고 있습니다. 누구도 이렇게 길어지리라고 상상하지 않았지만, 이제 우리는 상상이상의 시간을 준비해야한다는 것을 직감하고 있습니다. 집안에 꼭꼭 숨어 아무도 만나지 않는 로빈슨 크루소 같은 삶을 살지 않는 이상 코로나를 피할 수 없게 되었습니다.

내 힘과 능력을 모두 모아서 다른 나라로 간다고 피할 수 있는 문제도 아니고 KF94마스크와 공기정화기, 소독기, 소독제와 동행한다고 해도 누군지 모르는 어떤 접촉에 의해서 옮겨질지 모르는 모든 사람의 의심하고 나조차 신뢰할 수 없는 시대가 되었습니다. 델타 바이러스는 스치기만 해도 전염이 된다고 합니다.

솔직하게 누가 우리 교회에 등록하여 신앙생활을 하겠다고 해도 저는 손사래를 치면서 거절하는 실정입니다. 교회에 모르는 사람이 오는 것이 두렵습니다. 그 사람이 코로나19 무증상 감염자가 될 수가 있기 때문입니다. 지금 우리 교회는 주중 집회를 모두 보류하고 있습니다. 무감염자가 교회에 찾아와 전염을 시킬지 아무도 모르기 때문입니다. 목사로서 안타까운 것은 교회에 전혀 모르는 생소한 사람이 찾아오는 것이 제일 두렵습니다. 그래서 교회 문을 잠그고 예배를 드리고 있습니다.

이런 코로나의 시대에 사회는 각각의 역할을 유지하기 위해 방법을 찾고 있습니다. 쇼핑은 앱을 통해서 주문하고 새벽에 택배로 받고 음식도 문 앞까지 배달해주는 배달원의 노력으로 먹고 사는 게 익숙해져갑니다. 회사는 원격근무 같은 방법으로 어디서나 언제나 일을 하게 되었고 덕분에 취약했던 노동현장이 조금씩 개선되고 있습니다. 학교와 교육은 온라인 학습과 격일 등교 등으로 나름의 방법을 찾아가고 학습과 배움이 무엇인가 라는 근본적인 질문이 들어나고 있습니다.

그렇다면 교회는 어떤가요? 이 질문이 맞는가? 라는 다른 질문이 들어오기도 합니다. 그렇다면 질문을 바꾸어서 교회활동은 어떠한가? 라고 한다면, 정기적으로 교회 건물로 모여서 일정한 시간동안 한사람의 설교를 듣고 입을 벌려 찬양을 부르고 기도하는 행위는 어쩌면 당분간 그리고 아주 긴 시간동안 다시 하기 어려울 것 같습니다. 우리는 대비해야 합니다.

불행 중 다행은 인터넷을 통해서 예배당에서 진행하는 찬양팀의 찬양과 목사님의 설교와 성도들의 기도를 보고 듣고 할 수 있습니다. 조금 늦으면 드라마 VOD처럼 다시 보기로 시간을 옮겨서 볼 수 도 있습니다. 더 감사하게도 유튜브의 인공지능은 더 좋은 음질과 영상의 설교와 찬양을 추천해주기도 합니다. 그런데 이런 보고 듣는 예배나 설교는 자신을 지식적으로 동화되게 한다는 것을 잊지 말아야 합니다. 머리에 지식은 쌓일지 몰라도 아무런 영적능력을 나타내지 못한다는 것을 깨달아야 합니다. 성령님의 역사가 같이가야 합니다. 우리교회 권사님들이 이구동성으로 집에서 예배드리고 기도하는 것과 교회예배당에 나와서 예배드리고 기도하는 것이 다르다는 것입니다. 성령의 역사가 다르게 일어난다는 것입니다. 중요한 깨달음입니다.

한 가지 중요한 사실이 있습니다. 다음 주일 오전 09시 40분 경부터 17:00까지 여러분이 사시는 자치구 일대에 정전이 오거나 인터넷회선이 단절된다면 집에 계신 여러분은 어떻게 예배하실까요? 그럴 수가 없다고 하실 분도 계시겠지만 있을 수 있는 일입니다. 그래서 자신 안에 주인으로 계시는 하나님과 대면하는 신앙생활이 중요한 것입니다. 우리 모두 걸어 다니는 성전이 되어 예배당 중심의 '교회생활'이 아니라 개인적인 '신앙생활'을 준비해야 합니다. 체험적인 실제적인 신앙생활을 말하는 것입니다. (고전 3:16)"너희는 너희가 하나님의 성전인 것과 하나님의 성령이 너희 안에 계시는 것을 알지 못하느냐." 다시 말하면 걸어 다니는 살아계신 하나님의 성전이 되어 어디서나 아무 때나 어디서나 예배할 수가 있어야 한다는 것입니다.

어차피 교회에 가도 "큰 화면과 거대한 스피커의 확성으로 듣고 보던 것이니 자기 집 거실의 TV혹은 아이패드 스마트폰 화면이나 같은 것 아닌가" 하는 질문에 이르게 되면 이제는 익숙해진 거실의 주일예배를 종결하고, 종전과 같이 주일아침의 소란스러움과 번잡한 시간을 다시 맞을 수 있을지 솔직히 자신이 없다고 하시는 분들이 많습니다. 상황이 이러니 기존의 교회조직에서는 "현장예배"를 시작하기 위해서 "예배회복의 날"이라는 기발한 제목의 이벤트를 만들어 냈습니다. 그리고 우리도 "언제 교회 가서 예배드리나요." 라는 질문이 만나서 나누는 인사가 되고 있습니다. 다행스럽게도 우리 교회는 성도수가 정부에서 예배당 의자 수와 성도숫자를 통제하는 범위 안에 있어서 주일 예배는 마음껏 드릴 수가 있다는 것을 감사할 뿐입니다.

이것이 새로운 시대의 교회활동일까요? 거듭난 성도라고 스스로 자부하면서 그동안 뚫고 지나온 시간을 돌아보면서 눈앞에 보이는 상대가 사라지고 안개같이 평화로운 시대 속에서 길을 잃고 있는 것이 아닌가? 스스로 물어보게 됩니다.

코로나의 시대가 그것을 조금 더 빨리 자각하게 한 것이 아닐까 생각합니다. 코로나가 물러가고 모두에게 코로나 면역이 생기면 다시 교회건물에 모여서 예배드리면 우리의 신앙이 다시 불타오르는 것일까요? 필자가 생각하기는 그렇게 쉽게 바로 되지 않을 것이라고 생각합니다. 왜냐하면 벌써 2년이 다되어가서 믿음이 약한 성도들이 많이 믿음을 상실하고 세상으로 갔기 때문입니다. 세상으로 향하지 않았다고 하는 성도들도 점점 영성이 메말라가니 인간적인 성도가 되어가고 있습니다.

코로나19가 종식되고 예배당에 모여서 만나지 못한 성도를 만나고 손잡고 기도하고 함께 한 목소리로 거대한 파도와 같은 찬양을 부르면 주님이 큰 영광을 다시 받으시는 걸까요?

주일학교 아이들이 모여서 손유희 하면서 노래하고 성경퀴즈와 게임을 하면서 성경을 배워가면 다음세대 아이들이 신앙의 길에 들어서게 될까요? 이런 질문을 던져봅니다. 코로나의 시대 혹은 그 이후에 우리의 갱신은 얼마나 새로워질까요? 기대가 되기도 하면서 궁금하기도 합니다.

첫째, 지식적 관념적인 성도가 되지 맙시다. 우리는 성령으로 충만하려고 노력을 해야 합니다. 성령충만이란 자신의 주인이신 성령님이 자신의 영-혼-육체에 차고 넘치게 지배하시고 장악하시는 것을 말합니다. 그래야 지식적인 성도가 되지 아니하고 체험적인 성도가 될 수가 있습니다. 성령의 역사가 없는 성경 지식은 아무런 힘을 발휘하지 못합니다. 성령의 역사가 함께하는 성경지식이 초자연적인 권능을 발휘하게 하는 것입니다.

우리는 인생을 살면서, 그리고 신앙생활을 하면서 여러 가지를 착각하기도 하며 오해하기도 합니다. 그중에 하나는 하나님에 대한 오해와 착각입니다. 우리가 '하나님을 알고 믿는다'고 할 때, 얼마나 많은 부분을 착각하고 오해하는지 모릅니다. 우리가 하나님을 안다고 할 때, 그것은 단순히 지식적으로 그분을 인정하고, 그분의 말씀에 동의하는 것을 말하지 않습니다. 그때의 '앎'은 단순한 지식으로 아는 '관념적인 하나님'을 말하는 것입니다.

그러나 성경이 원하는 하나님에 대한 지식은 체험(가슴으로 경험한)으로 아는 실제적이고 구체적인 지식을 요구하는 것입니다. 하나님을 안다는 것은 몸과 마음으로 체험함을 안다고 하는 것입니다. 하나님은 영이시기 때문입니다. 오로지 성령의 역사로만 가능한 것입니다. 그러니까, 머리로 하나님을 배우고, 이해하고, 지식으로 깨닫고, 전통을 따라 예배하는 것을 '관념적 신앙'이라 말합니다. 그렇게 하나님을 아는 지식으로는 하나님과 교통할 수 없고, 세상을 이기고, 마귀를 대적하고, 문제를 극복하는데 아무런 도움이 되지 않습니다. 우리가 하나님을 믿는다는 것은 단순히 교회를 출석하고, 예배에 열심을 다하고, 성경을 배우고, 봉사를 하는 것을 의미하는 것이 아닙니다.

하나님을 믿는다는 것은 가장 보편적인 진리에 속하는 것이지만, 오늘날 성도들이 가장 크게 오해하고 착각하는 부분에 속하는 문제이기도 합니다. 하나님은 시공을 초월하여 존재하십니다. 미국에도 계시고, 아프리카에도 계십니다. 그리고 한국에도 계십니다. 각 가정에도 계십니다. 직장에도 계시고, 사업장에도 계십니다. 낮에도 계시고, 밤중에도 계십니다. 이런 하나님을 '보편적(일반적인)인 하나님'이라 말할 수 있습니다.

그러나 하나님은 우주적인 하나님으로 믿는 사람들의 경배와 찬송을 받기를 원하시는 것이 아니라, 예수님을 주인으로 모신 우리 한 사람 한 사람 전인격 속에 들어오셔서, 인격적이고 실재적으로 주인으로 내주하시며, 한 사람 한사람을 성전삼고 하루 24시간을 주인으로 함께 하시기를 원하시는 것입니다.

우리가 하나님을 아는 지식으로 알아가는 것을 원하시는 것이 아니라, 우리 안에 주인으로 성전삼고 살아 계시기를 원하십니다. 그때의 하나님을 '계시적 하나님'이라 부릅니다. (고전 3:16)"너희는 너희가 하나님의 성전인 것과 하나님의 성령이 너희 안에 계시는 것을 알지 못하느냐"

만일에 우리가 '대통령을 믿습니다'라고 말할 때 그것은 일반적이고 보편적인 '한국의 대통령'(대중적인 대통령)을 의미하는 것입니다. 그런 대통령은 개인적으로 도움을 주거나 하루의 일상 속에 함께 할 수 없습니다.

많은 성도들 속에 하나님께서 이런 정도로 이해되거나 자리잡고 있습니다. 그러나 하나님은 지금도 성령을 통하여 실재적으로 성도의 삶속에 들어와 우리의 삶을 간섭하시고, 나타내시고, 개입하시고, 도와주시며, 인도하시고, 교통하기를 원하시고 계십니다.

얼마나 많은 하나님의 사람들이 그저 교회를 출석하고 예배를 드림으로 하나님이 내 안에 계시며, 하나님은 나를 도우시며, 내가 믿는 신앙이 정통이라고 자랑하며, 하나님은 나와 함께 하실 것이라며, 착각하고 사는지 모릅니다. 절대로 아닙니다. '하나님은 영'이십니다. 초자연적으로 역사하시는 하나님이십니다.

영은 영과의 교통으로만 친밀하게 교통할 수 있는 특성이 있습니다. 이웃집 아저씨는 내가 힘들고 아플 때 나에게 도움을 주지 않습니다. 용돈이 필요해서 손을 벌릴 때도 외면하고 거절하십니다. 나와 직접적인 관계가 없기 때문입니다.

그러나 나의 친아버지는 다릅니다. 믿는 무리들 중에 하나님을 여전히 하나님을 아저씨(?)정도로 이해하는 사람들이 적지 않습니다. 모든 사람의 '대중적인 하나님' 정도로 이해하는 사람들 말입니다.

아저씨들은 아무리 전능하다할지라도 나와 직접적이고 인격적인 관계가 없습니다. 그러므로 나와 실제적인 상관이 있을 수 없습니다. 그러나 하나님이 나의 아버지로 믿어지고, 친히 아버지의 성령이 내 안에 주인으로 내주하시면 상황은 달라집니다. 내 고통은 하나님의 고통이며, 내 문제도 그분의 문제로 인정됩니다. (요 15:7)"너희가 내 안에 거하고 내 말이 너희 안에 거하면 무엇이든지 원하는 대로 구하라 그리하면 이루리라."

왜냐하면 그분과 나는 성령의 교통과 내주하심으로 특별한 관계이며 둘이 아니라 '유기적 하나'이기 때문입니다. 이것이 나는 주님 안에 주님은 내 안에 거할 때 '무엇이든지 원하는 대로 구하라'는 말씀의 비밀입니다.

그러므로 우리가 그분의 영을 인정하고 의지하고 모시어 들이고, 교통하기를 원할 때, 그분은 우리의 가장 깊은 내면에 오셔서 주인으로 안주하시며, 우리의 일상 속에서 우리와 동역하시며, 우리의 눈물을 닦아주시며, 우리와 함께 울고 웃으시는 인격적인 분으로 살아계셔서 일(운행)하시는 것입니다.

마귀는 결사적으로 성도들에게 하나님이 살아계시지 못하시도록 교묘하고 간교하게 역사하고 방해하고 공격하는 것입니다. 지속적이고 집요하게 관념적인 하나님으로 알고 믿게 합니다. 로마서 8장 14절 말씀대로 "누구든지 그리스도의 영이 없으면, 그리스도의 사람이 아니다" "무른 하나님의 영으로 인도함을 받는 자들은 하나님의 자녀들이다" 옳습니다. 그렇습니다.

하나님은 모든 자녀들과 백성과 모든 인류를 위해 오셨고 지금도 함께 하시고 사랑하십니다. 그러나 그럼과 동시에 특정한 하나님의 자녀 속에 들어가 친밀한 관계를 유지하기를 원하십니다. 관념적이거나 혼적이거나 지적으로 말고 실재적이고 영적이고 구체적으로 말입니다.

우리는 그 하나님을 믿어야 하고 그분을 신뢰하는 것입니다. 그렇게 될 때, 사막에서도 목마르지 않으며, 종일 걸어가도 피곤치 않을 수 있는 것입니다. 그렇지 않고 관념적으로 하나님을 믿으면 물속에서도 목마른 물고기처럼 평생을 살수 밖에 없는 것입니다.

어떻게든 우리가 하나님을 아는 지식과 하나님의 실재에 대하여 바른 이해와 갈망을 더해야 할 것입니다. 그래서 평생을 믿고도 잘못 믿어 버림받는 일이 없기를 바랍니다. 하루를 믿어도 성경대로 믿고 성령의 인도를 받으며, 하나님이 원하시는 식대로 믿어야 할 것입니다.

그것은 하나님의 실재와 임재와 지배에 대한 '갈망과 체험'뿐입니다. 기독교 신앙은 지식이 아니라 초자연적(5차원)인 능력입니다. 능력은 생명이며, 생명은 하나님이 영이 주인으로 임재하실 때 주어지는 하나님의 영역입니다.

그래서 많이 아는 지식보다, 하나님의 실재를 실제로 체험하는 일이 급선무가 되는 것입니다. 관념이나 지식은 나의 갈증과 갈등을 조금도 해소하지 못합니다. 단순히 진통제만 투여할 뿐입니다. 근본적이고 궁극적인 해결과 해갈은 오직 '하나님의 지배하심'뿐입니다. 성령의 지배와 인도 받기를 바랍니다.

둘째, 성령의 감동에 순종하는 행함이 있는 성도가 됩시다.
본문에 나오는 야고보의 초점은 이것입니다. "예수 안에서는 가난한 자란 있을 수 없다. 예수를 믿는 우리들은 모두 부요한 자인데 예수와 한 몸 된 우리는 주님의 나라인 천국을 동일하게 차지하게 된 평등한 관계이다." 그러므로 가난한 자를 외면하는 자체가 예수께 받은 "믿음"이 아니라는 것입니다.

다시 말해서 예수로 부터 온 "믿음"이라면 반드시 의롭고 자비로우신 주님을 드러내는 "믿음"이어야 된다는 것이요. 그것이 예수를 따르는 믿음 있는 자의 "행위"라는 말씀입니다.

그렇지 않고 사람을 차별하여 대하면 하나님의 말씀을 어기는 죄를 짓는 것(9절)입니다. 형제를 업신여기고 미워하면 "살인죄"에 해당한다고 성경은 말합니다. 그리고 이것은 인간의 본성에 해당됩니다. 누구나 예외 없이 여기에 걸립니다.

그렇다면 이러한 인간들이 모인 교회는 당연히 타락할까요? 타락한 인간들이 모인 교회이지만 교회는 온전합니다. 그 이유는 주님이 온전하시기 때문입니다. 성도가 삐뚤어 나아가고 성령의 뜻을 좇지도 않고 육신의 욕구에 사로 잡혀 있다고 해도 그것으로 인하여 성령이 떠나는 것은 아닙니다. 성령이 우리의 보이는 "행함"에 따라 왔다 갔다 역사하는 것은 좁은 우리 인간의 생각입니다. 성령은 주께서 십자가에서 흘리신 피의 공로로 우리의 죄가 우리를 심판에 이르지 못하게 무력화 시키고 그 분의 권능이 우리를 항상 온전함 속에 가두어 두기 때문입니다. 결국 우리의 의(행위)가 우리를 의롭게 못하며 오직 "하나님의 의" 만이 우리를 의롭게 하십니다.

"하나님의 의"를 덧입은 자들이 "반드시 행하는 행함"이 있다는 것이 야고보의 초점입니다. 그러한 행함을 있게 하는 "믿음"에 관한 이야기를 야고보는 하고 있는 것입니다. 결국 야고보는 행함을 강조한 것처럼 보이기만 "참 믿음"을 역설한 것입니다. 말씀의 강조점을 다시 묵상해보시기를 바랍니다. "내 형제들아 영광의 주 곧 우리 주 예수 그리스도에 대한 믿음을 너희가 가졌으니" 여기서의 그들이 가진 "그리스도에 대한 믿음"이 바로 이러한 "믿음"인 것입니다. 하나님의 의로 우리를 의롭다 하심을 믿는 믿음이 바로 그것인 것입니다. 그렇다면 야고보가 말하는 "행함"이란 무엇일까요? 혹자들이 말하는 믿음만이 중요한 것이 아니라 행함도 중요하다는 표현입니다. 결국 믿음만 아니라 행함으로 얻는 구원을 말하게 되고 행함으로 구원을 얻는다고 말하면 복음에 위배되기 때문에 "상급"이라 칭합니다. 현재 많은 우리네 교회들이 동조하고 있는 신앙입니다.

소위 "주의 일" "하나님의 일"이라 하여 교회 일을 강요하는 것 또한 사실 이러한 "야고보서의 행함"을 강조한 신앙에서 기인한다고 보아야 합니다. 말하자면 이런식의 압박입니다. "야고보가 무어라 말하는가? 행함이 없는 믿음은 죽은 믿음이라 하지 않습니까?" 그 행함이 무엇이겠습니까? 바로 "주의 일"입니다. 결국 "주의 일"이란 명목 하에 교회에서의 모든 행함들로 말미암아 구원이나 천국을 제시하는 오류를 범하고 있지만, 원래 야고보가 말하려는 "행함"이란 전혀 그런 것이 아닙니다. "주의 일"이란 지식적 관념적 "주의 일"이 아닙니다. 야고보는 진리의 말씀을 따라 행하는 행함을 보면 하나님의 사랑과 자비를 덧입은 믿음과 그 배후에는 "예수 그리스도"가 있다는 말인 것입니다. 행함이 있는 믿음이란 성령의 감동하심이 있으면 목숨에 문제가 있더라도 순종하는 산 믿음인 것입니다.

"만일 사람이 믿음이 있노라 하고 행함이 없으면 무슨 이익이 있겠느냐. 그 믿음이 능히 자기를 구원하겠느냐." 이 말씀이 믿음도 있어야 하고 행함도 있어야 구원을 얻는다는 말일까요? 아닙니다. "믿음이 있노라 하고" 믿음이 진짜 있다는 말입니까? 없다는 말입니까? 있노라하는 믿음은 참 믿음이 될 수 없습니다. 자기만 인정하는 지식적인 믿음이기 때문입니다. 따라서 여기서의 "믿음"은 참 믿음이 아니며, 그러한 거짓믿음은 능히 자기를 구원하지 못한다는 말씀입니다. 왜냐하면 (참)믿음은 당연히 우리 모두를 구원하고도 남아야 하기 때문입니다.

그러므로 "믿음이 있노라"를 좀 천박하게 표현하자면 "믿음이 있다고 껍적대나"입니다. 그리고 18절에서 "너는 믿음이 있고 나는 행함이 있으니 행함이 없는 네 믿음을 내게 보이라 나는 행함으로 내 믿음을 네게 보이겠다." 충분히 "행함"을 강조한 말씀 아니냐고 우리는 항변할 수 있지만 다시 이 부분을 잘 읽어보시라고 권하고 싶습니다.

필자는 정반대의 말씀으로 보입니다. 행함이 아닌 "믿음을 보이라"는 뜻으로 분명히 보입니다. 에센스가 쉽게 의역을 한다면 이런 말씀입니다. "너는 믿는다고는 하지만 (참)행함이 없으므로 그것은 (참)믿음이 아니며, 나는 (참)믿음에 기인한 (참)행함을 함으로 그 믿음을 보일 수 있는 것이다." 성령의 감동에 손해가 나더라도 순종하는 것이 참 행함이 있는 믿음이라는 것입니다. 행함이 있는 믿음이란 아브라함의 행함입니다. **"그가 하나님이 능히 이삭을 죽은 자 가운데서 다시 살리실 줄로 생각한지라 비유컨대 그를 죽은 자 가운데서 도로 받은 것이니라."** (히 11:19). 애초부터 야고보는 참 믿음과 참 행위를 대조하려는 의도가 전혀 없었습니다. 단지 믿노라 하면서 사람을 차별하는 위선적인 사람들에게 "너희들이 가진 믿음이 무엇을 보건데 진짜 믿음이라 말할 수 있겠느냐?"

"제대로 된 믿음으로 제대로 된 행함을 보이라!" 한 것입니다. 그래서 야고보는 2장 전반부에 그리스도를 믿는 믿음에 근거한 그리스도의 마음은 그리스도가 가르친 "자비"를 말함으로 어떤 행할 거리를 찾아서 행하는 "행위"가 아니라. 그리스도께서 주신 "믿음"이 어떠한 "믿음"인가를 설명하기 위한 말씀이었던 것입니다.

　"주의 일"을 강조하여 행함을 믿음과 동일한 구원의 수단으로 소개한다면 성경을 크게 왜곡하는 것입니다. 다시 강조하지만 야고보서 2장은 "행함"에 초점을 둔 말씀이 아니라, "믿음"에 초점을 두었습니다. 모든 성경이 그렇듯이 "믿음으로 말미암은 하나님의 의요, 믿음에 의한 구원의 원리를" 성경은 제시하고 있는 것입니다.

　야고보가 "행함"을 말할 때 가난한 자에게 차별이 없는 "자비"로 행함을 제시한 이유 역시 하나님의 자비가 예수 안에 부르신 모든 성도들에게 차별이 없이 베풀어진다는 사실과 그러한 하나님의 자비를 입은 자들이라면 마땅히 이웃을 향한 사랑과 자비를 드러낼 것입니다. "만일 형제나 자매가 헐벗고 일용할 양식이 없는데, 너희 중에 누구든지 그에게 이르되 평안히 가라, 더웁게 하라, 배부르게 하라 하며 그 몸에 쓸 것을 주지 아니하면 무슨 이익이 있으리요. 이와 같이 행함이 없는 믿음은 그 자체가 죽은 것이라."(약2:15-16절)

　야고보는 아브라함과 "기생 라합"의 예를 들면서 역시 하나님의 의를 소유한 생명 있는 "믿음"을 설명합니다. 아브라함의 아들이삭을 바친 행함과 이스라엘의 정탐꾼을 숨겨준 행위를 표현상 말했지만 사실 아브라함은 믿음의 조상이요, 라합 역시 하나님의 의로 인한 그녀의 확고한 "믿음"이 그와 같은 행함을 이끌었다는 것을 우리는 성경을 통해 확실히 봅니다.

"행함이 없는 믿음은 죽은 믿음이다." 교회에서 이런 저런 권하는 행위들 소위 하나님이 기뻐하실 만한 일들을 생각해서 이런 저런 열심을 내고, 또한 우리가 생각하는 많은 선한 행함들 과연 산 믿음일까요? 물론 각종 교회봉사나 선량한 행위들이 어떤 조직이거든 필요한건 사실이나, 이러한 것이 죽은 믿음이 아니고 산 믿음이란 말은 분명 야고보서의 왜곡입니다.

더 정확히 말해서 우리의 마음에 불 일 듯이 일어나는 소명의 행위라 하여 야고보가 그것을 (참)행함 라고 말하는 것이 아니라, 우리 안에서 우리의 구원을 위해 일하시는 하나님의 역사하심을 확고히 믿는 그 믿음에 의한 그 사랑에 의한 그 자비에 의한 "반응"만을 (참)행함 이라 말하는 것입니다.

그러므로 믿음 안에 있는 자는 하나님이 아브라함에게 역사한 것처럼, 또 라합에게 역사 한 것처럼, 그의 행함을 통해 역사하실 것입니다. 그것을 믿는 것을 또한 "믿음"이라 합니다. 우리 안에서 일어나는 열정 그걸 믿음이라 하지 않습니다. 항상 변하기 때문입니다. 하나님이 하시고자 하는 열정, 이걸 믿음이라 합니다. 절대로 변할 수 없기 때문입니다.

결론적으로 행함이 있는 믿음이란 성령의 감동하심에 따라 마음과 생각과 행동이 가감없이 순종하며 따르는 것을 말합니다. 목숨에 문제가 생기더라도 주님의 뜻에 따라 순종하는 믿음이 행함이 있는 믿음이라는 것입니다.

5장 정신적 육체적 질병이 발생한다.

(시 42:11)"내 영혼아 네가 어찌하여 낙심하며 어찌하여 내 속에서 불안해 하는가 너는 하나님께 소망을 두라 나는 그가 나타나 도우심으로 말미암아 내 하나님을 여전히 찬송하리로다."

하나님은 살아계시면서 예수님을 믿는 성도들을 성전삼고 불꽃같은 눈으로 살피시면서 보호하십니다. 예수를 믿는 성도들은 죽어서 천국가는 것이 아니고 매일 하나님의 살아계심을 체험하면서 하나님의 나라에서 사는 것입니다. 그러나 많은 분들이 예수님을 믿고 신앙생활을 하는 것은 죽어서 천국에 가려고 믿는 다고 알고 있습니다. 필자는 하나님께서 코로나19속에서 알곡과 가라지를 구별하고 계신다고 믿습니다. 알곡은 살아계신 하나님의 성전이 된 성도들입니다. 어디서나 하나님과 동행하면서 하나님을 찾으며 예배를 드리는 분들입니다. 하나님은 모든 성도들이 하나님의 살아계신 성전으로 살아가기를 원하십니다. 코로나19속에서도 하나님의 살아계신 성전이 되어 살아가면서 하나님의 나라가 되기를 소원하시는 것입니다.

성도 중에는 예수님께서 자신의 모든 것을 해결하여 주시는 복을 받게 하시는 도깨비 방망이로 알고 있는 분들도 있습니다. 이는 조금 부족한 믿음입니다. 예수님은 죽어서만 천국에 들어가게 하시는 분이 아닙니다. 지금 살아있으면서 천국을 누리게 하시려고 가시관을 쓰시고 십자가에 달려서 고통을 당하시다가 돌아가시고 3일 만에 부활하신 것입니다.

지금 세계적으로 코로나19가 유행하고 있습니다. 심지어 미국의 트럼프 대통령도 영국의 총리도 코로나19에 걸려서 입원 치료를 받았습니다. 많은 수의 사람들이 코로나19로 인하여 직장을 잃었고, 사업을 파산하고 가정경제가 어려워서 고통을 당하고 있습니다. 하나님께서 반드시 코로나19를 소멸하실 것입니다. 하나님께서 세상에 코로나19를 허락하신 것은 반드시 뜻이 있으실 것입니다. 우리들은 참고 인내하면서 코로나19로부터 자유 함을 받아야 합니다. 코로나19 사태가 장기화되면서 우울증을 호소하는 사람이 늘고 있습니다. '코로나19'와 우울을 상징하는 '블루'가 합쳐진 '코로나 블루'라는 신조어가 생겼습니다. 감염병이 확산기를 지나 유행기에 접어들면 감정의 진동은 점차 가라앉습니다. 분노와 응원의 강도도 약해집니다. 그 자리에 우울과 불안, 무기력증이 들어섭니다. 감염병이라는 재난은 일상이 됩니다. 이른바 '재난의 상재화(常在化)'입니다.

미국 슬럼가 주민들이 폭력과 총격전 속에서 일상을 이어가는 것과 같습니다. 재난이 일상으로 자리 잡는 사이 '코로나 블루'라고 불리는 '코로나 우울증'은 지역사회를 파고듭니다. 많은 수의 사람들이 코로나19의 감염보다도 우울증을 더 호소하고 있습니다. 감염병 국면에서 보이는 자연스러운 현상이지만 건강한 흐름은 아닙니다. 코로나 블루는 장애인과 노인·저임금 노동자와 같은 취약 계층에게 빨리 스며들고 더 치명적입니다.

"코로나 이후에 극단적인 생각을 자주 합니다."라고 말합니다.

매스컴에서도 코로나19로 인한 우울증이나 불안장애를 극복하기 위하여 상담을 받으라고 합니다. 상당하게 많이 홍보를 하는 것을 보면 많은 수의 사람들이 우울증이나 불안장애, 불면증, 공황장애로 고통을 당하고 있다는 것을 인지하고 증명할 수가 있는 것입니다. 그러나 상담을 받아도 그 때 뿐이지 근본적인 치유가 불가능합니다. 근본적인 치유는 성령께서 환자의 전 인격을 지배하시고 장악하실 때 가능한 것입니다. 절대로 인간적인 심리적인 상담이나 의약품으로 완전한 치유는 불가능합니다. 이유는 우울증이나 불안장애 뒤에는 영적인 문제가 결부되어 있기 때문입니다.

필자는 20년이 넘도록 마음의 상처와 스트레스 귀신에게 고통당하는 사람 귀신을 쫓아주고, 인간의 모든 육체의 질병으로 고통당하는 사람, 정신질병으로 고통당하는 사람, 우울증과 불안장애, 공황장애 같은 질병들, 뼈와 관절, 근육의 질병으로 고생하는 사람들, 여러 가지 가정, 부부의 문제로 고생하는 사람들을 성령하나님의 인도를 받으면서 치유하여 자유하게 하는 특별한 목회를 했습니다. 특별한 목회를 하면서 체험하여 지금도 성도들의 정신적인 문제가 영적인 문제가 육체적인 문제를 치유합니다. 필자가 기도하면서 매스컴에서 전파하는 것을 보면 코로나19도 문제이지만 이로 인하여 우울증이나 불안이나 불면 등으로 고통을 당하는 사람들이 많이 있다는 것입니다.

그래서 이렇게 정신적으로 육체적으로 고통당하는 성도들을 돕고자 "코로나19 시대의 신앙생활"이라는 제목으로 책을 집필하게 된 것입니다. 필자는 지난 20여 년간 수많은 환자들을 치유하면서 실제적인 체험과 임상적인 경험이 많습니다. 이 체험과 경험들을 이 책에 종합하여 수록하면서 집필하여 많은 전문인들이 말하는 대로 코로나19가 끝나면 우후죽순처럼 나타날 우울증이나 공황장애, 불안장애 환자들을 치유하는데 조금이라도 도움을 주고자 합니다.

우울증이나 불안장애 환자가 증가하는 것은 코로나19로 인하여 교회마다 정상적인 예배를 드리지 못하는 데에서 오는 자연스러운 현상이라고 생각합니다. 비대면 예배로 드리다가 보니까, 자신 안에서 성령의 충만한 역사가 일어나지 못하니까, 마음속에 잠재하여 있던 우울증이나 불안장애를 일으키는 존재들이 밖으로 나타난 것입니다.

전 세계에 '펜데믹'을 불러온 코로나19는 한국교회의 생태도 완전히 바꿔 놓았습니다. 130년 역사 이래 처음으로 온라인 예배가 대대적으로 시행됐고, 그나마 현장 예배를 유지하던 교회들도, 주일예배 외에 여타 활동은 전혀 하지 못했습니다. 예배를 중단치는 않았지만, 예배에 참여하는 성도들의 수가 급격히 줄며, 예배의 절대성은 자연스레 무뎌졌고, '주일성수'라는 한국교회가 지켜온 숭고한 가치 역시 흔들리기 시작했습니다.

더 문제가 되는 것은 2021년 7월부터 2,000-3,000명이 넘는 숫자가 코로나19에 감염되고 있다는 것입니다. 델타바이러스는 스치기만해도 감염이 된다는 것입니다. 코로나19 확산 절정기에 유독 교회의 예배에 대한 사회적 비난과 국민적 여론이 집중됐던 터라, 쉽사리 예배 재개를 결정키 어려웠는데, 그래도 정부에서 19명 이내는 대면예배를 드릴 수 있도록 했습니다.

하지만 그럼에도 불안과 우려가 완전히 사라진 것은 아닙니다. 여전히 일각에서는 교회 예배 진행을 두고, 좋지 않은 시선을 보내고 있고, 타종교와 비교하며, 기독교의 이기성을 비난하고 있습니다. 하지만 이런 것은 종교적 신념이나 신앙에 대한 무지, 생각의 차이에서 비롯된 현상이기에 이해하고 넘길 수 있는 부분입니다. 진짜 문제는 한국교회 내부에 존재합니다.

사실 코로나19로 인한 한국교회의 가장 큰 불안은 '회복의 가능성'입니다. 바이러스 사태라는 전례 없는 위기에서 수많은 성도들이 교회를 등졌고, 예배를 눈감았습니다. 약소화된 현장 예배, 온라인 예배 등 각 교회들이 저마다의 사정에 맞춰, 위기 속에서도 예배를 지켜내려는 피나는 노력을 보였지만, 한국교회 전체적으로 예배가 무너지고, 성도가 떠났다는 쓸쓸한 결과는 외면하기 어렵습니다. 필자에게 전화하여 우리 교회가 잘 운영, 유지되고 있느냐고 여러분들이 질문을 합니다. 혹시 교회가 운영이 어려워 망하지 않았나 알아보는 것이지만 저희 교회는 아무런 문제없이 운영되고 유지되고 있습니다.

코로나19가 2년이 다되니까, 여러 가지 좋지 못한 상황이 발생합니다. 예수를 믿고 교회예배당에 다니면서 믿음 생활하던 성도들도 우울증으로 불면증으로 불안장애로 공황장애로 육체의 질병으로 고통을 당하는 분들이 많습니다. 모두 마음의 상처와 스트레스를 바로바로 해결하지 못하고 마음과 육체에 쌓여서 생기는 현상이라고 생각합니다.

성도들 중에는 접촉자로 분류되어 자가 격리를 하거나 코로나19에 감염되어 격리치료를 받는 분들도 있습니다. 그런데 어떤 분들은 빨리 치료가 되는 분들이 있는가하면 4-6주 이상 장기 치료를 해야 치료되는 분들이 있습니다. 성도들의 내면을 치유하는 목사가 판단하기는 마음의 상처와 스트레스 영향이라고 생각됩니다. 마음의 상처와 스트레스를 바로바로 정화하면서 지내시는 분들은 면역력이 강하여 빨리 코로나 바이러스를 제압하고 자리를 털고 일어나는 것입니다. 그런데 마음에 상처와 스트레스가 잠재의식에 쌓인 분들은 바이러스를 이기는 면역력이 약함으로 치료가 오래 걸리는 것입니다. 그래서 기저질환이 있는 분들이 면역력이 약하여 사망하는 경우가 많은 것입니다. 상처와 스트레스는 면역력에도 지대한 영향을 미치는 것입니다. 또 매스컴에서 들어서 잘 아시겠지만 코로나19에 감염되고 치유를 받았는데 1년이 넘도록 후유증을 고생을 한다는 것입니다. 이는 코로나19에 걸리고 격리되어 치유 받을 동안에 자신 안에 쌓인 두려움의 상처와 스트레스를 정화하지 못하여 생기는 현상으로 이해해야 합니다. 반드시 치유를 받은 다음에 말씀과 성령으로 내면을 치유해야 후유증으로 고생하지 않습니다.

요즈음에는 백신을 맞습니다. 백신을 맞고도 어떤 사람은 아무런 문제없이 지납니다. 그런데 어떤 분은 며칠씩 고통을 당하는 분들이 있습니다. 이것도 역시 면역력의 차이라고 판단됩니다. 면역력이 강한 분들은 별 문제없이 지납니다. 그런데 면역력이 약한 분들은 백신 후유증이 오래가는 것입니다. 이는 필자가 우리 교회에 다니는 분들을 직접 보면서 깨닫게 된 사실입니다. 어떤 분이 화이자 백신을 맞았는데 1차 때에는 며칠 동안 고통을 당했다고 합니다. 이때는 교회예배당을 나오지 못한 시절입니다. 그러다가 2차 때에는 교회예배당에 나오게 되어 백신을 접종하기 전에 필자가 예배당에 불러서 상당한 시간동안 개별로 안수기도를 하면서 기도하게 했습니다. 그리고 백신을 맞았는데 아무런 문제없이 편안하게 지나갔다는 것입니다.

종합하면 상처와 스트레스를 바로바로 정화해야 한다는 것입니다. 스트레스 정화는 자신 안에 주인이신 성령님이 하시는 것입니다. 마음을 열고 기도하니 성령님이 잠재의식에 쌓인 상처와 스트레스를 정화하여 밖으로 배출하시는 것입니다. 따라서 몸에 장기의 기능이 정상이 되고 혈액이 정상적으로 순환이 되고, 림프가 건강하니 몸 이곳저곳으로 물이 잘 돌아가니 바이러스가 침입하더라도 빨리 제압을 하고 배출하는 것입니다. 성령으로 충만한 영적인 생활은 자신의 면역력을 강화하는데 지대한 역할을 하는 것입니다.

우리가 알아야 할 것은 자신의 힘으로나 노력으로 자신 안에 우울증을 일으키는 불순물이 떠나가는 것이 절대로 아닙니다. 왜냐하면 자신의 능력은 3차원이기 때문입니다. 성령의 권능으로 불순물이 떠나가는 것입니다. 성령님은 초자연적인(5차원) 역사를 일으키는 살아계신 분입니다. 성령의 역사가 자신 안에서 일어나야 불순물이 쉽게 떠나갑니다. 이유는 잠재의식에 쌓여있는 불순물 뒤에는 귀신들이 있을 수가 있습니다.

귀신들은 초인적인(4차원) 능력이 있습니다. 자신은 인간적인(3차원) 능력입니다. 자신의 인간적인 노력으로는 불순물이 떠나가지 않는 것입니다. 그렇기 때문에 자연스럽게 자신 안에서 성령의 역사가 일어나도록 숨을 깊게 들이쉬고 내쉬면서 지속적으로 기도하는 것입니다. 성령의 역사가 자신 안에서 일어나게 기도하라는 것입니다. 그러면 자신 안에서 올라오는 성령의 불의 능력으로 우울증을 일으키는 불순물이 떠나가는 것입니다. 이렇게 지속적으로 기도를 하면 우울감은 해결이 됩니다.

알아야 할 것은 앞으로는 더욱 우울증을 호소하는 환자가 증가할 것입니다. 자신의 영을 자신이 지키는 영성생활을 해야만 하는 것입니다. 사람은 영적이면서 육적인 존재이기 때문에 예수를 믿고 신앙생활을 한다고 하더라도 잠재의식에 상처와 스트레스가 쌓일 수가 있기 때문입니다. 초기 우울감이 생길 때는 혼자 해결이 가능하지만 우울증으로 발전하면 혼자 해결할 수가 없습니다. 반드시 전문가의 도움이 있어야 합니다.

코로나19 상황에서는 누구나 무기력과 기분 저하를 경험할 수 있지만, 그것이 계기가 되어 다른 사람들보다 더 깊은 무기력과 우울에 빠지는 사람들이 있습니다. 이는 환경으로 인한 정상적인 반응에 그치지 않고, 자신의 마음과 심령의 내적 취약성 때문에 우울증이 발생하는 경우입니다. 우울감과 우울증은 둘 다 우울이라는 공통적 특성이 있지만, 그 수준은 완전히 다른 것입니다. 우울감은 누구나 정상적으로 경험할 수 있으며 우리가 충분히 견딜 수 있는 수준입니다. 반면 우울증은 질환으로 규정되면 비정상적인 상태이며, 혼자서는 견뎌낼 수가 없으므로 반드시 외부의 전문적인 도움이 필요합니다. 흔히 '마음만 고쳐먹으면 되는 것'이라고 충고하면서 우울과 무기력의 상태를 그저 게으른 것으로 치부하는데, 우울감의 경우엔 그런 채찍질이 도움이 되지만, 우울증의 경우엔 그렇지 않습니다.

우울감과 우울증의 차이에 대해서 여기에서는 한 가지만 강조해서 말씀드리려고 합니다. 우울감과 우울증은 그 해결책이 완전히 다릅니다. 많은 사람들이 자기가 우울감을 극복한 경험을 떠올리며 우울증 환자에게 충고하는데, 이것은 심각한 오류입니다. 우울증에 빠진 사람에게 '신앙생활 열심히 하라'는 것은 바람직한 조언이 아닙니다. 그것은 우울감의 경우에 통하는 조언이지 우울증에서는 통하는 조언이 아니기 때문입니다. 간단명료하게, 다음을 기억하기 바랍니다. "우울감(blue)은 자극을 통해 개선되고, 우울증은 규칙성을 통해 개선된다." 규칙성이란 일정한 기간 동안 말씀과 성령의 역사로 전문적인 치유를 말하는 것입니다. 일정기간 동안 자신의 비정상적인 습관을 고치는 것입니다.

평소에 당신이 우울할 때 무엇으로 기분을 개선하는지 적어보시기를 바랍니다. 쭉 열거해 놓고 보면 항목들의 공통점은 '자극'이라는 것을 알 수 있습니다. 기분이 저조하면 '으쌰으쌰' 하면서 기분 전환을 일으키는 생각과 행동을 넣어 주어야 합니다. 달콤한 음료나 과자가 그러한 자극으로 흔히 사용됩니다. 재미있는 생각이나 새로운 경험도 비슷하게 작용합니다. 여행을 다녀오는 것도 기분 전환이 될 수가 있습니다.

자극은 평소에 늘 있는 것이 아닌 것으로서 변화와 전환의 요소로 작용하는 것입니다. '신앙생활 열심히 한다'는 말은 기존의 활동을 적극적으로 증가시키거나 새로운 집회나 활동에 참석하는 변화를 의미합니다. 새로운 자극을 주는 것입니다.

그렇다면 이러한 자극이 우울증에도 유효할까요? 그렇지 않습니다. 우울증에 들어가면 평소에는 자신에게 즉효 약이던 자극도 무용지물입니다. 우울할 때 커피만 마시면 회복되고, 여행만 다녀오면 나아지던 사람들도 우울감을 넘어서는 우울증에 빠지면 커피도 여행도 효과가 전혀 없고 오히려 역효과를 낳기도 합니다. 잘 통하던 자신의 자극 방식이 안 통할 때 사람들은 대개 두 가지 중 하나로 나아갑니다.

하나는 더 큰 자극을 추구하는 것입니다. 하지만 회복보다는 악화할 가능성이 높습니다. 또 하나는 원래 쓰면 방식이 안 통하니 어떤 방법도 없으리라 생각하고 절망하는 것입니다. 결국 두 갈래가 모두 막다른 길이 되고 마는 것입니다. 이런 시점에 진실을 알려주는 '복음'이 필요합니다. 성령의 역사입니다. 그 복음은 이렇게 말합니다. "지금의 너의 상태는 우울감이 아니라 우울증이다. 그래서 자극이 안 통하는 것이다. 해결책이 없는 것이 아니라, 기존의 해결책이 아닌 다른 해결책을 써야 한다." 다른 해결책은 성령의 강력한 역사가 포함이 됩니다. 즉,

우울증도 나을 수 있다는 말입니다.

　우울감과 우울증의 해결책이 다르다는 점 하나만으로도 두 가지가 같은 취급을 받으면 안 될 충분한 이유가 됩니다. 물론, 여전히 우울증은 마음먹기에 달렸고 신앙생활 열심히 하면 회복된다고 생각하는 분도 있을 것입니다. 일부 경험이 없는 목회자들이 이렇게 말합니다. 새벽기도 잘나오고 전도 열심 있게 하고 교회에 나와서 봉사 열심히 하면 우울증은 치유가 된다고 합니다. 그런데 그렇게 말고 같이 쉽지 않습니다. 필자가 20년 동안 우울증 환자를 치유하면서 체험한 바로는 15-20주 정도 규칙적인 성령의 역사에 의한 치유를 해야 완치가 됩니다. 한 번에 생각이 바뀌진 않겠지만 기회 있을 때마다 '우울감과 자극', '우울증과 규칙성'에 대해 곱씹어보기를 바랍니다.

　규칙성을 가지고 성령의 역사를 따르면서 제때 먹고, 제때 자고, 기본적인 몸과 마음의 활동을 정해진 대로 매일 유지하는 것입니다. 변화보다는 익숙한 흐름에 더 비중을 두고 지냅니다. 규칙성을 만들기 위해서는 약물 치료가 필요하기도 합니다. 규칙성이 우울감을 느끼는 사람에게는 지루하게 여겨질 것입니다. 그러나 우울증에는 회복을 위한 왕도가 되는 것입니다. 당장 반짝 효과가 나타나지는 않으나, 하루하루 안정적으로 회복을 향해 나아가게 해 줍니다.

　열왕기상19장 3-8절에 나오는 우울증에 빠진 엘리야를 생각하면 쉽게 이해가 될 것입니다. 이세벨은 엘리야에게 사신을 보내, "내가 내일 이맘때에는 반드시 네 생명을 죽이겠다. 그렇지 않으면 신들이 내게 벌 위에 벌을 내림이 마땅하다"고 했습니다. 이 말을 들은 엘리야가 무슨 일인지 죽음에 공포에 사로잡혀 브엘세바까지 도망간 것입니다. 북쪽 이스라엘에서 남쪽 유다 끝인 브엘세바까지 도망간 것은 이세벨의 칼에서 살기 위한 자구책이었습니다.

그리고 자기의 사환들을 남겨둔 채, 자기 혼자 광야 길에 들어섰습니다. 혼자서 광야 길에 들어 간 것은 아마도 이세벨이 더 이상 찾지 못하는 더 깊고 은밀한 피난처를 찾거나, 현재 자신의 모습을 비관하면서 하나님을 만날 필요를 느꼈기 때문인 것 같습니다. 그리고 한 로뎀 나무 아래에 앉아서 죽기를 원했습니다. "여호와여 넉넉하오니 지금 내 생명을 거두시옵소서 나는 내 조상들보다 낫지 못하나이다" 하고 로뎀 나무 아래서 잤습니다. 왜 엘리야는 로뎀 나무 아래서 죽기를 간구했습니까? 자기의 힘만으로 극복할 수가 없다고 느꼈기 때문입니다.

열왕기상19장 3절을 보면 "그가 이 형편을 보고 일어나 자기의 생명을 위해 도망갔다"고 했습니다. 형편을 보았다는 것은 하나님을 바라보지 않고 현실만 바라보았다는 말입니다. 자신에게 처한 현실만 바라본 결과 어떻게 되었습니까? 비겁해졌습니다. 도망자가 되었습니다. 영웅적인 신앙의 모습은 사라지고 너무나 비겁한 모습으로 죽기를 간구하는 우울증에 사로잡힌 사람이 되었습니다. 이렇게 무기력한 상태를 심리학에서는 번아웃이라고 말합니다. 번 아웃은 타버리다. 소진하다는 뜻입니다. 다른 말로는 탈진이라고 합니다. 번 아웃은 한 가지 일에 몰두하던 사람이 갑자기 모든 에너지를 소진되면서 극도의 무기력증에 빠지는 현상입니다. 많은 시간과 노력을 들여 몰두했는데 기대한 보상을 얻지 못하고 좌절감을 느끼는 경우입니다. 지금 엘리야의 경우가 그렇습니다. 우상숭배에 빠진 이스라엘을 구원하기 위해 자기 나름대로 최선을 다했는데, 하나님께 충성을 다했는데 돌아오는 것은 싸늘한 이세벨의 선전 포고였으니 그 좌절감은 큰 것입니다.

그래서 광야 길에 들어가 로뎀 나무 아래서 죽기를 간구하는 것입니다. 신앙의 번 아웃은 언제 경험합니까? 현실이라는 벽이 커 보일 때, 불안과 두려움을 경험할 때 번 아웃을 경험합니다. 내 앞에 다가온 현실이 단순한 불안과 걱정을 넘어서 죽음의 공포로 다가온 순간 탈진합니다. 자신도 모르게 '더 이상 소용없다', '다 끝났다'라고 소리칩니다.

요즘 젊은 사람들은 삼포로 간다고 합니다. 삼포란 세 가지 포기를 말합니다. 연예, 결혼, 출산, 오포란, 앞에 세 가지와 함께 내 집 마련, 인간관계, 칠포란 꿈, 희망 직업을 포기합니다. 삼포, 오포, 칠포는 현실의 장벽이 얼마나 큰 가를 잘 말해줍니다. 이런 탈진을 극복하는 길은 무엇입니까? 하나님을 만나길 뿐입니다. 살아계신 성령님이 주인 되어 장악하는 것입니다. 엘리야가 광야 길을 선택한 것처럼 우리도 광야로 나가 홀로 있으면서 하나님 앞에서 자신의 현실을 고백하고, 그 해답을 찾아야 합니다. 문제는 현실을 피하고, 도망만 간다고 해결되지 않습니다. 세상에서 그 해답을 찾을 수 없다면, 하나님을 만나야 합니다. 그래서 하나님은 홀로있는 시간을 허락하시는 것입니다.

　그러기 위해서는 엘리야처럼 광야로 나가야 합니다. 우리에게 있어서 광야란 어떤 곳입니까? 기도와 말씀의 골방입니다. 자신 안에 계신 하나님이십니다. 기도를 통해 하나님을 만나야 합니다. 말씀을 통해 하나님을 만나야 합니다. 인생 문제의 해답은 언제나 하나님께 있습니다. 엘리야는 두려움이 엄습하는 순간 하나님을 잃어버렸습니다. 자신만 보였습니다. 이세벨의 말만 들렸습니다. 하나님이 아니라 사람, 환경, 현실만 보일 때 우리는 좌절할 수밖에 없습니다. 탈진하게 됩니다. 탈진 가운데 엘리야의 선택은 하나님이었습니다. "여호와여 내가 할 일은 다 했습니다. 이것으로 충분합니다. 지금 내 생명을 거두어 가십시오." 하나님을 찾고 찾아 나아가면 하나님이 만나주십니다. 자신의 주인이신 하나님을 만나야 해결이 되는 것입니다.

　엘리야처럼 인간의 한계를 경험해 보아야 합니다. 더 이상 내 힘으로는 아무것도 할 수 없다는 사실을 깨달을 때 하나님을 만나게 됩니다. 세상이 주는 행복, 즐거움이란 한낱 신기루에 불과하다는 사실을 깨달을 때 하나님 앞으로 한 걸음 더 나아가게 됩니다. 사마리아 여자처럼 남편 다섯을 바꾸고도, 현재 있는 남편에게도 만족을 얻을 수 없음을 깨달았을 때에 그리스도를 만나게 됩니다. 하나님은 어떻게 탈진한 엘리야를 회복시켜 주셨습니까? 육신의 필요와 영적인 필요를 공급했습니다. 육신의 필요는 잠, 음식, 터치(안수)였습니다. 엘리야는 잠을 잤습니다. 잠은 축복입니다. 하나님은 사랑하는 자에게 잠을 주신다고 했습니다. 그리고 음식을 제공했습니다. 자고 나니 머리맡에 숯불에 구운 떡과 한 병의 물을 제공했습니다. 부활하신 예수님도 디베랴 바닷가에서 고기 잡는 일곱 제자들을 위해서 숯불에 생선과 떡을 구워놓고 그들을 먹이셨습니다.

엘리야는 다시 잤습니다. 여호와의 천사가 다시 와서 어루만지시면서 일어나 먹으라고 했습니다. 어루만졌다는 것은 안수를 했다는 것입니다. 안수를 통해 성령이 충만해집니다. 주님의 만져주심이 경험하시길 바랍니다. 성령으로 충만한 목회자의 안수는 탈진한 영혼을 살리는 것입니다. 필자는 많이 체험했습니다. 요한복음 9장에 보면 날 때부터 시각 장애인 된 사람을 고치실 때 그의 눈에 흙을 발라 실로암 못에 가서 씻으라고 했습니다. 왜 예수님은 그의 눈에 아무것도 바르지 않고 실로암 못에 가서 눈을 씻으라고 해도 나을 텐데 왜 진흙을 발라주셨습니까? 터치입니다. 터치를 통해 우리의 몸과 영혼을 치유합니다. 터치를 통해 예수님의 생기를 전이 받는 것입니다. 이렇게 엘리야는 우울증을 치유 받았습니다. 이로보아 우울증은 절대로 혼자 스스로 치유 받지 못합니다. 성령의 인도를 받는 전문가의 도움을 받아야 합니다. 엘리야가 천사를 만나 치유를 받은 것과 같이 성령의 인도를 받는 하나님의 사람을 만나야 합니다. 하나님의 사람은 기도할 때 찾을 때 하나님께서 만나게 하십니다.

결론적으로 코로나19속에서도 걸어 다니는 성전이 되어 무시로 예배를 드리며 성령으로 기도하여 마음안에 상처가 쌓이지 않게 하면 코로나19를 넉넉하게 제압할 수가 있습니다.

2부 코로나19시대 영성관리가 중요하다.

6장 코로나19 시대 영성 관리하는 비결

(민12:5-8) "여호와께서 구름 기둥 가운데로부터 강림하사 장막 문에 서시고 아론과 미리암을 부르시는 지라. 그 두 사람이 나아가매, 이르시되 내 말을 들으라. 너희 중에 선지자가 있으면 나 여호와가 환상으로 나를 그에게 알리기도 하고 꿈으로 그와 말하기도 하거니와 그(모세)와는 내가 대면하여 명백히 말하고 은밀한 말로 하지 아니하며, 그는 또 여호와의 형상을 보거늘 너희가 어찌하여 내 종 모세 비방하기를 두려워하지 아니하느냐"

코로나19를 이기는 길은 영성 깊은 크리스천이 되는 것입니다. 영성이란 아담이 에덴동산에서 죄를 범하기 전에 하나님과 거닐면서 대화하던 상태로 돌아가는 것을 말하는 것입니다. 아담이 죄를 범하기전 하나님과 거닐면서 대면하며 대화하던 깊은 영성으로 코로나19 속에서도 매일 하나님의 나라를 체험하며 살아가려는 의지가 중요합니다. 마음 안에서 성령의 능력이 분출되어야 가능한 것입니다. 하나님은 예수를 믿고 성령으로 거듭난 성도들이 하나님과 대면하는 영성을 소유하기를 원하십니다. 하나님을 볼 수 있는 영의 눈이 열리기를 소원하십니다. 하나님은 모세를 이렇게 표현하십니다. "이 사람 모세는 온유함이 지면의 모든 사람보다 더하더라"(민12:3). 온유는 하나님의 성품을 말하는 것입니다.

모세는 세상의 어떤 사람과 비교할 수 없을 정도로 하나님을 닮았다는 것입니다. 다시 이렇게 말씀을 하십니다. "여호와께서 구름 기둥 가운데로부터 강림하사 장막 문에 서시고 아론과 미리암을 부르시는지라. 그 두 사람이 나아가매, 이르시되 내 말을 들으라. 너희 중에 선지자가 있으면 나 여호와가 환상으로 나를 그에게 알리기도 하고 꿈으로 그와 말하기도 하거니와 그(모세)와는 내가 대면하여 명백히 말하고 은밀한 말로 하지 아니하며, 그는 또 여호와의 형상을 보거늘 너희가 어찌하여 내 종 모세 비방하기를 두려워하지 아니하느냐"(민12:5-8).

모세는 하나님을 대면하며 대화할 수 있는 영성을 가지고 있다는 것입니다. 모세는 홀로 있는 시간을 많이 가지면서 하나님을 찾고 찾아서 하나님을 닮았다는 것입니다. 모세는 하나님의 얼굴을 구하여 하나님을 대면하는 삶을 사는 사람입니다. 모세는 출애굽기 4장 10절에서 "입이 뻣뻣하고 혀가 둔한 자"라고 말씀하고 있습니다. 하나님도 이 부분을 인정하셔서 형인 아론을 붙여 주셨습니다. 하나님은 말 잘하는 아론과 직접 대화시며 일하시지 않으시고 모세에게 붙여주신 이유가 있습니다. 모세는 하나님의 얼굴을 보면서 대화하는 사람입니다. 반면에 아론은 말은 잘하지만 하나님의 얼굴을 볼 수가 없는 육신에 속한 사람이기 때문입니다. 모세는 한마디로 하나님과 대면하며 친밀하게 지내는 사람입니다.

성경에 보면 영성이 깊은 하나님을 보는 사람이 나옵니다. 욥은 여러 가지 환란과 고통을 통과한 후에 이렇게 고백합니다. "내가 주께 대하여 귀로 듣기만 하였사오나 이제는 눈으로 주를 뵈옵나이다"(욥42:5). 우리는 이런 영성을 추구해야 합니다.

영성이란 무엇입니까? 영성이라는 그 뜻을 해석하면 신령한 풍성이나 성질이라고 합니다. 많은 사람들이 이를 영적 은사와 혼동하기도 하지만, 진정한 영성은 바로 "하나님을 체험적으로 아는 것"입니다. 더 나아가 "하나님을 닮는 것"입니다. "하나님의 역사를 눈으로 보는 것"입니다. 그리스도인의 영성이란 "예수그리스도가 지금 이 순간 살아서 내 곁에 계신다는 사실을 느끼고, 지금의 역사의 현장 속에서 살아계신 예수그리스도를 배우고, 듣고 따르는 것이다"라고 어느 유명한 성직자가 말씀하셨습니다. 정확한 정의라고 말할 수 있습니다.

필자가 깨달아 말하는 영성(靈聲:spirituality)은 '하나님의 성품'이라고 말하면 틀림이 없는 것입니다. 많은 성도들과 목회자들이 영성하면 무슨 특별한 것으로 생각하는데 영성은 아담이 에덴동산에서 하나님과 대면하며 대화하면서 지내던 상태로 돌아가는 것을 말하는 것입니다.

모든 인간들은 영(靈:spirit)을 깨닫고, 영(靈:spirit)을 배우고 익혀야 하며, 영(靈:spirit)을 믿고 따르지 못한다면 죽음을 받게 되는 그러한 것을 말하는 것입니다. 영(靈:spirit)이란 하나님의 영을 뜻하는 것이고, 인간의 근본 체를 말하는 것입니다. 인간의 근본 체인 하나님을 따라야 살 수 있는 길을 있다는 것을 가르쳐 주는 것이 바로 영성(靈聲:spirituality)이고, 지금이 영성(靈聲:spirituality) 시대입니다. 영성으로 살아가야 하는 시대입니다. 하나님께서 성령으로 예수를 믿는 사람 속에 임재 하여 계시면서 섭리하시는 시대라는 것입니다.

그래서 성령이 역사하시는 교회시대라고 하는 것입니다. 이 교회는 사람의 마음 안에 있는 무형 교회를 말하는 것입니다. 즉 하나님의 가르침을 인간이 따라야 하는 시대, 또는 하나님이 인간을 구원하는 시대, 인간이 따라야 할 대상이 (성령:Holy Spirit)이라는 것을 깨달아야 되는 시대를 말합니다.

우리는 영성을 대할 때마다 영성의 대가를 연상합니다. 그러나 영성은 어떤 개인을 지칭하거나, 어느 고행과 훈련을 예로 말하는 것이 아닙니다. 영성은 우리의 삶 자체입니다. 영성은 "궁극적인 가치를 향한 인간의 탐구 혹은 가장 고상한 가치와 목적을 달성하기 위한 인간의 노력"이라고 말할 수 있습니다.

우리에게 익숙한 로렌스형제(Brother Lawrence)는 영성을 "하나님의 임재에 들어가는 것이다"라고 말했습니다. 성령으로 충만하여 마음 안에서 역사하시는 하나님의 권능으로 살아가는 것이 진정한 행복한 삶입니다. 하나님께 더 가까이 다가가며, 그의 가르침을 실천하며 하나님을 즐거워하는 삶입니다. 마조리 톰슨(Marjorie Thomson)은 "우리 안에 하나님의 성령의 생명력과 영향력을 증가시키는 것이다"고 정의했습니다.

성령님을 주인으로 모시고 성령의 인도를 받으면서 살아가는 것입니다. 달라스 윌라드는 "우리의 스승 되신 예수님과 동행하면서 신의 성품들이 점차 우리를 지배하고, 우리 안에 배어드는 과정이다"라고 말했습니다. 그래서 성경은 이렇게 말합니다. "너희는 주께 받은바 기름 부음이 너희 안에 거하나니 아무도 너희를 가르칠 필요가 없고 오직 그의 기름 부음이 모든 것을 너희에게 가르치며 또 참되고 거짓이 없으니 너희를 가르치신 그대로 주 안에 거하라"(요일 2:27).

이런 정의를 정리해 볼 때 영성은 크리스천의 삶이라고 말할 수 있습니다. 달리 말해서 영성은 변화되어 하나님께 소망을 두고 살아가는 참 삶입니다. 그것은 잃어버린 것, 멀어진 것, 익숙하지 못한 것들이 이제는 찾아지고, 가까워지고 친숙해지는 삶입니다. 그 영성의 삶은 그리스도 안에서, 그와 함께 그를 위하여 살 때 찾게 됩니다. 그러므로 근본적인 문제는 우리와 그리스도와의 관계입니다. 한마디로 눈이 열리는 영성을 가진 성도는 세상에서 인간 닮게 삶을 살아갈 수가 있습니다.

그리스도 없는 삶은 오래가지 않아 중단되거나 모양만 낼 따름입니다. 진정한 삶은 그리스도께서 우리 안에 거하실 때 이루어집니다. 삶의 초점을 그리스도께 맞추면 우리의 삶은 비로소 제자리를 찾게 됩니다. 이런 그리스도와의 관계는 자아와의 관계, 그리고 다른 사람들과의 관계를 회복시켜줍니다. 그렇게 변화될 때, 그리스도의 장성한 분량에 이르게 되며, 우리는 그리스도께서 보여주신 삶을 살게 됩니다.

그런 점에서 헨리 나우웬은 "영적인 삶을 산다는 것은 하나님의 현존 가운데 사는 것이다… 나는 중심에서 예수님과 더불어 사는 것이라고 답하겠다"라고 말했습니다. 우리가 그리스도 안에서 살 때, 우리 안에 계신 그리스도께서 우리를 그의 충만하신 형상으로 이루어 나가실 것입니다.

그러면 참된 영성이란 무엇일까요? 우리의 삶은 육적인 삶, 혼적인 삶, 영적인 삶으로 나눠집니다. 육적인 삶이란 먹고, 마시고, 자고, 운동하는 등의 활동을 말합니다. 혼적인 삶은 지-정-의의 활동 등을 일컫는 것입니다. 사람은 누구나 다 육적인 삶과 혼적인 삶을 삽니다. 그러나 영적인 삶에 있어서는, 영적으로 살고 있는 사람이 있고, 그렇지 못한 사람이 있습니다. 우리가 바르게 알아야 할 것은 불교나 유교 등에서는 영적인 삶을 사는 것처럼 보이지만, 사실은 육과 혼을 통해 활동하는 것이지 하나님의 영을 통해서 참된 영적 세계를 계발하는 것이 아닙니다. 일반종교는 영적인 세계를 육적, 혼적 차원에서 파악하여 정서적 내지 심리적 상태로 이해하기 때문입니다.

예수를 믿는 성도들의 삶은 일반 종교인들의 삶과 확연하게 다른 삶입니다. 그것은 예수님을 믿는 목적을 바르게 이해하면 알 수가 있습니다. 예수님을 믿는 목적은 은혜 언약대로 칭의, 성화, 영생을 얻기 위한 것입니다. 쉽게 설명한다면 예수를 믿고 성령의 인도를 받으며 마음 안에 있는 영으로 말씀을 들어서 그리스도의 장성한 분량에 이르는 것입니다. "영접하는 자 곧 그 이름을 믿는 자들에게는 하나님의 자녀가 되는 권세를 주셨으니"(요 1:12). "이러므로 우리가 하나님께 끊임없이 감사함은 너희가 우리에게 들은 바, 하나님의 말씀을 받을 때에 사람의 말로 받지 아니하고 하나님의 말씀으로 받음이니 진실로 그러하도다 이 말씀이 또한 너희 믿는 자 가운데에서 역사하느니라"(살전 2:13). 예수를 믿는 것은 어떤 종교를 믿는 것이 아니라, 생명, 영생을 믿는 것입니다. 기독교는 종교가 아니고 살아 계신 하나님의 믿는 생명의 종교입니다. 육체를 입고 하나님을 믿으면서 하나님을 닮아가는 것이 영성입니다.

그리스도인의 삶의 중심은 영적인 삶에 있습니다. 하나님이 영이시기 때문입니다. 하나님의 자녀로서 하나님을 기쁘시게 하며 하나님께 영광을 돌리는 질적인 삶을 말합니다. 즉 참된 영성이란 예수 그리스도를 철저히 닮아가는 것입니다. 성령께서는 우리가 예수님을 영접한 순간부터 그리스도의 형상을 닮아가도록 일하고 계십니다. 따라서 우리 안에서는 이 순간에도 성령의 역사로 말미암아 예수님의 성품이 형성되고 있습니다.

이것을 보고 신학에서는 성화라고 부릅니다. 그리스도께서는 우리를 통해 자신의 삶을 살고 계십니다. 나를 숨기고 예수님을 드러내는 것이 바로 영성 운동입니다. 내가 나를 철저히 죽이고 내 안에 계신 예수 그리스도가 내 마음의 집을 통째로 맡아서 운영해 주시는 것입니다. 내 마음의 손님으로 와 계시는 것이 아니라, 주인으로 오시게 하는 바로 그것입니다. 기독교는 그리스도 중심의 종교입니다.

참된 영성을 어떻게 구별할까요? 하나님은 우리가 얼마나 지식적으로 하나님을 아는가, 우리가 얼마나 봉사하고 있는가를 놓고 우리의 영성을 가늠하지 않습니다. 행동주의를 영성으로 잘못 생각하면 안 됩니다. 하나님은 우리가 얼마나 하나님의 음성에 순종하였는가로 참된 영성의 척도를 삼으십니다. 제일 사랑하는 분이기 때문에 하나님께 숨길 것 하나 없이 다 드리는 것, 그것이 바로 헌신입니다. 개인적으로 하나님과 얼마나 친숙한가 하는 친숙도로 하나님은 참된 영성을 판단하십니다. 참된 영성을 가진 사람은 하나님과 친숙하며, 하나님의 말씀과 친숙하며, 하나님께 기도하기에 친숙합니다.

하나님을 찬양하기에 친숙합니다. 하나님과 더 깊이 친숙할수록 아들이 아버지를 닮아가듯 하나님을 더 많이 닮아가기 때문입니다. 우리의 삶이 얼마나 예수님을 닮았는가 하는 것으로 하나님은 참된 영성을 분별하십니다.

그래서 참된 영성은 주님의 일방적인 선물입니다. 스스로 자신을 개혁하는 것도 아닙니다. 내 노력으로, 공부하고, 훈련을 쌓아 자신을 발전시키며 변화시켜 나가는 것을 참된 영성이라고 할 수가 없는 것입니다. 율법의 규율이나 법칙을 따라 나 자신을 계발하는 것이 아니라, 말씀과 성령으로 나를 비워 내 안의 성령께서 내 안에 채워져서 나를 변화시켜 주시도록 비켜 드리는 것이 참된 영성입니다. 내가 어떻게 하는 것이 아니라, 내가 어떻게 안하는가가 더 중요한 것입니다. 율법의 행위로 말미암지 않고 성령으로 하는 것이 참된 영성임을 기억해야 합니다.

다른 종교에서는 훈련을 통해 인간의 변화를 꾀하지만, 그것은 겉은 변하게 할 수 있어도 인간의 죄성, 본성은 절대로 스스로의 훈련을 통해 바꿀 수 없습니다. 인간을 변화시킬 수 있는 유일한 길은 하나님의 성령이 우리를 변화시켜 주실 때만 가능하며 예수님이 재림하실 때 우리의 썩을 육신이 영광의 몸으로 변화될 것을 믿고 기다리게 해 주시는 분이 성령입니다.

즉 성령에 속한 사람은 다시 오실 예수님을 바라고 기다립니다. 인생이 힘들고 고달파서 견디기 힘들고 믿음의 시험을 당할 때도 우리에게 인내를 주시는 분은 성령입니다. 이 세상에서의 삶이 아무리 힘들어도 우리 몸이 주 안에서 구속함을 받고 주의 영광을 볼 것이라는 것을 가르쳐 주시며 우리를 견디게 하는 것도 성령이 하시는 일인 것입니다.

우리 생각을 우리보다 더 잘 아시어 우리를 위해 간구해 주십니다. 성령은 우리가 잘못된 것을 기도할 때에도 그것을 바로잡아 하나님의 뜻대로 이루어지도록 기도하시는 분이 성령입니다. 성령 하나님이 우리를 위하여 간구하시는 것은 모두가 다

응답이 됩니다. 그것은 성령 하나님이 성부 하나님의 뜻대로 간구하시기 때문입니다. 예수님만이 완전한 분이요, 하나님을 기쁘시게 하는 분이기 때문에 예수님을 닮는 길만이 하나님을 기쁘게 할 수 있으며, 내가 아닌 그리스도를 존귀케 할 수 있는 길입니다. 예수를 닮는 것이 참된 영성입니다.

참되다는 것은 오직 하나님만 참된 것입니다. 영성이란 하나님 자신을 가리키는 것입니다. 우리 사람은 영성이 없습니다. 우리 사람의 생각은 항상 하나님과 원수된 것입니다. 우리의 영적 갈급함도 동일합니다. 영적 갈급함이란 하나님을 아는 지식에의 갈급함이며, 하나님의 말씀에 대한 갈급함입니다. 보기는 보아도 알 수 없는 갈증이라고 표현해도 옳을 것입니다.

사람에게 있어 영성이란, 영이신 하나님이 생명 되신 하나님이 우리 가운데 거하시는 그 자체를 영성이라고 표현해도 옳을 것입니다. 질그릇에 보배를 담고 있는 것이 바로 영성을 소유한 것이라 할 것입니다. 사람은 자신을 구원할 만한 아무런 능력이나 힘도 없습니다. 즉 영성도 없다 할 것입니다. 오직 주님만이 우리 영성이며, 우리의 모든 것이시며, 길이시며 진리이시며 생명이 되신다 할 것입니다. 참된 영성은 생명 되신 참된 힘이 되신 주님을 내 마음에 모신 상태가 영성을 가진 상태라 할 것입니다. 성령으로 충만하여 성령의 지배를 받는 상태입니다.

영성생활이란 무엇인가에 대해 여러 가지 말이 많습니다. 간단하게 말하자면, 예수님을 내 인생의 주인으로 모시고, 그분

가르침을 따라, 그분의 인도를 따라, 그분을 닮아가며 사는 것을 영성생활이라고 생각하시면 됩니다. 우리 일부들은 영성생활을 사람들을 피해 오로지 기도만 하는 삶이라고 생각하는 경향이 있습니다만, 이는 잘못된 생각입니다. 기도하지 않는 사람들을 피해 오로지 기도하는 삶을 산다는 것은 취지는 좋지만, 현실적으로는 도피적 삶이 될 가능성이 높습니다.

주님께서는 '하나님 사랑'과 '이웃 사랑'을 거의 같은 자리에 놓고 강조하셨습니다. 왜 그럴까요? 다른 사람들과 어울리지 못하는 사람들, 사람을 피해 하나님과만 대화하겠다고 하는 사람들이 가진 문제점을 잘 아셨기 때문입니다. 사람을 피해 홀로 기도하는 사람들이 가진 문제점은 '자기도취에 빠질 가능성이 높다는 것'입니다. 사실 성도들 중에는 자기도취에 빠진 분이있습니다.

인간의 무의식은 여러 가지 장난질을 많이 칩니다. 홀로 깊은 기도를 할 때 마치 도인이나 성인이 된 것과 같은 기분을 느끼게 해줘서, 자신이 정신적 경지에 올라선 사람인 양 착각하게 합니다. 가짜 성도와 목회자가 양산되는 이유는 바로 인간의 무의식적 장난질 때문입니다. 이런 자기도취를 깨주는 것이 바로 성령님이십니다. 성령께서 마음 안에서 역사하시면 자신을 정확하게 보게 하십니다.

그리고 평화롭고 안정된 자기 마음을 뒤흔들어주는 것, 내 영성 수준의 적나라함을 일깨워주는 것은 나와 친한 사람들, 따르는 사람이 아닙니다. 나와 불편한 관계인 사람들, 쉽게 말해 내가 미워하는 사람들, 나의 마음에 직언하여 상처를 주는 사람들입니다. 그런 사람들은 나의 영적 수준을 알려주는 심판관들입니다. 그래서 자신의 영적 수준을 알려면 자신과 불편한 사람들을 만나보면 안다고 말하는 것입니다. 반대로 자신의 영적인 상태를 알려면 자신과 친한 사람들을 보면 알 수가 있습니다. 친한 사람들은 자신과 말(영)이 통하는 사람들이기 때문입니다.

영성 수준이란 무엇일까요? 사람을 끌어안는 자기 마음 그릇이 바로 영성 수준을 가늠케 합니다. 예수를 믿고 직분을 받은 지 오래됐어도, 교회 안의 여러 가지 교육을 받고 봉사활동을 아무리 많이 했어도, 늘 자기 마음에 맞는 사람들과만 떼 지어 다니고, 같은 공동체 안에서 적대적 혹은 불편한 감정을 갖는 사람들이 많다면 그 사람의 영적 수준은 보잘 것없습니다.

그렇다면 어떤 사람이 영성이 깊을까요? 자기 스스로 영성을 운운하지 않는 사람, 영성이 깊다는 평가에 손사래 치는 사람, 기도생활을 할수록 자신의 문제가 보인다는 사람, 이런 사람들이 영성이 깊은 사람입니다. 즉, 겸허한 마음을 가진 사람이 영성이 깊은 사람입니다. 반면 자기 입으로 영성이 깊다고 하는 사람들은 대개 자기 자만에 빠진 사람일 가능성이 큽니다.

사람은 사람에게 보약이자 독약이라고 합니다. 이 말은 내 문제점이 보이게 해주는 사람들은 영적 성장에 도움이 되지만, 내가 자기도취에 빠지게 하는 사람들은 독약 같은 존재라는 뜻입니다. 이 말을 잘 새겨서 사람을 피하지 않는 성도로서 "네 이웃을 네 자신과 같이 사랑하라"는 주님의 말씀에 순종하는 영성 깊은 신앙인이 되시기를 바랍니다.

영의 눈이 열리는 영성을 개발하려면 "하나님을 체험적으로 알아야 합니다." 체험적으로 알려면 말씀을 삶에 적용하면서 체험해야 알 수가 있습니다. 더 나아가 "하나님을 닮아야 합니다." 하나님을 닮으려면 지성과 감성이 풍부해야 합니다.

거기서 만족하지 말고 "하나님의 역사를 눈으로 보아야 합니다." 하나님은 영이십니다. 영이신 하나님을 눈으로 보려면 성령으로 거듭나야 합니다. 성령으로 거듭나 모세와 같이 "이 사람 모세는 온유함이 지면의 모든 사람보다 더하더라"(민12:3). 하나님의 인정을 받아야 합니다.

7장 영성 깊은 크리스천이 되는 비결

(민 13:30-33)"갈렙이 모세 앞에서 백성을 조용하게 하고 이르되 우리가 곧 올라가서 그 땅을 취하자 능히 이기리라 하나 (31) 그와 함께 올라갔던 사람들은 이르되 우리는 능히 올라가서 그 백성을 치지 못하리라 그들은 우리보다 강하니라 하고 (32) 이스라엘 자손 앞에서 그 정탐한 땅을 악평하여 이르되 우리가 두루 다니며 정탐한 땅은 그 거주민을 삼키는 땅이요 거기서 본 모든 백성은 신장이 장대한 자들이며 (33) 거기서 네피림 후손인 아낙 자손의 거인들을 보았나니 우리는 스스로 보기에도 메뚜기 같으니 그들이 보기에도 그와 같았을 것이니라."

하나님은 코로나19속에서 살아가는 성도들에게 영성을 깊게 하라고 말씀하십니다. 영성을 깊게 하려면 성령으로 기도하며 성령으로 충만해야 합니다. 걸어 다니는 성전이 되어야 합니다. 영과 진리로 예배를 드려야 합니다. 교회예배당에서 드려지는 예배에 참석할 수 있는 기회가 주어지면 무슨 일이 있더라도 참석해서 영과 진리로 산재물이 되어 드려야 합니다. 예배는 하나님께 드리는 것입니다. 절대로 예배는 보는 것이 아닙니다. 용어를 바르게 사용할 줄 알아야 합니다.

하나님은 하나님의 눈으로 가나안을 바라보기를 원하십니다. 가데스네아에서 이스라엘 백성 중에 선발된 열 지파 사람들은 사람의 눈으로 가나안을 바라보고 보이는 대로 보고하여 가나안을 들어가지 못하고 멸망을 받았습니다. 반대로 하나님의 눈으로 가나안을 바라보고 하나님의 생각으로 보고를 한 여호수아와 갈렙은 가나안에 입성하는 복을 받았습니다. 하나님은 하나님의 눈으로 세상을 바라보는 사람을 통하여 하나님의 나라가 이 땅에 이루어지기를 소원하십니다.

필자는 영성이란 하나님의 뜻이 하늘에서 이루어진 것처럼, 이 땅에 자신이 현재 생존하는 가운데 하늘나라를 가져오는 것이라고 생각합니다. 즉, 예수를 믿고 성령으로 거듭난 성도가 지금 이 땅에서 영-혼-육이 천국을 이루고, 삶에서 아브라함의 축복을 받으면서, 하나님의 군사로서 사명을 감당하다가 천국에 가는 것이 하나님께서 원하시는 영성이라고 생각합니다. 성도들이 지금 생명의 말씀과 성령을 통하여 심령이 하나님으로 채워지는 것이 기독교적 영성이라는 것입니다.

'영성'이란 말이 정확히 언제부터, 어디서부터 생겨난 말인지는 알 수 없지만, 영성은 5세기에 주로 성직자나 수도사들의 전유물로 간주되었습니다. 이 영성의 흐름은 카톨릭 교회를 통해 여러 모양으로 지속되어 왔습니다. 개신교회는 1960년대부터 본격적으로 영성과 영성신학에 관심을 가졌습니다.

사실 '영성'이라는 말은 기독교 내에서 뿐만 아니라, 다른 여러 종교에서도 통용되는 용어입니다. 그렇기 때문에 개신교 목회자들 사이에 '영성'이라는 말 자체에 대해 반감을 가진 사람들도 있고, 아무런 비판 없이 긍정적으로 수용하는 사람들이 있습니다. 개신교 내에서 조차 '영성'의 의미는 통일된 정의를 내리지 못하고 있는 실정에서 우리는 반드시 '기독교 영성' 혹은 '성경적 영성'의 의미를 밝혀야 합니다.

영성의 사전적 의미는 "신령한 품성이나 성질"입니다. 이를 기독교적으로 해석한다면, 영이시라 보이지 않지만 살아계시면서 세상을 통치하시는 하나님과의 영적관계에서 얻어지는 그리스도인의 품성과 성질로 이해할 수 있습니다(벧후 1:3-11). 하나님께서 눈에 보이지 않지만 마치 눈으로 보는 것과 같이 살아 역사시는 분으로 대할 수 있는 신앙의 상태입니다. 그렇다면 '영성'이라는 용어에 대한 성경적 정의는 다음과 같습니다.

첫째, 기독교 영성은 '복음'을 드러냅니다. 복음은 성령으로 충만해야 이해할 수가 있기 때문입니다. 이와 같은 정의는 기독교와 다른 종교를 구분하는 가장 적절한 표현일 것입니다. 기독교 영성은 단순히 종교적인 행위나 마음 자세를 의미하는 말이 아닙니다. 종종 영성을 강조하는 자들이나, 스스로 영성이 있다고 자부하는 자들은 자신의 종교적 행위를 자랑합니다.

그러나 기독교적 영성은 반드시 그리스도적이어야 합니다. 기독교 영성은 그 중심에 복음(즉 그리스도)이 있어야 합니다.

복음의, 복음에 의해, 복음을 위한 영성이야 말로 우리가 추구하는 영성입니다. 기독교 영성의 중심에는 '겸손'이 있어야 하며, 자신이 드러나는 것이 아니라 복음이 드러나야 합니다(요 12:49; 16:13). 복음은 반드시 성령으로 깨닫게 됩니다. 성령으로 깨달은 복음을 통해서 자신이 하나님의 인격과 성품으로 변해야 한다는 말입니다.

둘째, 영성은 개인의 인격이 하나님의 형상으로 바뀌는 것입니다. 영성은 '하나님과의 직접적인 영적 관계를 통해서 얻게 되는 신앙적 삶의 특정한 태도나 행동이 나타나는 것'이라고 정의할 수 있습니다. 영적관계는 성령의 세례와 성령의 충만, 성령의 역사를 말하는 것입니다. 개인이 영성을 얻기 위해서는 무엇보다 성령 충만의 사건이 선행되어야 한다는 말입니다(행 3:1-10). 다시 말해 성령의 역사를 통해서 특정한 형식의 하나님 체험이 특정한 형태의 삶의 모습으로 나타나야 합니다. 성령의 역사 없이는 진정한 영성을 추구할 수가 없습니다.

성령을 체험하여 사람의 마음 안에 계신 성령께서 이성과 육체를 장악해야 하나님의 영성으로 변화될 수가 있기 때문입니다. 반드시 성령의 역사가 일어나야 합니다. 성령의 역사가 없이는 성도가 하나님의 영성으로 바뀌거나 나타날 수가 없습니다. 이런 면에서 불교나 유교, 기타종교에서 추구하는 영성은 진정한 영성이 아니라는 것입니다. 반드시 영성은 생명의 말씀을 통하여 성령의 지배와 성령의 역사가 일어나야 하나님의 인격과 성품으로 변할 수가 있는 것입니다.

인간적인 경건의 훈련만을 통해서는 하나님과 교통하는 영성을 개발할 수가 없습니다. 하나님은 디모데후서 3장 5절에서 이렇게 말씀하십니다. "경건의 모양은 있으나 경건의 능력은 부인하니 이 같은 자들에게서 네가 돌아서라" 경건의 모양만 있다는 것은 절의 스님들이 하는 영성생활을 말하는 것입니다. 살아있는 성령의 역사가 없는 인간적인 경건훈련을 말하는 것입니다. 반드시 생명의 말씀과 성령의 지배와 성령의 역사가 있는 경건훈련 해야 하나님과 통하는 영성을 개발할 수가 있는 것입니다. 땅의 사람이 하나님과 통할 수가 없습니다. 반드시 성령으로 거듭난 영성만이 하나님과 통할 수가 있는 것입니다.

셋째, 영성은 공동체의 본이 되는 '신앙'입니다. 공동체는 우선적으로 개인의 영적 체험을 성경말씀에 비추어 변화된 신앙을 검증하려는 노력을 해야 합니다. 공동체의 본이 되는 모범적인 신앙은 생명의 말씀과 성령으로 변화된 신앙입니다. 생명의 말씀과 성령으로 변화되어야 모범적인 신앙인이 될 수가 있기 때문입니다. 생명의 말씀과 성령의 역사로 변화되어야 살아계신 하나님의 성전이 될 수가 있는 것입니다. 생명의 말씀과 성령으로 변화되지 않는 신앙은 신앙이 아니고 미신입니다.

종종 영성을 개발해야 한다는 미명 하에 인위적인 조작으로 황홀경에 이르게 하는 행위들은 비난받아 마땅합니다. 인위적인 조작으로 황홀경에 이르게 하는 행위로는 하나님과 교통하는 영성으로 변화될 수가 없기 때문입니다. 인위적인 조작으로 황홀경에 이르게 하는 행위의 영성을 정확하게 말한다면 귀신의 역사가 일어나기 때문입니다. 참다운 영성은 생명의 말씀과 성령의 역사로 하나님으로부터 오지 않은 것을 몰아내고, 죄악된 삶을 회개하게 합니다. 또한 개인과 개인, 공동체와 공동체를 화해시키고, 협력하게 합니다. 마음 안에서 성령의 역사가 일어나면 세상 것은 밀려나기기 마련입니다.

그러므로 기독교 영성은 복음을 통해 개인적 성결과 사회적 성결을 이루는 '그리스도인의 삶' 자체를 의미합니다. 그렇기 때문에 기독교 영성은 생명의 말씀과 성령의 역사가 반드시 일어나야 합니다. 성령으로 보이지 않지만 살아계신 하나님을 체험하고 예수님의 형상으로 바뀌기 때문입니다.

넷째, 영성과 감성과 지성이 균형이 이루어야 합니다. 밖으로 나타는 영적인 역사는 성령이나 악령의 역사나 비슷합니다. 그래서 분별력을 가져야 합니다. 하나님께서도 고린도후서 11장 4절에서 "만일 누가 가서 우리가 전파하지 아니한 다른 예수를 전파하거나 혹은 너희가 받지 아니한 다른 영을 받게 하거나 혹은 너희가 받지 아니한 다른 복음을 받게 할 때에는 너희가 잘 용납하는구나"라고 말씀하십니다.

우리나라 영성훈련에 고쳐야 할 것이 있습니다. 무조건 기도를 많이 해야 영성이 개발되는 것으로 아는 것입니다. 무조건 기도만을 강조합니다. 기도를 많이 해서 무엇인가 신령한 것을 보면 영성이 있는 것으로 이해를 합니다. 환상을 본다든지, 음성을 듣는다든지, 기도하면서 진동을 한다든지, 몸이 뜨거워진다든지 하면 영성이 깊은 것으로 믿어버립니다. 그런데 영성은 기도만 많이 한다고 영성이 깊어지는 것이 아니라는 것입니다. 반드시 영성은 지성과 감성이 균형이 잡아야 한다는 것입니다. 즉, 생명의 말씀을 바르게 알고, 성령의 역사를 바르게 느끼면서 영성을 추구해야 한다는 것입니다.

1) **지성입니다.** 우리는 늘 지성과 감성의 조화와 균형에 대해서 얘기하지만, 막상 그것이 무엇이냐고 물어보면 막막해합니다. 지성과 감성에 대해서 건강하게 정의내리지 못한다면 실천은 불가능할 것입니다. 그래서 지성과 감성이 무엇이냐에 대해서 이야기를 하려고 합니다. 지성은 "편견 없이 보고 분별할 수 있는 능력"입니다. 지성은 어떤 영적인 현상에 대하여, 어떤 말씀을 기초로 하여 일어난 현상이고, 어떤 영적인 존재가 일으키는 역사인지, 어떤 영적인 원리를 적용했는지 자세하게 분별하여 영적인 현상 전체를 통합적으로 볼 줄 아는 것입니다. 말씀에는 영적인 원리가 있습니다. 모든 영성은 말씀 안에서 나와야 합니다.

지성이 편견 없이 보고 분별하기 위해서는 말씀의 지식을 습득해야 합니다. 하지만 단순히 성경적인 지식을 많이 습득한다고 지성적이 되지는 않습니다. 지금까지 많은 사람들이 지성을 지식의 양으로 여겼습니다. 그러니 지성을 쌓기 위해 책을 많이 넣어줘야 한다고 생각했고, 양이 채워지면 질적인 변화가 일어난다고 말했던 것입니다.

이것이 교회에도 들어와서 성경을 많이 읽어야 한다고 하여 100독을 했느니, 150독을 했느니 하면서 양적인 성경지식을 쌓기 위해 노력을 했습니다. 성경공부가 교회의 프로그램의 중요한 부분을 차지했습니다. 물론 성경 공부도 많이 해야 합니다. 그런데 성경공부가 되면 지성이 될 수가 없다는 것입니다. 말씀을 삶에 적용하여 체험함으로 터득된 지성이 되어야 한다는 것입니다. 예수님은 공생애 기간 동안 현장중심의 훈련을 하셨습니다. 현장에서 체험함으로 지성을 개발하기 위하여 그렇게 하신 것입니다.

그런데 더 문제는 진리의 말씀을 무시하고 경건의 훈련만을 강조하는 것입니다. 일부 목회자들은 아예 진리의 말씀을 뒤로 하고 기도와 영성만을 중요하게 생각합니다. 그렇게 함으로 말씀의 검증 없이 영성이 나타나고, 인간적인 감성이 나타나는 것입니다. 그런데 영성과 감성이 성령에 의한 역사와 귀신의 역사에 의한 역사가 비슷합니다. 귀신의 역사에 의한 영성으로 훈련을 해도 역사가 일어나기 때문에 속는다는 것입니다.

필자가 그동안 성령치유 사역을 하면서 체험한 바로는 성령의 역사와 마귀의 역사를 비교해보면 유사한 점이 많이 있다는 것입니다. 성령님도 영이십니다. 귀신도 영입니다. 그렇기 때문에 바른 말씀의 지성으로 숙성된 분별력이 없으면 미혹당하기 십상입니다. 욥기에 보면 사단도 하늘에서 불이 내리게 했습니다. 사단도 불이 내리게 한다는 지성을 가지고 교회나 기도원이나 치유센터의 영적인 역사를 보면 문제가 있다는 것을 금방 알아차릴 수 있습니다.

필자는 항상 성도들에게 영적인 것은 진리를 바르게 알고 믿고 행하라고 권면을 합니다. 반드시 '왜와 어떻게'를 가지고 식별해야 합니다. 비슷하기 때문에 모르면 당하는 것입니다. 많은 성도들이 예배나 집회에 참석하여 영적인 역사가 일어나면 모두가 성령께서 역사하는 줄로 알고 받아들입니다. 필자도 몇 년 전에는 모두 성령의 역사인줄 알았습니다. 그러나 진리의 말씀으로 숙성된 지성을 적용하여 성령치유 집회를 인도하면서 하나하나 잘못된 역사가 보이기 시작을 했습니다.

우리가 바르게 알고 넘어가야 할 것은 "기독교의 성령 체험이 종교 혼합주의적 신비의 현상 가운데 하나인지, 아니면 정말 기독교의 성령 임재의 현상인지를 성경의 증언에 기초해 분석해 볼 필요가 있다는 것입니다" "영적인 면에 무지한 일부 교회는 성령 임재 현상과 귀신의 강신(무당 신내림) 현상을 명백히 분별하지 못하고 그대로 수용하고 있는 것이 사실입니다." 반드시 분별하여 치유해야 합니다.

그래야 성도들이 바른 신앙으로 바른 기도하여 하나님과 친밀하게 지낼 수가 있습니다. '성경적 영성'은 "그 본질은 예수 안에서 성령으로 이루어지며 근본은 영에 있으며, 영의 인격적 기관인 마음을 통해 작용하는 것으로 사람들의 삶에 원동력을 부여해 주며, 전인격적인 행동을 행하도록 도와주는 모든 활동"입니다. "하나님의 말씀에 순종하며 그 분의 형상을 회복하는 그리스도인의 삶 자체가 성경적인 영성"입니다. 그리고 예수님과 같이 변화되는 것을 목적으로 합니다.

반면 샤머니즘에서의 영혼은 "살아있는 사람의 영혼이 아니라 죽은 사람의 영혼"이며 샤머니즘은 그런 영혼에 대해 "신에 대한 두려움을 갖고 신을 숭배하는 사상을 갖고 있습니다" "신에게 잘 보이기 위하여 열심을 내고, 자신의 문제를 신에게 해결해 달라고 손과 발이 달도록 비는 것입니다" "더 나아가 자연을 숭배하는 정령사상을 가지고 있어 샤머니즘의 영성은 다신론적이며 범신론적입니다. 즉 초인적 존재에 의한 길흉화복의 욕구를 충족시키는 것이 샤머니즘적 영성"입니다. 결국 "샤머니즘적 영성은 전인격적 삶에 초점을 두는 성경적인 영상과는 완전히 다르다는 것을 알아야 합니다."

성경에 나타난 '성령 체험' 현상의 특징은 권능. 능력. 예언. 황홀경. 재능. 지혜. 방언. 환상. 세미한 음성. 장소의 진동. 급하고 강한 바람 같은 소리 등으로 나타납니다. 오늘날 '신비적 성령운동'의 현상들로 넘어짐, 웃음, 짐승의 소리, 괴성, 불, 환영,

환시 등을 들 수가 있습니다. '신비적 성령운동'의 이런 현상은 성경이 보여주는 '성령 체험'의 현상들과 분명하게 다릅니다.

그리고 이런 체험을 했어도 전인격이 변화되지 않는 것이 특징입니다. 제가 그동안 성령치유 사역을 하면서 성령으로 기도를 하게하고 안수사역을 한 결과 성령의 역사로 인하여 이런 현상을 일으키는 흉측한 것들이 모두 떠나가더라는 것입니다. 성도에게서 모두 떠나가니 이런 현상이 더 이상 일어나지 않았습니다. 그러므로 이런 현상을 일으키는 것은 귀신입니다. 그리고 짐승의 소리와 괴성 등으로 나타나는 '신비적 성령운동'의 현상들은 샤머니즘의 '강신 체험'에서 보이는 공포스러운 몸짓. 짐승의 소리. 목소리 변화. 광증적 발작 등과도 유사합니다. 이는 많은 말씀을 바르게 적용하여 바른 체험을 한 사역자만이 구별해 낼 수가 있습니다. 이렇게 교묘하게 위장하는 역사를 일부 사역자가 영성만 추구함으로 지성이 발전되지 않아서 분별하지 못하고 있다는 것입니다.

2) **감성입니다.** 감성은 "자기의 욕구와 감정을 있는 그대로 느낄 수 있는 능력"입니다. 성령의 역사를 몸으로 나타내는 것입니다. 이렇게 몸으로 나타나는 것이 감성인데 반드시 숙성된 지성의 말씀 안에서 일어나야 한다는 것입니다. 그렇지 않으면 속는다는 것입니다. 쓰러지는 현상의 예를 들어 설명합니다. 필자가 그동안 안수 사역을 할 때 쓰러지는 사람들을 보면 반드시 영적인 현상이 일어났다는 것입니다. 진동을 한다든지,

호흡을 몰아쉰다든지, 기침을 한다든지, 울부짖는다든지, 사지가 뒤틀린다든지, 몸이 활처럼 휜다든지, 어깨와 허리를 돌린다든지, 발작을 한다든지, 소리를 지른다든지, 가볍게 진동을 한다든지 등 영적인 현상이 일어났습니다. 이런 영적인 현상이 잠잠해졌을 때 예수 이름으로 명령하니 기침을 통하여, 트림을 통하여, 호흡을 통하여 귀신들이 떠나갔습니다. 이런 체험을 한 성도들이 영육이 치유되고 참 평안을 체험했습니다. 얼굴이 보름달과 같이 환하게 변했습니다. 은사가 나타나고, 방언통역이 임하고, 예언을 했습니다.

영적으로 변화되는 것이 눈으로 보이고 본인이 몸으로 느끼게 변화되었다는 것입니다. 이와 같은 현상을 체험했다는 바른 쓰러짐의 현상입니다. 그러나 쓰러지기는 쓰러지는데 변화가 없다면 귀신이 속이는 것입니다. 필자가 안수 사역을 할 때 깜박깜박 쓰러지는 성도들을 안수한 결과 귀신이 말로 표현할 수 없을 정도로 떠나갔습니다. 그러니까, 귀신이 순간 위기를 모면하려고 쓰러지게 한다는 것입니다. 귀신은 어찌하든지 나가지 않으려고 합리적인 영적인 현상을 일으킵니다.

그러므로 쓰러지는 현상에 대한 숙성된 지성으로 바르게 분별해야 합니다. 사역자는 생명의 말씀을 가까이 하고 영적인 서적을 많이 읽어서 숙성된 지성을 가지고 영성훈련을 해야 합니다. 그래야 바른 영성으로 전인격이 성령의 지배를 받을 수가 있습니다. 성령의 지배를 받아야 하나님과 상관있는 성도입니다.

8장 영적으로 민첩한 영성을 개발하는 비결

(고후 5:17)"그런즉 누구든지 그리스도 안에 있으면 새로운 피조물이라 이전 것은 지나갔으니 보라 새 것이 되었도다."

하나님은 크리스천들이 영적으로 민첩하고 민감해지기를 소원하십니다. 영적으로 민첩하고 민감하다는 것은 자신의 전인격이 말씀과 성령으로 충만하게 채워져서 온몸으로 하나님을 느끼는 상태를 말합니다. 영적으로 민첩하고 민감해지려면 성령으로 세례를 받고 성령의 지배와 장악된 가운데 성령으로 기도하여 자신의 전인격이 하나님의 성전이 되어야 합니다. 영적으로 민첩하고 민감하려면 자신이 철저하게 죽어 없어지고 성령하나님께서 주인이 되어야 합니다. 그래서 성령께서 민첩하고 민감하게 영적인 것들을 깨닫고 순종하게 하십니다. 간단하게 영적으로 민첩하다는 것은 살아계신 하나님의 역사를 잘 감지하고 순종한다는 말입니다. 하나님은 영이십니다.

영이신 하나님은 전인격이 생명의 말씀과 성령으로 장악이되어 민감한 상태가 되어야 느낄 수가 있기 때문입니다. 영적으로 민감하다는 것은 영적인 일에 관심이 남다르게 많다는 것을 의미합니다. 관심과 흥미가 있으면 그 일에 깊이 관여하게 되고 그에 따라서 여러 형태의 발전을 가져오게 되는 것입니다. 우리나라 교회의 실정이 글로 적혀있는 성경말씀에 대해서는 많이 알고 발전이 되었습니다. 눈으로 보고 배워서 알 수가 있기 때문입니다. 정말 흔하게 발전한 것이 성경암송, 성경공부, 성경해석, 성경공과공부 등등인 것을 설명 안 해도 잘 알고 있을 것입니다. 반면 보이지 않는 영의 세계는 많이 뒤처져 있습니다. 아마 영적세계를 공부하고 훈련한다는 말은 들어보지 못했을 것입니다. 보이지 않고 체험해야 알 수가 있고, 체험한 것을 글로 적어내고 말로 표현하기가 난해하기 때문입니다. 자연스럽게 영성이 메마른 크리스천들이 되어가고 있는 것입니다.

더 문제는 자신이 말씀을 많이 알기 때문에 영적이고, 영적으로 민감한 크리스천이라고 자찬하는 것이 더 큰 문제입니다. 영성이 메말라 영적으로 만감하지 못한 크리스천은 예수를 믿었으나 영이 잠자는 사람입니다. 그래서 크리스천에게 중요한 것은 영의 세계입니다. 크리스천은 영의 사람이기 때문입니다. 그런데 영적세계에 대해서 알아내려면 영적으로 민감해야 가능합니다. 관심이 있어야 열리는 것입니다. 영적으로 민감하려면 성경말씀을 머리로 알아서는 안 됩니다. 성령으로 깨달아 심령에 새겨야 합니다. 자신이 성령으로 심령에 말씀이 새겨져서 전인격이 말씀화가 되어야 영적으로 민감해집니다. 영적으로 민감해야 영적인 세계가 열립니다. 영적인 세계가 열려야 자신이 얼마나 나약한 존재인가 정확하게 보입니다. 능력 중에서 가장 강한 능력이 자신을 정확하게 보는 것입니다. 자신을 보면 자신의 문제가 무엇인가 보이기 때문입니다. 자신의 문제를 해결하려고 하다가 영적인 세계를 알고 영적인 눈이 열리는 것입니다.

그런데 교회들이 이런 실제적이고 살아있는 영적인 면에 취약합니다. 당연하게 하나님과 친밀하게 지낼 수가 없는 것입니다. 우리가 알아야 할 것은 예수님을 십자가에 메달아 죽인 사람들이 유대인들입니다. 유대인들은 말씀(율법)에 정통한 사람들입니다. 말씀을 많이 알아도 직접 하나님과 대화를 할 수가 없습니다. 유대인들이 하나님의 음성을 들으려면 선지자를 통해서 듣습니다. 지금 무슨 설명을 하는가 하면 유대인처럼 말씀을 많이 알아도 하나님과 직접 교통할 수가 없다는 것입니다. 왜냐하면 성령으로 거듭나지 않아 영성이 둔한 육적인 크리스천이기 때문입니다. 지금 시대는 성령이 역사하는 교회 시대입니다. 성령이 역사하는 교회시대는 크리스천의 심령에 임재하신 하나님과 직접 교통해야 합니다. 직접 한 사람 한사람이 자신 안에 계신 하나님과 교통해야 된다는 것입니다.

　　그런데 하나님은 영이십니다. 영이신 하나님은 성령으로 충만한 영의 사람과 교통하십니다. 즉 크리스천 한 사람 한사람이 생명의 말씀과 성령으로 충만하여 영의 상태가 되어야 하나님과 교통할 수가 있다는 말입니다. 그런데 지금의 교회 실정이 머리로 알고 머리로 기도하며, 보이는 열심가지고 신앙의 수준을 평가하니 영적으로 둔해 있으니 하나님과 교통할 수가 없는 것입니다. 예수를 믿고 하늘의 사람으로 새롭게 태어났으나 이론일 뿐이고 실제 사고가 영으로 변하지 않았다는 것입니다. "그런즉 누구든지 그리스도 안에 있으면 새로운 피조물이라 이전 것은 지나갔으니 보라 새 것이 되었도다"(고후 5:17). 새것이 되었다는 것은 땅의 사람(아담)은 죽고 하늘의 사람(예수)로 태어났다는 것입니다.

새롭게 하늘의 사람으로 태어난 사람답게 하나님과 교통하는 영성을 개발해야 합니다. 그래야 하늘나라의 주인이시고, 예수를 믿는 사람의 아버지이신 하나님과 친밀하게 지낼 수가 있는 것입니다. 예수님은 이렇게 말씀하십니다. "예수께서 대답하시되 진실로 진실로 네게 이르노니 사람이 물과 성령으로 나지 아니하면 하나님의 나라에 들어갈 수 없느니라"(요 3:5). 생명의 말씀과 성령으로 거듭나야 하나님의 나라에 들어갈 수가 있다는 것입니다. 그러므로 예수를 믿은 크리스천은 생명의 말씀과 성령으로 거듭나야 합니다. 그래서 크리스천은 반드시 성령으로 세례를 받아야 합니다. 성령으로 세례를 받음과 동시에 하늘의 사람으로 바뀌는 것입니다. 그런데 성령의 세례는 이론이 아닙니다. 살아계신 하나님이 자신을 장악하는 것입니다.

크리스천이 예수를 믿으면 성령께서 마음 안에 임재하십니다. 임재하신 성령이 자신을 완전하게 장악하는 것이 성령의 세례입니다. 성령으로 세례를 받을 때 자신도 느끼고 알게 됩니다. 다른 사람도 보고 알게 됩니다. 성령은 살아계신 하나님이시기 때문입니다. 살아계신 하나님이 자신을 장악했는데 느끼지 못할 수가 없기 때문입니다. 성령으로 세례 받은 이때부터 성령으로 영적인 민감성이 개발되기 시작을 하는 것입니다.

사도행전에 4장 28-31절에 보면 "하나님의 권능과 뜻대로 이루려고 예정하신 그것을 행하려고 이 성에 모였나이다. 주여!

이제도 그들의 위협함을 굽어보시옵고 또 종들로 하여금 담대히 하나님의 말씀을 전하게 하여 주시오며, 손을 내밀어 병을 낫게 하시옵고 표적과 기사가 거룩한 종 예수의 이름으로 이루어지게 하옵소서 하더라. 빌기를 다하매 모인 곳이 진동하더니 무리가 다 성령이 충만하여 담대히 하나님의 말씀을 전하니라" 이와 같이 살아있는 하나님의 실제 역사가 일어나며, 느끼고 보는 것이 영적민감성입니다. 이런 크리스천이 진정 살아계신 하나님과 교통하며 하나님의 역사를 일으키는 크리스천입니다.

그러므로 영성이 풍성하지 않는 크리스천은 진정한 크리스천이 아닙니다. 그렇기 때문에 말씀과 성령으로 영성을 개발해야 합니다. 영성이 풍성한 크리스천이 되어야 하나님께 쓰임을 받을 수가 있습니다. 많은 크리스천이 예수를 믿고 교회에 들어와서 자신들에 처한 문제를 먼저 해결 받으려고 합니다. 물질문제, 질병문제, 영적인 문제, 가정문제 등등…. 이러한 문제 해결하기에 앞서서 말씀을 묵상하고, 기도하고, 예배를 드리면서 성령으로 세례를 받아야 합니다. 성령으로 세례를 받고, 상처를 치유하고, 자아를 부수고, 혈통의 문제를 해결하면서 영성을 개발하여 영이신 하나님과 관계를 열어야 합니다.

영이신 하나님과 관계가 열려야 하나님의 권능으로 문제가 해결되기 시작을 하는 것입니다. 하나님과 관계가 열리지 않으면 아무리 열심히 해도 문제는 해결이 되지 않습니다. 문제의 근원이 영의 차원에 있기 때문입니다. 영의 차원의 근본원인은 사람의 잠재의식에 웅크리고 있습니다. 이 영의 차원의 문제는 사람의 힘으로는 어찌할 수 없는 존재입니다.

이 문제를 해결하려면 반드시 성령의 역사가 있어야 합니다. 성령의 역사가 아니고는 잠재의식에 숨어있는 문제의 근원을 치유할 수가 없습니다. 잠재의식에 숨어있는 문제의 근원은 성령으로 해결이 되는 것입니다. 그래서 크리스천은 성령으로 세례를 받아 하나님과 교통하는 영성을 깊게 해야 한다는 것입니다. 생명의 말씀과 성령으로 영성개발은 참으로 중요합니다.

마가복음 6장 45절로 56절에 보면 제자들은 바다 위로 걸어 오시는 예수님을 보고 유령인가 하여 놀랐습니다. 이는 인간적인 사고로 굳어있기 때문입니다. 생명의 말씀과 성령으로 영성을 개발하지 못했기 때문에 예수님을 보고 유령으로 오해하여 놀란 것입니다. 물론 제자들이 유령의 실체를 본 적은 없었을 것입니다. 단지 유령에 대한 개념은 우리들처럼 상상이었을 것입니다. 어른들로부터 전해 내려오는 소문을 듣고 짐작했을 것입니다. 그런데 바다 위로 오시는 예수님을 예수님으로 알아보지 못하고 귀신으로 생각하고 착각한 것은 문제가 있습니다.

예수님과 함께 있으면서도 예수님에 대하여 알지 못했다는 것입니다. 예수님을 알지 못하니 인간 생각으로 귀신이라고 한 것입니다. 제자들이 예수님에 대하여 알고 있었다면 귀신으로 착각하고 놀라지 않았을 것입니다. 크리스천은 예수님을 알아야 합니다. 이론으로만 알지 말고 체험으로 실체로 알아야 합니다. 말씀을 삶에 적용하여 체험함으로 지성을 개발해야 합니다. 예수님은 살아서 역사하고 계시는 분이기 때문입니다.

그래서 기독교는 체험의 종교라는 것입니다. 살아계신 예수님의 실체를 눈으로 보고 몸으로 느껴야 하기 때문입니다. 말씀 속의 제자들은 성령으로 세례 받지 않았다는 것입니다. 성령으로 충만하지 못하니 영이신 예수님을 알아보지 못한 것입니다. 예수님과 함께 있으면서도 예수님을 주인으로 생각하지 않았다는 증거입니다. 예수님을 주인으로 모시지도 않았다는 증거입니다. 예수님과 함께 있으면서도 예수님과 함께하지 않았다는 증거입니다. 예수님과 함께 했다면 당장에 알았을 것입니다. 예수님과 함께 있으면서도 성령으로 충만하지 못했음을 말하는 것입니다. 그래서 영적으로 민감하지 못하니 예수님을 알아보지 못한 것입니다. 예수님과 함께 있으면서도 예수님을 참으로 사모하지 아니했다는 것입니다. 예수님과 함께 있으면서도 예수님의 말씀으로 충만하지 못했음을 말하는 것입니다. 예수님에 대하여 바르게 알지 못한 것입니다. 그래서 크리스천은 영적이고 체험 있는 목회자를 만나야 합니다. 체험 있는 목회자로부터 예수님에 대하여 이론뿐만 아니라, 살아 역사하시는 예수님에 대하여 알아야 합니다. 그래서 영성을 개발하여 살아 역사하시는 예수님을 이론으로도 알고, 실제 몸으로 느끼기도 하고, 예수님이 함께하시는 것을 전인격으로 알아야 합니다.

크리스천은 반드시 성령으로 세례를 받아야 합니다. 생명의 말씀과 성령으로 충만하여 영적으로 민감해야 합니다. 성령 충만은 정말로 중요한 것입니다. 우리의 신앙도 성령으로 충만하지 못하면 문제가 되기 때문입니다. 신앙의 삶도 성령으로 충만하지 못하면 문제가 되기 때문입니다.

신앙의 생활도 말씀으로 충만하지 못하면 문제가 되기 때문입니다. 영적으로 민감한 크리스천은 삶에서도 순간순간 역사하는 영적인 역사를 감지하고 말씀으로 물리쳐야 하기 때문입니다. 성령으로 세례를 받아야 합니다.

항상 성령으로 기도하지 않으면 믿음생활에도 문제가 되는 것입니다. 그래서 하나님은 데살로니가 전서 5장 16-18절에서 "항상 기뻐하라. 쉬지 말고 기도하라. 범사에 감사하라 이것이 그리스도 예수 안에서 너희를 향하신 하나님의 뜻이니라" 말씀하시는 것입니다. 크리스천은 "항상 기뻐하고, 쉬지 말고 기도하고, 범사에 감사하지"않으면 영적으로 민감하지 못하여 순간순간 하나님의 계시를 받지 못합니다. 그리고 순간순간 역사하는 영적인 역사에 대처할 수가 없는 것입니다. 예수님을 믿으면서도 그 믿음이 바른 믿음이 아니라, 자신의 신념일 경우 문제가 됩니다. 바른 믿음이란 예수님을 주인으로 모시는 것입니다. 예수님을 살아계시는 예수님으로 믿는 것입니다.

크리스천은 바뀌어야 합니다. 바뀐다는 것은 땅의 사람(아담)은 죽고, 하늘의 사람(예수)로 다시 태어나는 것입니다. 예수로 죽고 예수로 살아야 합니다. 영적인 크리스천으로 바뀌려면 성령으로 세례를 받고 생명의 말씀과 성령으로 충만해야 가능합니다. 예수님이 승천하신 후 마가의 다락방에서 기도하다가 성령으로 세례 받고 성령으로 충만한 후 제자들의 삶이 백팔십도 변화된 사실은 이를 증명할 수 있습니다.

예수 신앙, 기독교 신앙은 사상도, 가치관도, 삶의 철학도, 진리를 깨달아 도달한 이상적 경지와 어떠한 피안[彼岸] 된 정서도 아닌 하나님의 영의 임재의 결과입니다. 성령의 임재 된 결과가 외부로 나타나는 것이 영적인 민감성입니다. 영적 민감성을 개발하고 유지하려면 성령으로 기도하고 걸어 다니는 성전으로 항상 하나님의 임재의식을 가져야 가능합니다.

성령님이 내 안에 주인으로 있으면 그것이 바로 바른 신앙이요, 영적으로 민감하다 할 수 있습니다. 성령의 인도를 순간순간 받을 수 있기 때문입니다. 성령의 인도를 순간순간 받고 움직이는 크리스천은 영적으로 민감한 것입니다. 하나님의 자녀인 크리스천은 세상을 살아가면서도 순순간 성령님에게 '레마'를 받아 움직여야 합니다. 그러나 영적으로 민감하여 세상으로 향하는 신앙의 삶에 그릇이 되어서는 절대로 안 됩니다. 영적으로 민감하여 예수께 붙어있고, 예수 안에 거하고, 예수님의 다스림을 받는 삶 진정한 행복이라고 할 수가 있습니다.

다음 이야기를 읽어보면 영성이 얼마나 중요한 가를 이해하게 될 것입니다. 어떤 목사님이 지방에 가기 위해 고속버스를 탔습니다. 의자에 앉아 안전벨트를 매는데 저쪽에 어떤 여자 분이 눈을 꼭 감고 기도하는 모습이 보였습니다. 그러고 나서 안전벨트를 매는 것이었습니다. 마치 안전벨트보다도 하나님께서 지켜주심이 먼저라는 듯이 고속버스가 출발을 했습니다.

차가 한 참 달리는데 문득 보니 그 여자 분이 또 눈을 감고 손을 모으고 중얼중얼 기도를 하는 것이었습니다. "참 내! 누구는 기도 안 하나? 되게 티내네." 한참을 기도하더니 눈을 똑 뜨고 갑자기 자리에서 벌떡 일어나 운전기사에게 가서 지금 당장 자기를 차에서 내려달라고 하는 것이었습니다.

당연히 고속도로에서는 내려줄 수 없다는 말에 다시 자리로 돌아와 앉았습니다. 그리고 또 한 참을 기도했습니다. 그러더니 잠시 후에 다시 벌떡 일어나 버스기사에게 가서 꼭 내려달라고 사정을 하는 것이었습니다. 차 안에 있는 사람들은 여기저기서 짜증을 냈습니다. 목사님은 속으로 "차라리 예수님을 믿는 티나 내지 말지. 저러니 기독교가 욕을 먹는 거야." 하고 불쾌한 표정을 지었습니다. 세 번째 버스 기사에게 내려달라고 조르자 버스기사도 '아이고 모르겠습니다.….' 하면서 갓길에 차를 세우고 그 여자를 내려주고 말았습니다. 그리고 버스가 출발 한지 5분도 안 되어서 차가 언덕을 굴러 하마터면 차 안에 타고 있던 사람들이 다 죽었을지도 모를 대형 사고가 났습니다. 차에 타고 있던 사람들은 그제야 사고를 미리 알고 5분 전에 내려버린 그 여자 생각이 났습니다.

가장 놀란 사람은 목사님이었습니다. "하나님! 저는 목사입니다. 사고가 날 것을 어째 그 여자에게는 알려 주셨으면서 목사인 저에게는 알려주시지 않았습니까?"하고 따지듯이 기도하자 하나님의 음성이 들려왔습니다. "세 번씩이나 알려 주었다. 그 여자가 안전벨트보다도 먼저 기도하는 모습으로 그 여자가 세 번씩이나 내려달라고 하는 모습으로 그 여자가 차에서 내리는 모습으로 네 눈에 생생하게 보여줬는데도 너는 깨닫지 못했다." 목사라도 성령으로 기도하지 않고 영성이 다듬어지지 않아 영감이 둔하면 이런 일을 당하는 것입니다.

성도는 기도하여 바로 앞에 당할 사고를 하나님으로부터 받아 알았습니다. 하나님이 알려준 대로 순종했습니다. 그래서 사고를 당하지 않았습니다. 그런데 영적으로 둔한 목사님은 오히려 영적으로 민감한 성도를 비웃고 있는 것입니다. 영적으로 민감한 성도를 비웃으니 하나님의 경고의 음성이 들리지 않는 것입니다. 우리는 영적으로 민감하여 기도하는 사람을 비웃지 말아야 합니다. 영적인 것은 육적인 눈으로 이해할 수가 없는 것은 당연한 것입니다.

이해하지 못하기 때문에 영적으로 민감하여 기도하고 하나님의 음성에 따라 움직이는 성도를 비웃는 것입니다. 지금 교회에도 똑같은 현상이 나타나고 있습니다. 당신은 영적으로 둔하여 하나님의 경고를 듣거나 감지하지 못하는 크리스천이 되지 말아야 합니다. 생명의 말씀과 성령으로 영성을 개발하고 깊게 해야 합니다. 크리스천이 영적으로 민감하지 못하면 하나님으로부터 오는 아무것도 받을 수가 없습니다.

영적으로 민감한 크리스천은 오로지 하나님에게만 집중합니다. 세상의 소리에 마음을 빼앗기지 않으려고 의지적인 노력을 합니다. 필자는 항상 이렇게 말합니다. 예수를 믿고 성령으로 거듭나 성령의 인도를 받는 크리스천은 사람의 말이나 소리를 듣고 좌지우지[左之右之] 하면 절대로 안 된다는 것입니다.

필자는 자랑은 아니고 다른 사람들이 나를 비난하거나 좋지 않은 이야기를 할 때, 크게 마음에 영향을 받지 않습니다. 영향을 받아도 오래가지 않습니다. 실제 필자에게 그런 부분이 있는 것을 알고, 때때로 그들을 불쌍히 여기는 마음을 가지기 때문에, 그런 사람의 소리를 듣고 반응하는 것이 둔한 편이기 때문입니다.

이렇게 필자는 영성을 지키려고 하고, 끊임없이 그 감각을 살리려고 하는 영성이 있습니다. 그것은 성령입니다. 정신 차리지 않으면 나도 모르는 사이에 이 영성이 둔해지는 것을 느낍니다. 세상일이나 사역에 바빠지면 이 영적 민감함이 떨어지는 것을 느낍니다. 필자는 절대로 무리하지 않으려고 합니다.

정해진 시간을 지키려고 노력합니다. 무리하면 영적인 민감성이 약해지기 때문입니다. 삶에 여유가 있어야 성령으로 기도하여 영성을 개발하고 지킬 수가 있기 때문입니다. 욕심이 생기면 영적인 민감함이 현저하게 약해지는 것으로 스스로 느낍니다.

예수님은 누가복음 10장 38-42절에서 "그들이 길 갈 때에 예수께서 한 마을에 들어가시매 마르다라 이름하는 한 여자가 자기 집으로 영접하더라. 그에게 마리아라 하는 동생이 있어 주의 발치에 앉아 그의 말씀을 듣더니, 마르다는 준비하는 일이 많아 마음이 분주한지라 예수께 나아가 이르되 주여 내 동생이 나 혼자 일하게 두는 것을 생각하지 아니하시나이까 그를 명하사 나를 도와주라 하소서, 주께서 대답하여 이르시되 마르다야! 마르다야! 네가 많은 일로 염려하고 근심하나 몇 가지만 하든지 혹은 한 가지만이라도 족하니라. 마리아는 이 좋은 편을 택하였으니 **빼앗기지 아니하리라 하시니라**" 예수님은 세상일에 분주하지 말라는 것입니다. 그래야 예수님의 말씀을 들을 수가 있기 때문입니다. 분주하면 영성은 떨어지게 되어 있습니다.

영성이 떨어지면 세상 사람들과 다를 바가 없이 세상과 타협하며 살아갈 수밖에 없다는 것을 알고 있기 때문입니다. 영성이 떨어지면 마귀의 공격을 알 수도 없고 대처할 수도 없다는 것을 알기 때문입니다. 필자가 성령으로 기도하며 영적으로 깨어서 영감이 풍부할 때 하나님의 음성도 들리고, 마귀의 공격도 알고 대처할 수가 있기 때문입니다.

성경에 나오는 하나님의 사람들의 공통점은 민감하고 강한 영성을 가지고 있다는 것입니다. 영성을 가지고 있었기에 사람들로부터 하나님의 모습과 소리를 듣고, 세상의 삶에서 하나님의 역사를 볼 수 있었으며, 혼탁해진 세상에서 옳고 그름을 판별할 수 있는 능력을 갖게 된 것입니다.

하나님의 소리가 있음에도 듣지 못했던 엘리 제사장, 그를 끊임 없이 생각하며 필자 자신을 채찍질하게 됩니다. 필자는 영적인 민감함을 개발하고 유지하기 위하여 쉬지 않고 성령으로 기도하고 말씀을 묵상하고 있습니다.

9장 영적 민감함의 영성을 개발하는 비결

(고전 2:12-14)"우리가 세상의 영을 받지 아니하고 오직 하나님으로부터 온 영을 받았으니 이는 우리로 하여금 하나님께서 우리에게 은혜로 주신 것들을 알게 하려 하심이라 (13) 우리가 이것을 말하거니와 사람의 지혜가 가르친 말로 아니하고 오직 성령께서 가르치신 것으로 하니 영적인 일은 영적인 것으로 분별하느니라 (14) 육에 속한 사람은 하나님의 성령의 일들을 받지 아니하나니 이는 그것들이 그에게는 어리석게 보임이요, 또 그는 그것들을 알 수도 없나니 그러한 일은 영적으로 분별되기 때문이라."

하나님은 예수를 믿고 성령으로 거듭난 크리스천들이 영적 민감성을 개발하기 원하십니다. 영적으로 민감해야 영이신 하나님과 교통할 수가 있기 때문입니다. 그래서 영적 민감성(spiritual sensibility)은 하나님과 친밀하게 지내며 영적 성장을 이루는데 매우 중요한 요소입니다. 영적으로 민감하다는 것은 자신의 전인격으로 성령님의 영적인 활동을 감지 할 수가 있다는 것입니다. 성령이 아니고서는 영적으로 민감할 수가 없습니다. 성령으로 거듭나야 합니다. 자신은 없어지고 성령님이 주인이 되셔야 영적으로 민감할 수가 있는 것입니다.

영적으로 민감한 영성을 개발하려면 어떻게 해야 할까요? 먼저는 성령으로 깊은 영의기도를 해야 합니다. 기도가 깊어져서 성령께서 전인격을 사로잡으면 영적으로 민감해집니다. 그리고 성령으로 충만해야 합니다. 성령으로 충만하려면 먼저 성령으로 세례를 체험해야 합니다. 성령으로 세례를 체험한 다음에 성령의 불로 불세례를 받으면서 심령을 정화하는 것입니다. 성령으로 심령에 있는 세상 것들과 상처들과 혈통으로 타고 들어와 역사하는 귀신들이 떠나감으로 영적으로 민감해지는 것입니다. 이제 생명력있는 민감성은 생명의 말씀을 성령의 인도를 받으면서 세상에서 적용할 때 체험을 통하여 민감함이 개발 되는 것입니다.

영적으로 민감하면 하나님의 음성도 잘 듣습니다. 귀신이 속이는 소리도 미혹도 잘 분별합니다. 사람의 말에 좌지우지 하지 않습니다. 사람의 말에 상처받지 않습니다. 영적인 세력들의 움직임을 감지 할 수가 있습니다. 영적으로 민감해지려면 영적인 일에 관심을 갖아야 합니다. 영적인 활동에 관심이 없다면 영적으로 민감해질 수가 없습니다. 무엇이든지 관심이 많아야 발전이 있는 법입니다. 세상의 일에도 관심과 흥미를 가지고 집중해야 성공할 수 있는 것입니다.

무슨 일이든지 관심과 흥미가 있으면 그 일에 깊이 관여하게 됩니다. 관심과 흥미가 있기 때문에 그 분야에 책도 읽습니다. 전문가를 찾아가 노하우를 듣기도 합니다. 그렇게 하다가 보면 전문가가 되는 것입니다. 세상 무슨 일이든 전문가가 되기 위해서는 먼저 관심과 흥미로부터 시작하는 것입니다. 영적인 민감성과 영적 성장 역시 관심과 흥미로부터 시작하는 것입니다. 성령께서 관심과 흥미를 갖게 합니다. 저도 영적인 일과 영적인 민감성에 대하여 관심과 흥미를 갖다가 보니까, 영적인 일에 전폭적으로 시간과 노력을 투자한 것입니다. 시간과 물질과 노력을 투자하다가 보니까, 영적인 일에 전문가가 되어 가고 있는 것입니다.

영적인 일이나 영적인 민감성역시 성령께서 관심과 흥미를 갖게 해야 합니다. 영적인 것은 사람의 욕심이나 노력으로 열리지 않습니다. 반드시 성령의 역사가 있어야 가능합니다. 영적 민감성은 생명의 말씀과 성령으로 개발되는 것입니다.

그러므로 성령께서 지지하여 주시고 인도하여 주셔야 열리는 것입니다. 성경 고린도전서 2장 12절로 14절에 보면 "우리가 세상의 영을 받지 아니하고 오직 하나님으로부터 온 영을 받았으니 이는 우리로 하여금 하나님께서 우리에게 은혜로 주신 것들을 알게 하려 하심이라. 우리가 이것을 말하거니와 사람의 지혜가 가르친 말로 아니하고 오직 성령께서 가르치신 것으로 하니 영적인 일은 영적인 것으로 분별하느니라. 육에 속한 사람은 하나님의 성령의 일들을 받지 아니하나니 이는 그것들이 그에게는 어리석게 보임이요, 또 그는 그것들을 알 수도 없나니 그러한 일은 영적으로 분별되기 때문이라"말씀하십니다.

성령께서 관심을 갖게 하시고 지지하여 주시고 인도하면서 깨닫게 해야 가능한 것입니다. 자신의 인간적인 욕심을 가지고 영적 민감성을 개발하려고 하면 절대로 개발되지 않습니다. 오로지 하나님의 영광을 위하여 하나님의 나라 확장을 위하여 영적 민감성을 개발하려고 해야 합니다. 성령의 인도를 따라야 영적인 민감성이 개발되는 것입니다. 성령으로 충만하려고 의지적인 노력을 해야 민감해집니다.

세상에서 성공하는 사람들도 관심과 흥미가 그 일에 깊이 빠지게 만들고 그렇게 해서 전문가가 되는 것입니다. 저는 달인에 대하여 관심이 참으로 많습니다. 달인은 그냥 된 것이 아닙니다. 관심과 흥미를 가지고 실패에 굴하지 않고 10년 이상 해당분야에 몰입하고 집중하며 도전했기 때문에 달인이 된 것입니다.

이처럼 영적인 일에도 마찬가지로 관심과 흥미가 있어야 영적 발전이 이루어지는 것입니다. 그런데 이렇게 영적인 일에 민감 하려고 집중하다가 보면 자신의 마음 안에서 스스로를 통제하려고 하는 생각이 일어날 수가 있습니다.

이때 자기를 통제하려는 생각에 동조하면 절대로 영적 민감성을 개발할 수가 없습니다. 누가 무어라고 해도 자신이 추구하는 분야에 몰입하고 집중하면 영적인 전문가가 되는 것입니다. 목적한바가 이루어지는 것입니다.

영적인 전문가가 되기 위해서는 평범한 수준을 넘어서야 합니다. 그 일에 완전히 빠져들지 않으면 절대로 전문가가 될 수 없습니다. 영적인 일에 전문가가 되려면 오로지 영적인 일에만 관심을 가지고 자나깨나 그 일에만 골몰해야 합니다. 훌륭한 선수가 되려면 밤낮을 가리지 않고 오직 한 가지에만 매달려 죽기 살기로 연습하지 않습니까?

축구 선수나 배구 선수나 야구선수나 체조선수나 할 것 없이 자기 전문분야에 집중 몰입을 한 것입니다. 다른 일에는 관심도 없고 오직 운동만 머릿속에 가득합니다. 그렇기 때문에 훌륭한 운동선수가 된 것입니다.

영적인 일에도 마찬가지입니다. 자나 깨나 오로지 영적인 일에만 정신을 집중하고 그 변화에 민감해야 합니다. 사람들이 무어라 해도 신경 쓸 필요가 없습니다. 사람들 눈치를 보고 그들의 말에 신경을 쓰는 것은 팔러 가는 당나귀처럼 됩니다. 일반인들은 아마추어입니다. 아마추어는 프로의 일을 모릅니다. 성공하는 사람은 특별하기 때문에 성공하는 것입니다. 남들과 같다면 어떻게 성공할 수 있겠습니까?

비난도 받고 오해도 받습니다. 이것은 성공으로 나아가는 과정에서 반드시 듣게 되는 말입니다. 이것이 신경 쓰여 적당히 타협하면 절대로 성공하지 못합니다. 영적인 일에 몰입하여 성공하고 나면 모든 것이 인정받게 됩니다. 성공하지 못하면 모든 것이 어리석은 일이 되고 맙니다. 성공은 극단적이 모험을 바탕에 깔고 있습니다. 모험 없는 성공은 없습니다.

성공하기까지 무수한 비난과 오해를 받게 됩니다. 그러므로 이런 것을 극복해야 합니다. 영적인 전문가가 되기 위해서는 영적인 일에 남다른 열정과 깊은 관심을 가져야 합니다. 영적으로 매우 민감하지 않고는 영적으로 성공할 수 없습니다. 자신의 주변에서 일어나는 일을 예사롭게 보면 안 됩니다. 모든 일이 영적인 것과 연관되어 있습니다. 세상 사람들은 영적으로 둔감해서 그런 변화에 대해서 그 의미를 알지 못합니다.

그러나 영적으로 민감해지면 그 의미를 정확하게 파악할 수 있게 됩니다. 정확하게 의미를 알아야 그에 맞게 대응할 수 있는 것입니다. 영적인 일에 어설픈 아마추어들이 많기 때문에 일이 복잡해지고 꼬입니다.

세상의 일 역시 마찬가지입니다. 전문가가 없기 때문에 많은 시행착오를 겪고 그에 따라서 손실과 고통을 당하게 됩니다. 이번에 진도에서 발생한 세월호 사건도 마찬가지입니다. 전문가가 없어서 많은 인명 피해가 생긴 것입니다.

크리스천은 영적인 일에 전문가가 되어야 합니다. 이제까지는 솔직히 말하면 영적인 전문가가 극히 드물었습니다. 특별하게 영적 민감성 부분에서 전문가가 귀했습니다. 영적 민감성은 보이지 않는 부분이기 때문에 더욱 발전하지 못했습니다. 지금 한국교회에 성경말씀 해석과 공부 교재는 너무나 많이 발전했습니다.

보이는 분야이기 때문입니다. 이제 보이지 않는 영적인 부분을 발전 시켜야 합니다. 그래야 말씀을 아는 것과 성령의 실제 역사가 같이 갈수가 있습니다. 크리스천을 살리는 것은 영적인 부분입니다. 영적인 부분이 발전되어야 크리스천들이 살아계신 하나님과 통하면서 살아갈 수가 있기 때문입니다. 영적인 민감성을 개발하고 기르는 일에 시간과 물질과 노력을 투자해야 합니다.

영적인 분야에서도 이제까지는 그저 참고 지내는 시절이었지만 이제는 상황이 달라지고 있고 달라져야 합니다. 어설픈 지식과 경험으로는 되지 않는 시대가 되고 있는 것입니다. 손해를 보고 가만히 참아야 하는 세대는 지나가고 있습니다. 이제는 잘못된 가르침으로 인해서 생긴 손해를 그냥 넘기지 않는 세대가 오고 있는 것입니다. 영적인 일에도 책임을 지는 분위기가 만들어지고 있습니다.

아마추어 식으로 무조건 믿으라는 말은 이제 설득력이 없습니다. 많은 크리스천들이 바르게 알고 믿으려고 합니다. 참으로 좋은 현상입니다. 저는 성도들에게 무조건 믿지 말고 바르게 알고 믿으라고 권면합니다. 영적인 일은 정확하게 알고 믿어야 합니다. 마귀가 하나님의 역사를 모방하기 때문입니다. 마귀가 타락하기 전에 하나님과 같이 있었습니다.

하나님과 같이 있으면서 하나님이 하시는 모든 일을 보았습니다. 마귀는 하나님이 하시던 대로 이 땅에서 하고 있습니다. 그렇기 때문에 영적인 것은 바르게 알아야 합니다. 요한복음

20장 29절에 보면 "예수께서 이르시되 너는 나를 본 고로 믿느냐 보지 못하고 믿는 자들은 복 되도다 하시니라"하셨습니다. 분명하게 보지 못하고 믿는 자가 복이 있다고 했습니다. 무엇인지 알지 못하고 무조건 믿는 자가 복이 있다고 절대로 말씀하시지 않았습니다. 정확하게 알고 믿어야 합니다.

영적인 사역도 철저한 검증과 전문가적인 식견으로 무장된 전문 사역자 시대가 열리고 있는 것입니다. 시대가 바뀌고 있습니다. 적당히 알아서는 살아남을 수가 없습니다. 영적인 전문가가 되어야 합니다. 과거에는 어떻게 해서 은사를 받아 주먹구구식으로 환자에게 안수하고 나으면 다행이고 낫지 않으면 믿음이 없어서 그랬다는 식으로 환자에게 책임을 미루는 것은 더 이상 설 자리가 없을 것입니다. 정확한 진단과 그에 따른 조치를 통해서 문제를 해결하는 능력이어야만 존재할 수 있게 됩니다. 이는 성령님이 함께하며 영적인 민감성이 있어야 가능한 것입니다.

영적인 일에도 철저한 전문가 의식을 가지고 전문적인 지식을 갖춘 능력 사역자가 등장해야 합니다. 이제까지는 지식을 갖추지 못했기 때문에 목회자들에게 따돌림을 당하고 무시를 당했습니다. 영적인 사역자들이 보이지 않은 영적세계에 대한 정립된 전문 지식이 없었기 때문에 말씀에 전문 지식으로 무장된 목회자들에 비해 열악한 처지에 있었습니다.

그러나 이제는 그렇지 않습니다. 보이지 않은 영적인 일에 전문지식을 갖추고 그 분야에서 말씀 목회하는 목회자를 월등히 능가함으로써 함부로 무시할 수 없습니다. 오히려 당당하게 주어진 의무와 책임을 다하게 됩니다.

영적 지식과 능력은 주님으로부터 온 귀한 것입니다. 주의 선택된 일꾼으로 세움을 받았기 때문에 이 일을 귀하게 생각하고 사람들에게서 귀한 대접을 받아야 합니다. 그렇기 위해서 영적으로 민감해야 하며 철저한 영성훈련과 지식으로 무장해서 주님이 주신 귀한 은사가 사람들로부터 무시되는 일이 없어야 합니다. 제가 체험한 바로는 영적을 만감해지는 것은 영적인 진리를 개달은 만큼씩 개발되는 것입니다. 진리를 깨닫는 다는 것은 그만큼 영적으로 깊어졌기 때문에 영적인 진리를 깨달을 수가 있는 것입니다.

현제 한국교회에 영적인 분야가 참으로 취약한 상태에 있습니다. 많은 성도들이나 목회자가 성령으로 세례만 받으면 다되는 것으로 알고 있습니다. 성령으로 세례는 자기 안에 오신 성령께서 순간 전인격을 사로잡은 것입니다. 성령으로 세례를 받은 다음부터 성령께서 성도를 장악해 가십니다. 그러므로 성령으로 세례를 받고 성령으로 기도하며 지속적으로 성령으로 충만하도록 해야 합니다. 성령께서 성도를 장악할 때 뜨거움도 느낄 수가 있고, 서늘함도 느낄 수가 있습니다. 이는 "영적인 눈이 열리는 신비한 비밀"을 읽어보시면 알게 될 것입니다.

성도는 성령께서 완전하게 자신을 장악하도록 기도와 말씀의 묵상과 예배에 참석해야 합니다. 성령으로 세례 받았다고 성령 충만한 생활을 게을리 하면 다시 육성으로 돌아가게 됩니다. 그래서 성령으로 세례를 받는 것도 중요하지만, 성령 충만한 생활을 하여 영성을 유지하는 것이 더욱 중요합니다. 깊은 영성과 영적 민감성을 개발하기 위하여 부단한 노력이 필요합니다. 영적인 전문가가 되는 것은 거저 되지 않습니다. 시간과 마음과 물질을 투자한 만큼씩 깊어지는 것입니다.

세상에서 운동선수가 철저히 훈련하고 기술을 익히는 피나는 노력으로 성공할 때 그 운동이 사람들로부터 인정을 받고 사랑을 받습니다. 몇 사람의 투철한 선수로 인해서 그 운동이 사람들에게 인기를 끌고 귀하게 대접 받게 됩니다.

영적인 민감성의 개발도 마찬가지입니다. 성령의 인도를 받는 노력으로 전문화된 몇 사람의 능력 있는 전문가의 출현으로 영적인 분야가 성도들에게 인정받게 되는 것입니다. 지금까지 성령으로 치유하는 능력 사역자는 교회의 중심에서 벗어나 있었습니다. 그러나 성령치유 사역이 교회의 중심이 되어야 하는 것은 아주 분명한 일입니다.

왜냐하면 세상에서 살아가기가 힘이 들어 스트레스를 많이 받아 정신적이고 영적인 문제가 많이 발생하기 때문입니다. 지금 세상에 5명중에 1명이 정신적이고 영적인 문제가 있는 사람이라고 합니다. 예수를 믿고 교회에 다니는 성도라고 예외가 될 수가 없기 때문입니다. 정신적이고, 영적인 문제는 사람의 기교나 방법으로 해결할 수가 없습니다.

　반드시 성령의 깊은 역사가 있어야 치유가 됩니다. 교회마다 성령의 역사가 일어나 정신적이고, 영적인 질병으로 고생하는 사람을 치유하여 자유하게 해야 하기 때문에 영적인 성령치유 사역이 교회 중심 사역이 되어야 하는 것입니다. 우울증이나 정신적인 문제 치유에 관심이 많으신 분은 "우울증 정신질병 치유 비밀"을 읽어보시기를 바랍니다. 이 책에는 우울증과 정신적인 질병을 치유하는 전문적인 비밀이 수록되어 있습니다.

　예수님이 우리에게 오셔서 하신 일이 그 일이었으며 주의 제자들에게 이 능력을 주어 세상 끝까지 복음을 전하라고 했습니다. 교회는 능력을 떠나서는 존재할 수 없는 것입니다. 그럼에도 불구하고 능력이 교회에서 왜 푸대접을 받고 있습니까? 그 이유는 은사를 받은 사람들이 철저한 훈련과 교육을 받지 못해서 전문가의 수준에 이르지 못하였기 때문입니다.

　어설픈 아마추어적인 지식과 능력으로도 사역을 해 왔던 구멍가게 시대는 사라지고 있습니다. 다양한 능력과 고도의 전문적인 지식으로 무장한 전문가 사역자의 시대가 열리고 있는 것입니다. 당신도 영적인 일에 쓰임을 받으려면 준비하시기 바랍니다. 싸구려만 있을 때는 그 물건이 형편없었다는 것을 모릅니다. 그러나 품질이 우수하고 디자인이 세련된 물건이 시장에 등장하면 싸구려는 더 이상 시장에 존재하지 못하게 되듯이 철저한 영적 지식과 능력으로 무장한 전문사역자가 등장하면 어설픈 사역자는 사라지게 됩니다. 세상은 고도의 전문지식과 무한한 경쟁의 시대에 들어섰습니다. 국경 없는 무한 경쟁의 시대에 교회 역시 그렇게 될 것이 너무나 확실합니다. 영성과 영적인 민감성을 준비해야 합니다.

이런 무한 경쟁의 새 시대를 맞이하는 젊은 세대에게 영적 민감성은 훌륭한 지도자로 세워질 수 있는 귀한 자질입니다. 영적으로 항상 민감해서 자신에게 일어나는 변화를 놓치지 않고 그 의미를 철저하게 분석하여 권능 있는 사역자로 세워지기를 바랍니다. 그리하여 고통을 당하는 크리스천들을 치유하고 영을 깨우시기를 바랍니다. 영적인 민감성을 가지고 하나님에게 쓰임을 받으려면 적어도 10년 이상 영적인 일에 몰입하며 깨달아야 할 것입니다. 거저 되는 것이 없습니다. 영적인 일에 몰입하여 집중하면 반드시 하나님에게 쓰임을 받을 것입니다.

앞으로는 깊은 영성이 없이는 세상을 이길 수가 없습니다. 사람의 능력가지고 세상을 이기겠다고 하는 것은 계란으로 바위를 치는 격이 됩니다. 크리스천으로 세상을 살아가면서 시시각각 새상에서 다가오는 한란과 풍파는 말씀과 성령으로 다듬어진 깊은 영성으로 이겨낼 수가 있습니다. 앞으로는 세상에서 당하는 스트레스가 더욱 강해지기 때문에 깊은 영성이 필요합니다. 특별하게 코로나19 시대에 세상을 이기기 위해서는 영성이 깊지 않으면 이길 수가 없습니다.

10장 심령을 읽는 영성을 개발하는 비결

(고전 2:10-12)"오직 하나님이 성령으로 이것을 우리에게 보이셨으니 성령은 모든 것 곧 하나님의 깊은 것까지도 통달하시느니라 (11) 사람의 일을 사람의 속에 있는 영 외에 누가 알리요 이와 같이 하나님의 일도 하나님의 영 외에는 아무도 알지 못하느니라 (12) 우리가 세상의 영을 받지 아니하고 오직 하나님으로부터 온 영을 받았으니 이는 우리로 하여금 하나님께서 우리에게 은혜로 주신 것들을 알게 하려 하심이라."

예수님은 이렇게 말씀하십니다. (눅 5:20-22)"예수께서 그들의 믿음을 보시고 이르시되 이 사람아 네 죄 사함을 받았느니라 하시니 (21) 서기관과 바리새인들이 생각하여 이르되 이 신성 모독 하는 자가 누구냐 오직 하나님 외에 누가 능히 죄를 사하겠느냐 (22) 예수께서 그 생각을 아시고 대답하여 이르시되 너희 마음에 무슨 생각을 하느냐." 우리도 예수님과 같이 심령을 읽는 영성을 개발해야 합니다.

하나님은 예수를 믿고 성령으로 거듭난 성도들이 영적인 눈이 열려서 사람을 볼 때 영적인 면을 볼 수 있기를 원하십니다. 이는 생명의 말씀을 삶에 적용하며 체험함으로 사람의 심령을 읽는 영성는 개발이 되어가는 것입니다. 사람의 심령을 읽는 것은 눈으로만 읽는 것이 아닙니다. 오감을 통하여 사람의 심령을 읽는 것입니다. 자신 안에 주인으로 오신 성령께서 사람을 볼 때 심령을 읽어주시는 것입니다. 그것을 자신의 영이 이성에게 알려주면 육으로 알아지는 것입니다. 그러므로 심령을 읽는 영성은 전인격이 성령의 지배를 받아야 가능합니다. 성령님과 인격적인 관계가 되어야 가능한 것입니다.

영성은 예수를 믿고 성령으로 거듭난 크리스천의 생명과 같은 귀중한 것입니다. 영이 살아있기 때문에 영적으로 민감한 것입니다. 영적으로 둔한 사람은 귀신이 자신에게 침투해도 알지 못합니다. 성령으로 충만하여 영적으로 민감한 크리스천은 하나님의 역사를 눈으로 보고 몸으로 감지하면서 하나님의 인도를 따라가게 됩니다. 세상에서 악한 영의 역사와 성령의 역사를 분별할 수가 있습니다. 사람은 영적인 존재입니다. 세상은 영적인 세력에 장악당해 있습니다.

하나님은 이렇게 말씀하십니다. "여호와의 말씀이니라. 사람이 내게 보이지 아니하려고 누가 자신을 은밀한 곳에 숨길 수 있겠느냐 여호와가 말하노라 나는 천지에 충만하지 아니하냐"(렘 23:24). 하나님은 천지에 충만합니다. 반면에 세상에는 마귀도 충만합니다. "또 아는 것은 우리는 하나님께 속하고 온 세상은 악한 자 안에 처한 것이며"(요일 5:19). 세상에는 하나님의 영도 충만하고, 마귀도 충만합니다. 크리스천은 영적인 민감성을 개발하여 하나님의 역사만 보고, 느끼고 따라가야 합니다.

또한 귀중한 자신의 영을 지켜야 합니다.

크리스천은 사람의 마음의 상태를 볼 줄 알아야 합니다. 민감성이 없으면 사람의 심령을 읽을 수가 없습니다. 우리가 알아야 할 것은 마귀도 사람을 통하여 역사하고, 성령님도 사람을 통하여 역사하기 때문에 영적인 민감성을 가지고 사람의 심령을 읽을 수가 있어야 합니다. 그래야 귀중을 자신의 영을 지킬 수가 있기 때문입니다. 민감함이 없이는 마음과 마음이 이어질 수 없습니다. 성숙한 인간관계를 맺기 위해서는 민감성을 개발해야 합니다. 친밀한 관계를 맺기 위해서는 마음과 마음이 이어져야 합니다. 마음과 마음이 열리고, 마음과 마음이 맺어져야 합니다.

성숙이란 자신보다 남을 돌아보는 것입니다. 남을 배려하는 것입니다. 다른 사람의 필요에 민감한 사람입니다. 민감성은 안을 들여다보는 기술입니다. 민감성과 예민함은 차이가 있습니다. 예민한 사람들은 대개 날카롭고, 짜증을 잘 내고, 무슨 일이든지 지나치게 반응을 보입니다.

그리고 상당히 자기중심적이고 자기 방어적입니다. 그러나 민감함은 타인 중심적입니다. 민감함은 자신을 변호하고 방어하기보다 다른 사람의 입장을 이해하고 변호해 주는 데 사용되는 사랑의 도구입니다. 민감함은 자신의 마음과 상대방의 안을 들여다보는 기술입니다. 겉만 보는 것이 아니라 안을 보는 것입니다. 피상적으로 보는 것이 아니라 깊이 보는 것입니다.

세상에서 가장 강력한 능력은 자신을 바르고 정확하게 보는 눈입니다. 사람은 자신을 바르게 보고 판단할 줄 알아야 인생길에 장애와 시련을 만나는 경우가 적어집니다. '너 자신을 알라.' 생명의 말씀과 성령으로 영적인 눈을 열어야 자신을 볼 수 있게 됩니다. 영적인 눈은 성령으로 열리기 때문입니다. 악령에 의하여 열리는 눈은 다른 사람을 잘 보는 눈이 열립니다. 성령은 자신을 정확하게 보게 하십니다. 자신을 보는 눈이 열리면 사람을 의식하지 않습니다. 사람들이 스트레스를 받고 상처를 받으면서 살아가는 것은 다른 사람을 의식하기 때문입니다. 다른 사람보다 더 잘되려고 하기 때문에 스트레스를 받고 어려움을 당하는 것입니다. 자신은 다른 사람보다 부족하다고 느끼기 때문에 상처를 받는 것입니다. 자신은 자신일 따름입니다. 다른 사람들의 말에 상처를 잘 받는 것은 자신의 마음에 상처가 많아 마음이 약하기 때문입니다. 인생을 살아가는 길에 옆에 사람의식하지 말고 하나님만 의식하면 행복한 삶을 살아갈 수가 있습니다. 하나님만 의식하려면 영적으로 민감해야 합니다. 민감하다는 것은 관심이 남과 다르다는 뜻입니다. 하나님께 관심이 있으니 민감해지는 것입니다.

민감함이란 사람들의 삶의 이면에 숨어 있는 실체들을 보고 듣고 느끼며, 그에 따라 적절한 행동이나 반응을 결정할 수 있는 독특한 능력을 말합니다. 생리적 차원에서 민감함이란, 촉각과 미각과 시각과 청각과 후각을 통해 사물에 대한 판단을 내릴 수 있는 능력을 말합니다.

민감함이란 온 몸으로 사랑하는 사람을 감지하는 것을 의미합니다. 어떤 면에서 민감함은 오감을 사용하는 것입니다. 민감함의 대가는 예수님입니다. 예수님은 사람들 안에 있는 것을 아셨습니다. 보셨습니다. 느끼셨습니다. 그러므로 그들의 마음을 어루만지시고, 마음을 고치시고, 마음을 새롭게 하시고, 마음을 움직이셨습니다. 예수님은 사람들을 만나실 때마다 그들의 겉만 보신 것이 아니라 그들의 속마음을 보셨습니다. 예수님은 인간의 속을 아시는 분이십니다. 예수님을 만난 사람은 예수님이 자신들 속에 있는 것을 아심을 느꼈습니다.

그래서 그들 안에 있는 것들을 고백했습니다. 마음 깊은 곳에 있는 것을 드러내었습니다. 또한 예수님의 사랑을 참으로 경험한 사람들은 예수님처럼 민감해집니다. 민감성은 마음의 눈이 열리는 것을 의미합니다. 민감하면 사랑하는 사람의 내면의 필요를 보게 됩니다. 사랑하기 위해서는 보아야 합니다.

민감성은 귀가 열리는 것을 의미합니다. 민감해지면 남이 들을 수 없는 소리를 듣게 됩니다. 마음의 소리를 듣게 됩니다. 마음 깊은 곳에서 외치는 영혼의 외침을 듣게 됩니다. 또한 영적 민감성이 개발된 사람은 성령의 음성을 듣게 됩니다.

민감함을 통해 얻게 되는 경청의 기술은 곧 지혜에서 오는 것입니다. 민감성은 감각이 열리는 것을 의미합니다. 민감해지면 느낌이 열립니다. 감정이 열립니다. 우리의 오감이 열립니다. 상대방의 아픔과 고통과 사랑을 온 몸으로 느끼게 됩니다. 민감성을 발휘하는 것은 타이밍과도 밀접한 관련이 있습니다. 민감성이 개발된 사람들은 순발력 있는 사랑을 하게 됩니다. 적절한 때에 사람을 세우고, 사람을 키우는 사랑을 하게 됩니다. 민감성은 어느 정도 타고날 수 있습니다. 이것은 나에게 주어진 하나의 축복이자 의무가 아닐까요? 위로하는 자. 참으로 위로하시는 이는 하나님이지만, 그분께로 함께 손잡고 나아가 그분의 위로를 받게 하는 안내자의 역할이 나에게 주어진 것이 아닌가 생각해 봅니다. 그러므로 더욱 기도하고, 더욱 사랑하고, 더욱 이 민감함을 개발해야할 필요가 있습니다. 민감함이 예민함이 되지 않고, 하나님의 선한 뜻을 이루는 좋은 도구로 쓰임 받기 위하여 노력해야 합니다. 영적 민감성을 개발하는 여러 가지 방법입니다.

첫째, 영감으로 민감성을 개발하는 방법입니다. 개인적인 사역에서 좀 더 정밀한 분별을 위해서는 성령 안에서 성령으로 보다 더 깊은 기도를 하면서 좀 더 깊은 영적인 기능이 동원되어 성령이 나타나는 민감한 심령상태에서 영감이나 환상이나 느낌이나 냄새로 분별합니다. 손을 머리에 얹거나 사역자가 동성인 여자라면 상대방의 가슴에 손을 얹어 기도하면서 심령을 들여다보면서 기도합니다. 사단이나 귀신이 순간 눈앞에 스쳐 지나가는 모습으로 보이기도 하며 냄새를 풍기기도 합니다. 예를 들어 음란 마귀는 강한 음욕을 자극하며, 인색한 마귀는 인색한 마음이 느껴지며, 교만한 마귀는 완악하고 교만한 마음이 느껴지며, 사랑의 마음은 사랑으로 전달되어 눈물이 흐를 정도로 강하게 전해 올 때도 있습니다. 그리고 이 사람은 사기꾼이다 하고 알려 줄 수도 있습니다. 제가 성령치유 사역을 하면서 매시간 안수 사역을 하니 이런 능력이 점점 애민하여 집니다. 그래서 은사는 사용할수록 개발되고 발전되는 것입니다.

이러한 민감한 영적인 감각이 항상 느껴지는 것은 아니지만, 영적으로 예민해지는 분위기나 영이 예민해지는 상황에서 느껴지는 것을 볼 수 있습니다. 귀가 안 들리는 성도를 기도하니 귀에서 연기가 빠져나가는 것과 같은 모습으로 사라지는 것을 보았습니다. 그래서 지금 귀가 들 리냐고 했더니 예 20년간 한 쪽 귀를 듣지 못했는데 이제 잘 들립니다.

얼굴이나 눈이나 머리 부위에 검은 어둠이 쌓여 있거나 사악한 느낌을 주기도 하며 때로는 머리가 쭈뼛하고 두려움을 주기도 합니다. 이러한 현상이 강하게 느껴지기 시작하면 더러운 영을 가진 환자를 대하면 머리가 어지럽기도 합니다. 상대방의 아픈 부위와 같은 부위가 아프게 하여 고통을 받기도 하며, 일반적으로는 특별히 머리가 아파 올 때가 주로 많습니다.

이 때 즉시 감지하면 깊은 마음의 기도로 물러가지만, 이러한 영적인 감각이 둔한 사람은 느끼지 못한 체 방치하면 침입하여 자신에게 자리를 잡게 됩니다. 사역자는 이렇게 사악한 자들과 접촉이 많기 때문에 특별히 주의하지 않으면 자신도 모르게 고통을 당할 수가 있으므로 주의하지 않으면 안 됩니다. 필자는 지금도 마음에 혈기나 분노가 있는 분들과 통화를 하고 나면 상대방의 상태가 전이 되어 상당한 시간동안 기도하여 마음을 정화합니다. 일부 영적인 사역을 하다가 여러 영들의 공격을 받고 탈진하여 고통을 당하다가 사역을 포기하는 분들도 많이 있습니다.

저는 책을 읽는 분에게 예수님의 권세는 있을지라도 자신의 실제적인 권능이나 능력이 없으면 당하게 된다는 사실을 주지시키고 싶습니다. 이로 말미암아 주위의 가까운 사랑하는 사람들이 이를 방심하여 한 동안 귀신들의 영향으로부터 고통을 당하고 있는 경우를 많이 보아 왔습니다. 그래서 저는 자주 이런 말을 합니다. 직분이나 경험이 목회나 치유사역을 하는 것이 아니라, 내 안에 계신 성령이 하는 것입니다. 성령의 충만의 정도가 곧 능력이고 투시가 되고 은사로 나타나는 것입니다.

하나님의 일은 성령이 하십니다. 자신의 육성이나 인간적인 열성으로 주님의 일을 하려고 마시기를 바랍니다. 내가 먼저 영적으로 충만하여 심령이 하나님의 나라가 되어야 합니다. 그리고 다른 사람을 도와야 합니다. 저는 우리 성도들에게 항상 이렇게 말합니다. 자신이 먼저 영적으로 하나 되고, 그 다음에 가정이 하나 되게 하라고 권면을 합니다.

자신이 잘못되고 다른 사람 살려보았자 아무것도 아닙니다. 내가 먼저 영적으로 살고 다른 사람을 살리는 것이 복음입니다. (고전 9:27)"내가 내 몸을 쳐 복종하게 함은 내가 남에게 전파한 후에 자신이 도리어 버림을 당할까 두려워함이로다."

둘째, 영들을 분별하는 민감성을 개발하는 방법입니다. 먼저는 말씀과 성령의 충만함을 받아야 합니다. 그리고 영분별에 대한 훈련이나 지식 또는 경험에 의한 직관력과 통찰력으로 진단하여 영의 질병, 혼의 질병, 육체의 질병을 진단합니다. 기도 전 준비사항에 대한 여러 가지 현상에 대한 경험이 축적되면 자연히 이러한 능력이 있게 됨을 알게 됩니다.

이러한 영분별 능력이 하늘에서 갑자기 뚝 떨어지는 것도 아니고 학자들이 말하는 소위 초자연적인 어떤 능력도 아닙니다. 점진적인 경험이나 훈련에 의하여 민감하게 되고, 그 다음에는 영감으로 분별하는 법을 할 수 있게 되는 것을 본인이 알게 됩니다. 주로 대중을 상대로 할 때에나 가볍게 진단할 때 사용합니다.

셋째, 영안으로 민감성을 개발하는 방법입니다. 영안이 완전히 열린 사람은 투시로 악한영이나 질병을 볼 수 있고, 또는 영에 깊이 몰입되어 있는 (일명입신상태) 제3자를 통하여 투시하여 볼 수도 있습니다. 제 3자란 성령에 깊이 몰입되어 영안이 열린 사람을 통하여 볼 수가 있다는 것입니다. 분명하게 직접 투시하여 몸 어느 부위에 무엇이 어떻다는 것을 분명하게 보는 것이지 환상을 통하여 보는 것과는 다릅니다. 가장 정확하게 진단 할 수 있지만, 사단이 주는 경우에는 위험하며, 틀릴 경우가 많아서 오히려 어려움을 겪을 경우가 있기 때문에 투시는 특별히 주의하지 않으면 안 됩니다.

불같은 성령의 능력 세례를 강하게 받게 되면 일시적 현상으로 투시가 나타나기도 합니다. 이런 것은 육신적으로 열린 투시이므로 정말 주의 하지 않으면 안 됩니다. 저는 우리 교회 성령 치유 집회에 참석하고 투시가 열려 보인다는 분들에게 말씀이 심비에 새겨져서 숙성되고 연단된 후에 사용하라고 권면합니다. 대부분의 이런 사람들이 투시되는 현상을 견딜 수 없는 상태임으로 하나님 앞에 이러한 현상을 거두어 달라고 기도하는 경우가 대부분입니다. 그런데 문제는 악한 영에 시달리거나 정신적으로 문제가 있는 사람이 더 잘 투시가 된다는 것입니다. 투시가 되다가 악한 영이 떠나고 치유되면 보이지 않는다고 합니다. 제가 여러 성도를 상담하고 치유하며 본인들에게 듣고 임상적으로 경험한 것입니다. 투시는 세상적인 용어입니다. 성경에서는 감찰이라고 합니다(시11:4).

그러나 거의 대부분 이러한 현상은 일시적인 현상으로서 오래가지 않고 자연히 소멸됩니다. 특별히 주의할 것은 말씀이 없는 초신자나 영성이 훈련되어 있지 않은 자가 입신 상태가 아닌 보통 상태에서 투시되는 것은 백발백중 귀신이 주는 것입니다. 그 열매를 보아서 알 수가 있습니다. 사람은 그 속에 들어있는 것이 밖으로 나오는 것입니다. 그래서 주님은 "독사의 자식들아 너희는 악하니 어떻게 선한 말을 할 수 있느냐 이는 마음에 가득한 것을 입으로 말함이라."(마 12:34). 라고 말씀하시는 것입니다. 영성이 완전하여 그리스도의 향기가 풍기지 않으면서 투시되거나 성령으로 사로잡혀 깊은 임재가 되지 않은 상태에서 투시가 되면 이것은 귀신이 주는 것입니다. 투시는 위험합니다. 대부분 사단이 주는 경우가 많기 때문이며, 설사 성령으로 말미암아 투시가 되더라도 교만해지기 때문에 위험합니다.

더구나 투시하려고 하는 욕망은 정욕으로 구하는 경우가 대부분이기 때문에 이러한 악한 심령은 사단을 불러드리게 되어 더욱 위험합니다. 성령에 몰입되어 투시가 되면 교만한자의 모습은 공작의 모습으로도 보입니다. 성질이 급한 자는 호랑이 형상의 사단이 있기도 합니다.

음란한 사람은 구렁이나 뱀의 모습으로도 보입니다. 무당의 옷을 입을 여자의 모습으로도 보이기도 합니다. 아픈 부위에 달라붙어 있는 벌레의 모습으로 보이 기도합니다. 혈액의 흐름을 차단하는 검은 물체가 있는 모습으로 보이기도 하는데, 이럴 경우에는 백혈병이나 중풍 병을 가진 자 일수도 있습니다. 가슴이 검게 보이는 경우가 있는데 이는 심장에 문제가 있거나 마음에 응어리가 있어가 가슴에 문제가 있는 사람입니다.

여러 가지 형형색색의 모습이라서 일일이 열거하기가 어렵습니다. 사기꾼은 여우형상으로 보이기도 합니다. 정신 분열증 환자를 보면 뇌에 이상 물질이나 사단이 달라붙어 있는 경우가 있는데, 이럴 때는 대개 조상 때부터 내려오는 귀신들인 경우들이 많았습니다. 특별히 우상을 섬겨도 지독한 귀신들을 특별히 섬긴 경우가 많았습니다.

정신 분열증 환자는 대개 조상들이 굿으로 병을 고친 경험이나 불공을 드려 혹은 칠성 대에 지성을 드려 태어난 사람이나, 지관을 한 조상이 있거나, 특별히 유교적인 전통 속에 제사를 특별하게 모신 가정이나 집안에 단을 꾸미고 있는 "남묘호랭객교"라는 일본에서 건너온 사종교들, 심지어 기독교란 이름을 내세우고 사설 제단을 쌓는 경우에도 발생할 수 있습니다.

그런데 계속 보이는 것이 아니고 순간 보이고 사라지는 경우가 많습니다. 성령은 지혜로운 영이시기 때문에 특별히 치유와 축사에 필요할 때는 성령에 깊게 사로잡혀 얼굴이나 몸에 자신의 실체를 폭로하는 경우가 많습니다. 이점을 특별히 유의해야 합니다. 그래서 지속적으로 영물들이 보인다는 성도는 심령상태에 문제가 있는 성도이니 목회자는 특별한 관리를 해야 합니다.

잘못하면 성도들을 모두 상처받게 할 수가 있기 때문입니다. 그리고 본인은 그것이 잘못된 현상이라는 것을 빨리 알아차리고 성령사역자의 도움을 받아 치유를 받아 정상적인 영적인 상태로 돌아가도록 해야 합니다. 이는 제가 임상적으로 경험한 바로는 성령의 깊은 임재 하에 내적치유와 축사를 하므로 정상으로 돌아와 해결이 됩니다. 이러한 영적인 민감성을 빨리 개발하려면 깊은 치유를 받아 성령으로 거듭난 사역자에게 안수를 받는 방법이 있습니다. 우리 교회는 매주 토요일 개별집중치유 시간이 있습니다. 사전 예약하여 몇 번만 받게 되면 비교적 빨리

영적민감성을 개발하고 깊은 상처와 질병, 영적인 문제를 해결
받게 됩니다.

넷째, 눈물을 통해 민감성을 개발해야 합니다. 예수님의 민감
성은 바로 눈물에서 나온 것이었습니다. 고통에서 온 것이었습
니다. 고난에서 온 것이었습니다. 심한 통곡으로 드린 기도에서
온 것이었습니다. 눈물을 흘릴 때 우리의 마음은 부드러워집니
다. 눈물이 흐를 때 마음의 창은 깨끗해집니다. 저는 울어라 영
성을 많이 강조합니다. 울면 마음이 열리고 성령이 역사하기 좋
은 상태가 되기 때문입니다. 마음이 열리니 성령으로 심령이 정
화되어 영적 민감성이 개발되는 것입니다.

눈물은 우리의 모든 감각이 민감해지도록 도와줍니다. 특별
히 하나님의 마음으로 바뀌는 중요한 수단입니다. 영적 민감성
은 훈련을 통해 개발될 수 있습니다. 영적 민감성의 훈련은 감
수성의 훈련입니다. 상처를 통해 훈련하고, 고통을 통해 훈련하
고, 눈물과 함께 훈련해야 합니다. 성령이 역사하시면 창피하게
생각하지 말고 마음을 열고 엉~엉~하며 우십시오.

다섯째, 사랑의 실천을 통해 민감성을 개발해야 합니다. 사랑
은 사랑을 낳게 됩니다. 사랑하는 마음만 가지고는 안 됩니다.
사랑을 표현해야 합니다. 가장 고귀한 것은 사랑입니다. 사랑받
고 사랑함으로 우리 인생은 새롭게 태어납니다. 거듭 새롭게 태

어납니다. 민감성을 개발하고, 훈련하는 일도 귀한 일이지만, 그보다 더 중요한 것은 사랑하는 것입니다. 사랑하면 약해집니다. 사랑하는 대상을 향해 약해집니다. 사랑하면 부드러워집니다. 사랑하면 민감해집니다.

민감하면 더욱 사랑하게 됩니다. 사랑하면 보입니다. 사랑하면 느낍니다. 사랑하면 들립니다. 사랑하면 필요를 감지합니다. 사랑하면 사랑하는 사람의 미래까지 보게 됩니다. 사랑하면 때를 부별하게 됩니다. 사랑하면 열립니다. 눈이 열리고, 귀가 열리고, 마음이 열립니다. 감정의 샘이 열립니다. 감각이 열립니다. 사랑하면 오감이 열리고, 온몸이 열립니다. 가장 고귀한 사랑은 십자가의 사랑입니다. 예수님의 사랑은 풍성하십니다.

예수님께 가까이 나아오세요. 예수님의 사랑을 받으세요. 예수님은 당신을 사랑하십니다. 예수님을 통해 민감한 사랑을 실천하는 축복을 누리길 바랍니다. 민감한 사랑을 실천함으로 더욱 큰 사랑을 받아 누리길 바랍니다.

모든 크리스천은 어느 정도 민감성을 타고 났습니다. 다른 사람과 이야기를 하고 있으며 그 사람의 내면의 생각과 고통을 어느 정도 알 수 있습니다. 그래서 그를 위해 기도하게 됩니다. 이것 또한 하나님의 큰 축복일 것입니다. 이 민감성을 잘 개발하여 하나님의 선한 일에, 사람의 위로하고 세우는 일에 쓰임 받기를 기도합니다. 저의 인생의 많은 굴곡들이 저를 더욱 민감하게 합니다. 많은 사람들의 이야기 속에서 공감하며, 그 이야기들이 나의 이야기가 되어 함께 고통하고, 고민하며, 기도하게 합니다. 많은 사람들이 저와 이야기 하는 것은 좋아합니다. 또한 나와 이야기를 하다 보면, 다른 사람들과 달리 속내를 잘 말하게 된다고들 합니다.

여섯째, 영의기도를 통해 민감성을 개발해야 합니다. 성령으로 기도를 한다는 것은 그것을 갈망하기 때문입니다. 모든 것은 관심에서 시작됩니다. 민감성을 개발하기 위해서 먼저 민감성에 관심을 가져야 합니다. 민감성이 주는 축복을 거듭 마음에 새겨야 합니다. 그때 민감성을 위해 더욱 기도하게 됩니다. 기도를 하되 성령으로 기도해야 합니다. 성령으로 기도해야 영적인 상태가 되어 심령이 깨끗하게 정화됩니다. 심령이 깨끗하게 정화되어야 영적인 민감성이 배가되기 때문입니다. 깊은 영의기도를 통하여 민감성과 눈이 열리는 영성을 개발하고 싶은 분은 "깊은 영의기도 숙달하는 비결" "하나님과 기도하며 대화하기"을 읽어보시기를 바랍니다.

일곱째, 성령세례와 충만을 통해 민감성을 개발해야 합니다. 성령이 아니고는 하나님의 일과 마귀의 일을 분별할 수가 없습니다. 오로지 성령으로 되는 것입니다. 성령님이 심령을 정화하면서 영적으로 민감하게 하십니다. 성령의 세례와 충만에 대해서는 "기도 쉽게 바르게 하는 방법"과 "성령의 불로 충만 받는 법" "성령의 불세례에 숨은 비밀"을 읽어보시기를 바랍니다.

3부 코로나시대 영혼이 깨어있는 신앙생활

11장 성령으로 기도하며 신앙 영성관리

(유 1:20)"사랑하는 자들아 너희는 너희의 지극히 거
룩한 믿음 위에 자신을 세우며 성령으로 기도하며"

코로나19 시대에 영혼이 깨어있는 성도로 살아가려면 기도
를 성령으로 해야 합니다. 기도를 바르게 해야 합니다. 많은 성
도들이 기도를 바르게 하지 못한다는 것입니다. 또, 기도에 대
하여 관심을 갖지도 않는 것이 보통입니다. 이유는 자신은 지금
기도하고 있기 때문이라는 것이지요. 이러한 생각 때문에 기도
한 만큼 전인적인 변화가 일어나야 하는데 그러하지 못하다는
것입니다. 이는 이성적으로 자신만 알아주는 기도를 하기 때문
입니다. 기도는 온몸으로 해야 합니다.

그럼 어떡해야 온몸으로 기도할 수 있습니까? 목으로 생각으
로 말로 기도하지 말고 성령에 사로잡혀 성령으로 기도해야 합
니다. 기도할 때 주의해야 할 것은 생각이나 머리나 목에서 올
라오는 소리로 기도하지 말라는 것입니다. 배꼽 아래 15센티에
의식을 두고 아랫배에다가 가볍게 힘을 주고 들이쉬고 힘을 빼
고 내쉬면서 기도하는 습관을 들이는 것입니다. 배에서 올라오
는 소리로 기도하라는 것입니다. 이것이 제일 중요한 것입니다.

이렇게 하다가 보면 자연스럽게 온몸으로 기도하게 되어 기도하면 할수록 전인격이 치유가 되고 예수님의 성품으로 변화를 체험할 것입니다. 육적으로는 심장이 튼튼해집니다. 장이 건강해집니다. 언어가 배속에서 올라옴으로 말을 많이 해도 성대가 상하지 않습니다. 성령의 권능, 영력이 강해지는 것입니다. 사람의 말이나 행동에 상처 받지 않습니다. 온몸으로 기도하는 비결은 차차 이 책을 읽어가면서 터득하게 될 것입니다. 제일 중요한 것은 지금까지 기도하는 습관으로 기도하지 않는 것입니다. 빨리 잘못된 기도의 습관을 바꾸려고 의지적인 노력을 해야 기도한 만큼 영육의 변화를 체험하게 될 것입니다. 자신의 기도를 정확히 분별하여 자신 안의 하나님께서 좌정하고 계신 보좌와 연결되는 기도를 해야 합니다. 내면에서 성령의 역사가 올라오는 기도를 해야 합니다.

기도가 바뀌어야 합니다. 무조건 많이 한다고 잘하는 기도가 아닙니다. 성령으로 바르게 해야 합니다. 기도가 바르지 못하니까, 10년 동안 믿음 생활을 해도 변화되지 않는 것입니다. 성령으로 바르게 기도를 하면 변화되지 말라고 해도 변화될 수밖에 없습니다. 왜 30년 믿음생활을 열과 성의를 다하여 열심히 하고, 천일을 철야하고, 영육의 문제 해결을 받고, 내적치유와 축귀능력을 받으려고 10년 이상 30군데 이상을 다니고, 정신적이고 육적이고 영적인 질병을 치유 받으려고 성령의 역사가 강하다는 15년 동안 30군데의 교회를 다니고, 능력을 받으려고 20년을 성령 사역하는 곳을 다녀도 변화가 없고 치유되지 않고 능력이 나타나지 않는 것일까요? 기도를 바르게 하지 못하기 때문입니다. 교회나 성령 사역하는 곳에 가서 말씀 듣고 기도합시다. 하면 자신이 지금까지 하던 식으로 기도를 하기 때문입니다.

이렇게 기도하니 성령의 역사가 자신 안에서 일어나지 않기 때문에 변화가 일어나지 않는 것입니다. 성령의 역사가 자신 안에서 일어나야 음성도 듣고 치유도 되고 능력도 나타나고 문제도 해결이 되는 것입니다. 이렇게 자신이 하던 방식으로 기도하니 잠재의식에 쌓인 영적이고 심리적인 독소가 녹아질 수가 없고 배출될 수가 없는 것입니다. 자연스럽게 변화되지 않고 영-혼-육의 건강도 누릴 수가 없는 것입니다. 이를 방지하기 위하여 우리 충만한 교회같이 기도할 때 담임목사가 돌아다니면서 기도하는 상태를 점검하면서 안수를 하여 기도를 교정하여 성령의 역사가 성도의 마음 안에서 일어나게 해야 합니다.

성도의 마음 안에 있는 성전에서 분출되는 기도가 되도록 안수하면서 교정하여 주어야 합니다. 자기가 종전에 하던 습관적인 기도를 몇 시간씩 해도 변화되지 못합니다. 자신 안에 있는 상처와 스트레스 속에 역사하는 귀신이 습관적인 기도에 적응이 되어있기 때문입니다. 그렇게 하지 않으면 절대로 변화를 체험하지 못합니다. 몸속의 독소가 꼼작하지 않습니다. 그래서 모든 크리스천은 기도를 클리닉 해보아야 합니다. 이렇게 성령으로 기도하면 변화되지 말라고 해도 변화가 되고 치유가 됩니다.

우리는 기도를 바르게 알아야 합니다. 기도는 하나님과 사귀는 것입니다. 하나님과 가까이 하는 것입니다. 하나님과 함께 시간을 보내는 적극적인 행위입니다. 하나님과 사랑을 나누는 시간입니다. 하나님께 사랑을 고백하고 감사하는 시간입니다. 우리의 삶에서 가장 깨어있는 시간, 하나님의 소리를 듣는 시간입니다. 자신을 치료하는 시간입니다. 예수를 믿는 성도가 하는 기도는 세상 사람들이 하는 기도와 다릅니다. 자신이 매일 철야하며 새벽기도를 해도 영육이 변화되지 않고, 환경이 어려운 것은 세상적인 기도를 하기 때문입니다. 예수를 믿는 성도가 하는 기도는 다음과 같은 원칙을 가지고 해야 합니다.

첫째, 성령 안에서 기도하라. 바른 기도생활을 위해서 '좋은 기도의 습관'이 중요하긴 하지만 그 보다 더 중요한 것이 있습니다. 그것은 바로 성령님께 기도의 영을 받아 가지고 있는 겁니다. 우리가 새벽기도를 생각해볼 때 우리가 항상 새벽에 그 시간에만 살아가는 것이 아니지 않습니까? 우리가 예배당 안에서만 살고 있지는 않지 않습니까? 우리가 가정에서나 직장에서나 세상에서 살아갈 때 우리 앞에 다양하게 펼쳐지고, 우리에게 다가오는 그런 도전과 문제, 그 어려운 상황 속에서 우리의 기도가 정해진 기도의 제목만으로는 우리 삶을 다 감당하지 못해요. 그래서 좋은 기도의 습관을 갖는 것도 중요하지만, 우리가 기도의 영을 가져서 성령 안에서 기도하는 것 그것은 더욱 중요합니다. 마치 내 영이 기도의 영이신 성령 안에 푹 잠겨 있는 것처럼 내가 하루 24시간 어디에서 무엇을 하고 있든지 하나님과 끊임없는 교통가운데서 내 삶이 진행되는 것, 그것이 바로 성령께서 주신 기도의 영을 가지는 것인데, 이것이 바로 기도생활의 이상이라고 할 수 있습니다. 그래서 하나님 말씀은 우리에게 '성령 안에서 기도하라' '성령으로 기도하라'라는 말씀을 여러 번 당부하십니다.

그 중 한 곳인 에베소서 6장 18절을 같이 읽겠습니다. "모든 기도와 간구를 하되 항상 성령 안에서 기도하고 이를 위하여, 깨어 구하기를 항상 힘쓰며, 여러 성도를 위하여 구하라" 과거 개역에는 '무시로 성령 안에서 기도하라'고 했는데, '무시로'란 항상 이란 뜻입니다. 영어로 always 또는 all times입니다.

그렇다면 어떻게 기도하는 것이 '성령 안에서 기도'하는 것일까요? '성령 안에서 기도한다'는 의미는, "성령의 영성과, 성령의 지성과, 성령의 감성을 따라서 기도하는 것이다" 라고 말할 수 있습니다. 또, 성령의 임재 가운데 기도하는 것입니다. 실제적으로 성경에 보면, 성령께서 우리를 위하여 말할 수 없는 탄식으로, 성령의 생각이 삼위일체 하나님과 합치된 상태에서 우리 안에 와계신 성령께서 우리를 위하여 계속 기도하고 계십니다.

'성령 안에서 기도하라'는 엡6장 18절의 말씀을 실행 할 수 있는 그 약속이, 로마서 말씀에 주어져 있습니다. 로마서 8장

26~27절속에는, 성령의 [영성] [지성] [감성]이 나타나 있어요. 성령의 영성은 무엇과 같은가요? 어머니의 영성과 같지요. 어머니는 자녀들을 한없는 사랑으로 용납해주고 품어줍니다. 그러한 것처럼 성령은 포근한 영성, 온유하신 영성, 인자하신 영성으로서 마치 어머니가 자식을 위해 기도하듯이, 성령께서 우리를 위하여 기도하고 계신다는 것입니다. 우리는 무엇을 위하여 기도하는지도 모르고, 우리 앞에 어떤 일이 일어날지도 모릅니다.

그렇기 때문에 성령께서 '우리를 위하여 마땅히 무엇을 위해서 기도할지 모르지만, 우리를 위하여 앞서 기도'하고 계신다는 것입니다. 성령의 영성이 그러하단 것입니다. 또 성령의 영성은, 성령은 지성을 가진 인격체이셔서 우리를 위해서 기도할 바를 명확하게 인지하시고, 그리고 그 생각을 갖고 기도하고 계십니다.

롬8장 27절 말씀에 성령은 지성을 지니신 분이시다. 라는 것을 보여주는 한 표현이 있습니다. '마음을 살피시는 이가 성령의 생각을 아시나니' '성령의 생각'이라고 했습니다. 성령은 생각하신다. 즉, 지성을 지니신 분이십니다. 우리를 향하신 그 성령의 생각이 얼마나 많은지 시편 40편 5절에 이런 말씀이 나옵니다.

"여호와 나의 하나님이여 주의 행하신 기적이 많고 우리를 향하신 주의 생각도 많도소이다" 우리의 부모가 자녀를 위해서 기도하지 않습니까? 자녀에 대한 모든 사정을 헤아리고 살펴서 자녀를 위해서 기도합니다. 부모는 자녀를 위해서 기도하지만, 자녀는 부모를 그렇게 생각하지 않아요. 자기 인생이 바쁘기 때문에 내리 사랑을 해서 부모는 자녀를 위해서 그렇게 안타깝게 간절히 기도하지만, 자녀들은 그 부모에 대한 마음을 헤아리지 못합니다. 저도 자녀를 위해서 기도하면서 '이 아이들이, 부모인 내가 이렇게 하나님 앞에서 간절히 자기들을 위해 기도하는 것을 알고 지내기나 하나?' 그런 생각을 할 때가 있습니다.

마찬가지로 우리는 별로 하나님을 생각하지 못하고 살아가지만 성령께서 우리를 위하여, 해변의 모래보다 더 많으신 그 생각, 그 사랑의 생각을 가지고 우리를 위해서 기도하고 계십니다. 또한 성령은 감성을 지닌 분이십니다. 로마서 8장 26절 말씀에 성령의 감성을 보여주는 한 어구 한 표현이 있습니다. "말할 수 없는 탄식으로 우리를 위하여 기도하시는 성령님"이라고 했습니다.

성령은 감성을 가지고 계세요. 우리는 성령을 근심하게 할 수도 있고, 우리는 성령을 기쁘시게도 할 수 있습니다. 성령이 인격적으로 우리를 대해주십니다. 이 말씀이 보여주는 바대로 성령님은 어머니와 같은 그런 넓으신 자애로우신 사랑의 영성을 지니셨고, 또한 성령은 생각을 가지신 지성을 지니신 인격체이시고, 성령은 우리를 위하여 말 할 수 없는 탄식으로 하나님 앞에서 기도하시는 감성을 지니신 분이십니다. 성령께서 우리 안에 오셔서 우리를 위해 그토록 기도하시는 그 성령의 영성과 지성과 감성을 따라 기도하는 것이 성령님 안에서 기도하는 것입니다.

둘째, 성령으로 기도하라. 우리에게 성령으로 하는 기도는 필수적으로 필요합니다. 내 생각대로, 내 욕심대로, 내 마음대로 기도하는 것이 아니라, 내 영이 성령 안에 잠긴 것처럼 성령이 그 영성과 지성과 감성을 따라서 기도하는 것, 그것이 바로 우리가 지향하는 이상적인 기도입니다. 예를 들어서 설명 드립니다. 이미 세월이 지나서 다 잊어버리셨겠지만, 부모님들이 어린 자녀들을 키울 때, 자녀들이 막 글자를 깨우쳐 갈 나이일 때 글씨 쓰는 법을 가르쳐 주지 않습니까? 그때 어떻게 가르쳐 주셨어요? 아이가 글자를 삐뚤삐뚤 쓰니까 엄마나 아빠가 아이를 품안에 안고 아이의 작은 손을 내가 손으로 잡고 연필을 쥔 아이의 손을, 내가 붙잡아서 글자를 써갑니다.

마찬가지로 기도할 줄 모르는 우리들을 성령께서 안으시고 품으시고, 나의 작은 손을 그 권능의 손으로 붙드셔서 내게 기도하는 법을 가르쳐 주신다는 거예요. 부모가 어린자녀든 장성한 자녀든 자녀를 위해서 밤낮 기도하듯이 성령께서 우리에게 오셔서 나는 의식도 하지 못하는데, 나는 느끼지도 못하는 사이에 나를 위하여 말할 수 없는 탄식으로, 그 많으신 성령의 사랑의 생각을 갖고서, 하나님의 뜻에서 합치된 방향으로 나를 위하여 기도하고 계시는데 내가 그것을 깨닫고 성령의 인도를 따라

기도하는 것이 바로 성령 안에서 기도하는 것입니다.

그것이 그토록 중요한 이유는 우리가 성령 안에서 기도하게 되면, 우리가 중언부언 하는 기도는 하지 못하죠. 여전히 우리는 내 짧은 욕심이 들러붙은 그런 마음의 손을 가지고 기도를 하는데, 우리가 점차적으로 성령 안에서 변화를 받게 되면, 우리가 마음속에 품게 되는 소원과 우리가 하나님께 아뢰는 기도의 제목들이 하나님의 뜻에 합치되는 방향으로 내 그 기도가 바뀐다는 것입니다. "이와 같이 성령도 우리의 연약함을 도우시나니 우리는 마땅히 기도할 바를 알지 못하나 오직 성령이 말할 수 없는 탄식으로 우리를 위하여 친히 간구하시느니라." 우리의 기도가 성령 안에서 드려지게 되면 우리가 간구하는 것이 하나님의 뜻에 맞게 되니까, 하나님께서 하나님의 뜻을 이루어주시지 않겠습니까?

로마서 8장 28절에 보면 "우리가 알거니와 하나님을 사랑하는자 곧 그 뜻대로 부르심을 입은 자들에게는 모든 것이 합력하여 선을 이루느니라." 하셨습니다. 우리 기도가 성령 안에서 드려지는 기도, 우리의 뜻이 하나님의 뜻에 합치되는 방향으로 변화 받게 되면, 우리가 기도하는 바를 하나님이 응답해 주실 뿐만 아니라, 우리에게 둘러싼 삶의 환경을 하나님께서 절대주관 가운데 품으시고, 붙드시고, 변경하시고, 조정하셔서 모든 것들을 합력하여 선을 이루게 해 주신다는 겁니다.

그러니까 로마서 8장 28절에 "성도의 모든 것을 합력하여 선을 이루신다”는 구절은, 문맥상 26절과 연결해서 해석할 때, 성령 안에서 기도하는 성도에게, 모든 것이 합력해서 선이 이루어진다는 뜻입니다. 즉 28절의 ‘성도의 모든 것이 합력해서 선을 이루는’ 은총은 26절의 성령 안에서 기도하며 살아가는 자에게 주어지는 축복입니다. 시편 37편 4절 말씀에도 ‘또 여호와를 기뻐하라. 저가 내 마음의 소원을 이루어 주시리로다.’라고 하셨습니다.

우리 기도가 성령 안에서 기도하는 것으로 점차로 바뀌어서 우리가 성령 안에서 하나님을 기뻐하며 살아가게 될 때, 성령님께서 우리 마음속 안에 있는 모든 소원들을 아시고 헤아리시고 살피셔서, 우리로 하여금 하나님께 기도드려서 그 소원들을 다 이루게 해주시기 때문에 성령 안에서 기도하는 것이 그토록 중요합니다. 그런데 혹자는, ‘성령 안에서 기도 한다.’는 것은 방언기도 하는 것을 뜻한다고 하여 성령 안에서 기도와 방언기도를 동일시합니다. 저는 부분적으로는 맞는다고 생각해요. 그러나 다 맞는 것은 아니고, 부분적으로 맞습니다. 성령께서 우리에게 방언기도의 은사를 주시면, 그 사람은 그 방언기도를 하는 가운데 성령 안에서 기도하게 됩니다. 성령의 영성과 지성과 감성에 내가 편입되어서 내가 그 의미를 다 모르고 기도하는 사이에도 내가 성령 안에서 기도하는 것으로, 나의 기도가 바뀔 수가 있어요. 그래서 방언기도는 귀중한 은사입니다.

그런데 ‘성령 안에서 기도하는 것’을 [방언기도]로 한정해 놓으면, 그런데 진정 하나님 안에 구원받은 하나님 자녀들 가운데서도 아직 방언기도를 하지 못하는 분들도 많습니다. 성령세례를 받았는데 방언기도가 터지지 않은 분들이 있습니다. 방언이라는 것은 은사입니다. 은사는 다양하게 모든 사람에게 필요에 따라 주어지는 것이지, 한 은사를 모든 그리스도인에게 나누어 주시는 것은 은사가 아닙니다. 내가 비록 방언의 은사를 받지 못했지만, 남이 가지고 있지 않은 은사가 나에게 주어집니다. 섬김의 은사, 구제의 은사, 가르침의 은사, 예언의 은사, 병 고침의 은사 등, 방언의 은사 말고도 더 많은 은사들이 있습니다. 그런데 '성령 안에서 기도하는 것'을 방언기도로만 한정해놓으면, 방언기도를 하지 않는 다른 그리스도인은 성령 안에서 기도할 수 없는 것으로 되니까. 그것은 말이 안 되는 것이지요. 그러므로 방언은사를 받지 않은 많은 그리스도인들도, 얼마든지 성령 안에서 기도할 수 있습니다.

셋째, 성령 안에서 온몸으로 기도하는 방법. 기도에 대하여 바르게 알아야 합니다. 많은 성도들이 문제가 있으면 무조건 기도하면 문제가 풀어지는 줄로 알고 있습니다. 그래서 무조건 기도하라고 합니다. 그렇지 않습니다. 기도는 하나님의 뜻을 구하는 것입니다. 문제의 원인에 대하여 하나님께 질문하여 하나님께서 알려주시는 해결방법을 해결하면서 기도해야 합니다. 예를 든다면 회개라든가, 용서라든가, 하나님께서 알려주시는 레마를 받아 순종하며 기도해야 문제가 풀어지는 것입니다. 막연하게 문제를 해결하여 주시옵소서. 하며 기도하면 문제가 해결되지 않습니다.

반드시 하나님에 알려주시는 해결 방법을 적용하여 해결하면서 기도해야 문제가 풀어지는 것입니다. 성도들이 바르게 알아야 할 것은 자신이 당하는 문제는 하나님의 문제라는 것을 믿어야 합니다. 그래서 자신에게 일어나는 문제는 하나님이 해결해야 합니다. 하나님께 해결방법을 알아내야 합니다. 왜냐하면 자신은 예수를 믿을 때 죽었습니다. 다시 예수로 태어났습니다. 지금 예수님의 인생을 사는 것입니다. 그렇기 때문에 성령으로 기도하여 영의 상태가 되면 하나님께 해결 방법을 질문하여 응답받은 대로 조치를 해야 문제가 해결되는 것입니다. 그렇기 때문에 문제를 해결하려면 성령으로 기도하지 않으면 안 되는 것입니다. 성령으로 기도하여 영의 상태가 되어야 내적인 상처도 치유되고, 귀신도 떠나가고, 병도 고쳐지고, 문제도 해결되고, 하나님의 레마도 들을 수가 있는 것입니다.

필자가 누누이 말한 것이 성령으로 기도하도록 지도하여 하늘나라 천국이 되니 영적 정신적 육체적 환경적인 문제가 치유되고 해결이 되더라는 것입니다. 성령으로 기도하는 것은 성령의 지배가운데 성령 안에서 기도하는 것을 말합니다. 마음으로 기도하여 마음의 문이 열려야 영으로 기도하게 되는 것입니다. 영으로 기도하는 것이 성령으로 기도하는 것입니다. 그렇기 때문에 먼저 마음의 기도로 마음의 문을 열어야 영으로 기도할 수가 있는 것입니다. 성령으로 기도하는 비결은 이렇습니다. 아랫배에 의식을 두고 아랫배에 가볍게 힘을 주면서 숨을 들이 쉬고 내 쉬면서 주여! 숨을 들이 쉬고 내 쉬면서 주여! 숨을 들이 쉬고 내 쉬면서 주여! 자연스럽게 주여! 를 하면 되는 것입니다. 절대로 자신이 머리를 써서 기도문을 만들어 장구하게 기도하는 것이 아니고 단순하게 예수님을 찾는 것입니다. 기도는 숨을 쉬는 것이라고 했습니다. 숨을 쉬면서 예수님을 찾는 것입니다.

어떤 분들은 기도를 하다가 특별한 문제가 있거나 아랫배나 등허리나 옆구리나 어깨나 뭉치가 생기면 자신의 힘으로 떠나가게 하려고 힘을 주면서 왝왝하면서 기도를 하고, 더 심하면 "예수님의 이름으로 명령한다. 떠나가라, 떠나가라." 하는데 이는 절대로 금물입니다. 그리 쉽게 떠나가지 않습니다. 우리가 알아야 할 것은 자신의 힘으로나 노력으로 자신 안에 불순물이 떠나가는 것이 절대로 아닙니다. 왜냐하면 불순물 뒤에는 초인적인 4차원의 귀신이 역사할 수가 있기 때문입니다. 자신의 능력은 3차원이기 때문입니다. 성령의 권능으로 불순물이 떠나가는 것입니다. 성령님은 초자연적인(5차원) 역사를 일으키는 살아계신 분입니다. 성령의 역사가 자신 안에서 일어나야 불순물이 쉽게 떠나갑니다. 이유는 불순물 뒤에는 귀신들이 있을 수가 있습니다.

그렇기 때문에 자연스럽게 성령의 역사가 일어나도록 숨을 깊게 들이쉬고 내쉬면서 지속적으로 기도하는 것입니다. 인내하면서 계속 숨을 쉬면서 예수님을 찾는 것입니다. 그러면 자신 안 지성소에서 올라오는 성령의 불의 능력으로 불순물이 떠나가는 것입니다. 지속적으로 기도를 하니까, 성령의 불로 충만하여 불순물이나 귀신이 떠나가는 것입니다. 바르게 알고 기도해야 기도가 쉽고 기도하면서 자신을 치유할 수가 있습니다.

방언으로 기도할 줄 아는 분들은 호흡을 들이쉬고 내쉬면서 방언기도하고, 호흡을 들이쉬고 내쉬면서 방언기도를 합니다. 절대로 목으로 방언기도를 하지 말아야 합니다. 즉 자신의 마음 안 지성소에서 성령의 불이 나오도록 내면의 활동을 강화하라는 것입니다. 자신의 마음 속 영 안 지성소에 계신 성령이 밖으로 나오시게 해야 합니다. 코로는 바람을 들이쉬고 배꼽아래 아랫배로 호흡을 하는 것입니다. 호흡을 들이쉬고 내쉬면서 주여! 하다가 성령께서 감동을 주시는 것이 있습니다.

예를 든다면 "자녀를 위하여 기도하라!" 하실 수도 있습니다. 그러면 자녀를 위하여 기도하는 것입니다. 자녀에게 문제가 있는 것도 할 수가 있습니다. 자녀에게 바라는 것이 있으면 그것을 기도해도 좋습니다. 기도를 마치고 다시 주여! 주여! 주여! 하면서 기도를 합니다. 다시 성령께서 너의 물질문제를 기도하라고 하실 수도 있습니다. 물질문제를 기도합니다. 물질문제가 어떻게 해서 생겼는지 하나님에게 질문하며 기도합니다. 죄악으로 인한 것이라면 회개를 합니다. 회개하고 계속 성령 안에서 기도하면 성령의 역사로 귀신이 떠나갑니다. 자신이 떠나가라 하여 귀신이 떠나가는 것이 아니고 자신 안에서 성령의 역사가 강하게 일어나니 귀신이 스스로 떠나가는 것입니다. 성령이 충만한 상태이므로 귀신들이 잘 떠나갑니다. 다시 다른 기도를 위하여 주여! 주여! 주여! 하면서 기도를 합니다.

그러면 성령께서 다시 감동을 합니다. 너의 건강을 위하여 기도하라! 그러면 자신의 건강을 위하여 기도합니다. 기도하면서 하나님에게 질문을 합니다. 하나님! 저의 영-혼-육 어느 부분이 문제가 있습니까? 하면서 기도하여 조치를 취하면 됩니다. 무엇을 결정해야 할 경우는 어느 정도 기도하여 성령으로 충만한 상태가 되면 지속적으로 문의 하는 것입니다. 이것을 어떻게 해야 합니까? 이것을 어떻게 해야 합니까? 이것을 어떻게 해야 합니까? 지속적으로 질문을 하면 문득 떠오르는 생각이 있습니다. 이것이 하나님의 방법입니다. 이것을 해결하면 치유가 되는 것입니다. 이것이 성령으로 기도하는 것입니다. 어려울 것이 없습니다.

자신의 생각이나 욕심을 내려놓고 순수하게 성령을 따라 기도하는 것입니다. 보통 성도님들이 하시는 말씀대로 기도분량이 채워지니까 성령께서 알려주신 것입니다. 기도분량이 채워졌다는 것은 성령님이 역사하실 수 있는 영적인 상태가 되었다는 것입니다. 하나님의 나라가 되었다는 것입니다. 절대로 성령은 육의 상태에서 응답을 주시지 못합니다.

반드시 성령으로 충만한 영의 상태가 되어야 레마를 들려주십니다. 그러므로 영의 상태가 되도록 성령으로 깊은 영의기도를 해야 합니다. 영의 상태에서 하나하나 감동이나 음성으로 알려주시는 것입니다. 기도의 성공요소는 영의 상태에 들어가는 것입니다. 자신 안에 있는 성전기도를 하는 것입니다. 성전기도로 영의상태가 되니 성령님과 교통할 수가 있기 때문입니다.

넷째, 기도하는 장소를 바르게 해야 한다. 필자가 어느 날 새벽에 기도하니까, 성령하나님께서 이렇게 감동하시는 것입니다. "왜 무당들이 유명한 산에 올라가 장구치고 북치고 하면서 기도하는지 알고 있느냐" 잠시 생각을 해보니까, 유명한 산에 역사하는 산신령을 접신 받으려고 유명한 산을 찾아 기도한다는 생각이 떠올랐습니다. 그래서 "산에 역사하는 산귀신을 접신 받으려고 산에 가서 기도하는 것입니다." 했더니 성령께서 "그렇다. 산에 역사하는 산신령을 접신 받으려고 산에 가서 기도하는 것이다." 말씀하시는 것입니다. 그러면서 자네는 어디에서 기도를 해야하느냐고 질문하십니다. 그래서 내 안에 하나님께서 주인으로 계시니 내 안에 관심을 집중하고 기도하면 된다고 했습니다.

맞는다고 하시면서 다른 목회자들이나 성도들에게 알려주어 기도 장소의 계념을 바르게 알고 기도하도록 하라고 말씀하셨습니다. 크리스천은 기도는 하나님이 계시는 자신 안에 마음 성전에 집중하여 기도하게 하라는 것입니다. 기도는 자신 안에 계신 하나님께 기도하시기를 바랍니다. 우리 성도들의 의식이 기도하려면 "기도원가야 한다. 산에 가야한다. 교회예배당에 가야한다." 로 고정되어 있기 때문에 자신의 심령에 관심이 두지 않습니다. 자신의 마음에 관심을 두지 않기 때문에 예수를 믿으면서도 변화되지 못하는 것입니다. 그렇다고 교회예배당이나 기도원에 가서 기도하지 말라는 말로 이해하면 안 됩니다. 교회예배당에 가서 기도에 대하여 바르게 배우고 바르게 해야 합니다. 교회예배당에 가서 성령으로 세례도 받아야 합니다. 필자는 자신 안에 계신 하나님께 관심을 가지고 기도하라는 것입니다.

　기도는 자신 안에 계신 하나님께 기도하여 자신이 하나님의 입장이 되어 하나님의 길을 제대로 따라가고 있는지, 바르게 가고 있는지, 돌아가고 있는지를 보는 것입니다. 그리고 자신 앞에 있는 문제를 하나님께 기도하여 하나님의 해결 방법을 알아내는 것입니다. 그리고 알려주신 해결방법대로 순종하기 위해서 기도하는 것입니다. 기도는 하나님께 무엇을 얻어내려고 하는 것이 절대로 아닙니다. 자신의 상처를 치유하고, 성령으로 충만하며, 하나님과 대화하기 위하여 기도하는 것입니다. 지친 영혼의 쉼을 얻기 위하여 기도하는 것입니다. 기도는 영-혼-육이 쉼을 얻는 시간이라고 생각하며 성령으로 해야 합니다. 이 중요한 기도가 잘못되면 먼저 영혼이 만족을 누리지 못하는 것입니다. 다음은 혼이 만족을 누리지 못하니 정신이 안정되지 못하고 산란한 것입니다. 더 진전이 되면 육체의 질병으로 발생합니다. 따라서 예수를 믿으면서도 세상 사람들과 똑같은 영육간의 고통을 당하고 사는 것입니다.

12장 깊은 영의기도하며 신앙 영성관리

(시131:2)"실로 내가 내 영혼으로 고요하고 평온하게
하기를 젖 뗀 아이가 그의 어머니 품에 있음 같게 하였
나니 내 영혼이 젖 뗀 아이와 같도다."

코로나19 시대에 영성을 깨우며 성령 충만하게 살아가려면
기도를 성령으로 깊게 해야 합니다. 우리가 깊은 영의기도의 단
계에 들어가기 전에 통과해야 할 관문이 있습니다. 이는 부르짖
는 기도의 단계입니다. 부르짖는 기도를 하지 못하는 성도가 깊
은 영의기도를 하면 영이 막힐 수가 있습니다. 반드시 부르짖는
기도를 하여 막힌 영의통로를 연 다음에 깊은 영의기도의 단계
에 들어가야 한다는 것을 강조하고 싶습니다. 부르짖는 기도를
너무나 어렵게 생각할 필요는 없습니다. 호흡을 배꼽아래까지
들이쉬고 내쉬면서 주여! 하면서 연속적으로 하면 영의 통로가
열리게 됩니다. 호흡을 배꼽아래까지 들이쉬고 내쉬면서 주여!
주여! 주여! 를 연속적으로 하면 되는 것입니다.

깊은 영의기도는 "쏘다, 던지다, 또는 숨쉬다, 호흡하다."에
서 나온 말로 하루에 몇 번이라도 화살을 쏘듯이 하나님께 바쳐
올리는 짧은 영의기도, 한 번 숨쉬고, 두 번 숨 쉬는 가운데 호
흡처럼 함께 계속적으로 자연스럽게 반복하여 영으로 기도하는
것입니다. 깊은 영의기도에 이르는 방법은 이렇습니다. 깊어져

가는 순서에 따라 3단계로 구분합니다. 깊은 영의기도 첫 단계는 소리를 내며 기도하는 육의 기도입니다. 두 번째 단계는 마음으로 하는 마음의 기도 단계입니다. 세 번째 단계는 깊은 영의기도의 마지막 단계로서 두 번째 단계 마음의 기도를 계속하여 마음의 기도에 몰입할 때 자신도 모르는 순간에 들어갈 수 있는 깊은 영의기도입니다.

첫째, 깊은 영의기도 1단계: 영혼이 소성하는 깊은 영의기도의 1단계는 소리 내어 하는 기도입니다. 깊은 영의기도의 첫 단계는 소리를 내어 또박또박 천천히 기도하는 것입니다. 이때 급하게 하지 말고 정신을 집중하여 기도 문장의 의미를 깊이 의식하면서 반복해야 합니다. 이 단계는 [영] [혼] [육]중에서 "육으로 기도하는 단계"입니다. [영] [혼] [육]이란, 사람을 삼등분(삼분)하여 표현한 말입니다. (살전 5:23) "평강의 하나님이 친히 너희를 온전히 거룩하게 하시고 또 **너희의 온 영과 혼과 몸이** 우리 주 예수 그리스도께서 강림하실 때에 흠 없게 보전되기를 원하노라."

이는 앞으로 깊은 영의기도를 숙달하는데 핵심적이고 가장 중요한 요소이며 구별하고 알기가 무척 어려운 부분입니다. 필자가 기도문을 깊은 영의기도를 숙달하기 위하여 훈련할 때 현실 수행에 맞게 효과적으로 만들어 사용한 기도문입니다. "하나님 사랑합니다." "하나님 도와주세요." "하나님 용서해 주세요." "하나님 감사합니다." "하나님! 어떻게 할까요?"

여러 문장을 가지고 기도해 보았으나, 너무 길어서 효율이 떨어지고 나중에 자동으로 반복할 시에도 장애가 됩니다. 한번 자신이 정한 문장을 자주 바꾸면 반복하는데 어려움과 습관화시키는데 오랜 시간이 걸리므로 한번 정할 때에 간단명료하게 정하고 자주 바꾸지 말아야 합니다. 나중에 이 "한번 기도하는데 걸리는 시간"이 "걸을 때에 오른발과 왼발을 한번 내딛는데 걸리는 시간"과 또는 "호흡을 들이쉬고 내쉬는 시간"과 잘 맞아야 합니다. 그래서 필자가 바로 전에 말씀드린 간단한 기도문이 적절하다고 생각합니다. 자기 나름대로 기도문을 만들어 사용해도 됩니다. 자주 바꾸지는 마세요. 나중에 힘들어집니다. 깊은 영적인 상태에 들어가기 어려워진다는 말입니다. 이 음성기도는 무의식에 심기어 자동으로 반복되어지는 것을 경험할 때까지는 계속되어야 합니다. 나중에 2, 3단계 기도에 어려움이 생길 때에는 다시 1단계의 음성기도로 돌아와서 집중력을 길러 다시 올라가야 합니다.

둘째, 깊은 영의기도의 2단계. 영혼이 소성하는 깊은 영의기도 2단계는 마음의 기도입니다. 깊은 영의기도 2단계 기도를 숙달 할 때 "호흡법"을 기도와 연결하면 쉽게 습관화시킬 수 있습니다. 즉 숨을 들이쉬고 내쉬는 동작을 한 사이클로 해서 반복합니다. 조용하고 편안한 곳, 기도에 방해받지 않고 집중하여 기도할 수 있는 자세를 취하시기를 바랍니다. 의자 등거리에 등과 엉덩이를 밀착하여 앉거나, 무릎을 꿇고 하는 것도 좋습니다. 본인이 하기 좋고, 편안하고, 자기를 낮추어 겸손하게 만드는 자세를 취하는 것이 좋습니다.

예를 들면, 숨을 들이쉬면서, "하나님" 하고, 숨을 내쉬면서 "사랑합니다." 하세요. 자연스럽게 호흡하는 속도로 하면 됩니다. 숨을 내쉴 때에 "사랑합니다."라고, 말한 뒤에도 계속 기도 내용에 집중하여 머물러 있으면 좋습니다. 또 다른 방법은 숨을 들이쉬고 내쉬면서, "하나님 도와주세요." 하고, 숨을 들이쉬고 천천히 내쉬면서 "하나님 용서해 주세요." 이렇게 하는 것은 특별한 왕도가 없고 본인이 편안하고 오래 집중적으로 할 수 있으면 됩니다.

절대로 남이 그렇게 했다고 따라서 할 필요는 없다는 것입니다. 2단계는 목소리를 죽이고 우리 머리의 생각을 죽이고 마음에 고도로 집중하여 기도합니다. 즉 우리의 "마음"을 이용하여 하는 기도입니다. 1단계 음성기도가 깊어지면 2단계 마음의 기도는 자연스럽게 반복됩니다. 오랜 시간 기도할 때 소리 내어 기도하는 발성기도로 오래하면 피곤하고 지치므로 1시간은 발성기도, 1시간은 마음의 기도를 하면 서로 조화를 이루는 기도가 됩니다.

이 마음의 기도가 안 되고 정신이 산란해지면 발성기도로 다시 돌아가야 합니다. 잘못하면 잡념에 사로잡히고 기도문이 막히는 경우도 생깁니다. 잡념을 해결하는 방법은 소리를 내어 발성 기도를 하든지, 계속적으로 예수님을 찾든지, 또는 찬양을 하든지, 성경을 읽고 잡념을 몰아내든지, 지옥이나 예수님의 십자가 죽음을 묵상하든지 등등으로 해결책을 찾아야 합니다. 절대로 잡념은 "떠나가라. 떠나가라." 하지 말고 지속적으로 예수님을 찾으면서 기도하면 자신 안에서 올라오는 성령의 권능으로 잡념이 떠나가고 사라지는 것입니다. 잡념의 원인은 내 안의 죄악과 세상에 대한 정욕들 때문입니다. 회개하고 용서하고 겸손해지면 잡념은 물러갑니다. 잡념에 관심을 두지 말고 지속적으로 기도를 하면 잡념은 사라집니다.

셋째, 깊은 영의기도의 3단계. 영혼이 소성하는 깊은 영의기도 3단계는 가장 어려운 단계로 영으로 하는 기도입니다. "정신의 핵심"인 영이 거처하는 마음 안에 내려가 영과 하나가 되는 성령의 기도입니다. 즉 혼의 가장 깨끗한 핵심 부분인 "누스"(Nous)가 영과 결합하여 성령으로 드리는 영의기도입니다. 이 기도는 1,2단계 기도가 충분히 발전되어 자동으로 깊은 영의기도가 24시간 쉼 없이 이루어질 때에 일어납니다. 쉬지 않고 하나님을 찾으며 기도하는 단계입니다.

항상 성령의 임재 가운데 있는 상태입니다. 즉 회개와 겸손과 희생으로 영-혼-육이 충분히 정화되고 성령의 조명을 받을 때에 일어납니다. 이때에 하나님을 대면하며 그의 현존과 임재를 느끼며, 우리의 全人(영.혼.육)이 치유되고 통합되는 신비한 체험을 합니다. 쎄오리아(Theoria), 즉 하나님을 "바라봄"(Contemplation: 봄, 임재 하심을 느낌, 현존을 체험)이라는 최고의 단계에 이릅니다. 이것은 어떤 부정적 의미의 신비주의나 엑스타시가 아니라, 성령의 역사로 내 전인이 변화를 받아 지혜와 사랑을 얻기 위한 성령하나님의 은총의 체험입니다.

이 바라봄의 결과로 하나님이 주신 성령의 불과 능력이 흘러나오며, 하나님이 주시는 참 지혜가 생기며, 세상을 향해 베풀 수 있는 사랑을 하나님으로부터 받게 됩니다. 저는 이 기도를 통하여 저의 영육의 치유와 깊은 영성을 유지하며 사역을 하고 있습니다. 이 깊은 영의기도 3단계에 의식적으로 들어가야 하겠다고 생각하면 절대 들어갈 수 없습니다. 2단계 마음의 기도를 집중적으로 몰입해서 계속하다가 보면 어느 순간에 영의기도에 들어갑니다. 영의 기도의 최고의 경지로서 여러 가지 영적 체험을 할 수 있습니다. 이 단계에 들어가려면 많은 훈련과 의지와 노력이 필요합니다. 마음과 같이 쉽게 되지 않습니다.

넷째, 깊은 영의기도를 숙달하는 여러 방법

1) 심장기도: 심장박동에 맞추어 깊은 영의기도를 하는 것입니다. "예수여~ 나를 도우소서"라는 기도문을 심장 박동에 맞춤으로 기도에 다른 생각이 들어가지 못하게 하는 것입니다. 심장박동에 맞춤으로 생각과 마음을 분리시키는 것입니다. 그리

고 이 간단한 문장에 트럭에 짐을 실어 보내 듯 문제를 실어서 주님에게 보내시기 바랍니다.

① 자신의 심장박동에 정신을 집중하세요.

② 손을 심장부분에 대어서 박동을 감지하세요.

③ 심장의 박동에 한 단어 또는 절반을 실어서 마음으로 기도문을 외우세요.

④ 기도문을 박동에 실어서 규칙적으로 기도하세요. 짧게 또는 길게 하여도 무방합니다.

2) 시계 초침 소리에 맞춰서: "예수님…. 사랑합니다." 반복하며 기도하는 것입니다. 먼저 십자가에 달리신 주님과 부활하신 주님을 생각하세요. 영광중에 다시 오실 예수님을 상상하세요. 모든 권세를 예수님은 지니고 계십니다. 그 분을 내 마음에 담고 내 마음에 충만히 거하시게 하며 예수님의 사랑을 마음에 가득히 소유하세요.

3) 호흡기도: 기도문을 호흡을 할 때, 숨을 가만히 들어 마시면서 "예수님을…." 부릅니다. 다시 호흡을 내 쉬면서 "사랑합니다." 계속 반복하면 마음이 안정되며, 정신이 맑아지며, 마음이 평안해지며, 심령 깊은 곳에서 성령의 역사 주님의 임재가 시작됩니다. 계속하다가 보면 자신 안의 하나님의 보좌와 연결되는 영적인 상태가 되는 것입니다.

4) 걸으면서 기도: 한 발자국씩 걸을 때 '예수님' 다음 발자국에 '사랑합니다.' 이렇게 계속 걸어가면서 기도합니다.

5) 맥박 기도: 한 손을 가슴에 대거나 맥박을 느낄 수 있는 손목에 대거나 해서 한번 맥박이 뛸 때 '예수님…' 다음번에 '사랑합니다.'를 반복하세요. 맥박에 집중하며 기도합니다.

6) 잠자기 전에 잠자면서 기도: 음악을 잔잔하게 틀어 놓는 것이 좋습니다. 순수한 악기로만 연주된 찬양이 좋습니다. 가슴에 손을 얹고 "예수님 사랑합니다."를 반복하세요. 그러면서 잠을 자는 것입니다.

7) 전철에서 기도: 전철을 타면 기차 레일에서 반복적으로 나는 소리에 한 번에 '예수님' '사랑합니다.'를 반복하세요.

8) 일을 하면서 하는 기도: 마음으로 "예수님 사랑합니다." "예수님 도와주세요." "예수님 어떻게 할까요?" 우리의 모든 공간(생각, 마음, 영혼)을 거룩한 예수님의 이름으로 가득히 채워야 합니다. 우리 안에 이름이 채워져 있으면 있을수록 혼돈, 무질서, 음란, 욕심, 불안함, 두려움, 좌절감과 같은 부정적이며 나에게 피해를 주는 나쁜 감정, 생각들이 나에게 영향을 주지 못하게 되고 주님이 주시는 평안과 위로와 소망이 늘 나의 마음과 생각을 주장하게 됩니다. 처음에는 깊은 영의기도가 무료하게 느껴질 수 있습니다.

그러나 인내하며 계속하면 자신의 메마른 심령에서 맑은 물이 어디선가 흘러 들어오는 것을 느낄 수 있습니다. 내 영혼 깊은 곳에서 마치 새벽이 오는 것처럼 마음이 밝아오는 것을 내면에서 느껴집니다. 예수 기도를 반복하여 자신의 영혼에 불을 피어나게 해야 합니다.

다섯째, 영성이 깊어지고 영이 깨어나는 깊은 영의기도의 실천. 성령님을 먼저 요청하세요. 손을 가슴에 얹고. 편안한 자세, 간편한 옷을 입고, 배가 고프지도 않고, 너무 부르지도 않은 상태에서, 조용한 시간으로 잠자기 직전, 직후의 1-2시간을 택해서 하면 좋습니다. 부부가 같이 하면서 서로 기도해 주면 더욱 좋습니다. 조용한 장소로서 소파 같은 곳, 약간 딱딱한 곳이 좋습니다. 찬양 음악이 있으면 좋습니다. 순수한 악기로만 연주된 찬양이 좋습니다. 시작 전에 조용한 찬양을 하거나 들으세요.

그러면서 성령님에게 집중하세요. 성령님을 자꾸 찾으세요. 단조롭게 성령님을 부르세요. 도움을 요청하세요. 감사와 사랑을 고백하세요. 그러면서 가만히 있으세요. 마음속에 성령님을 느끼세요. 호흡이 약간 빨라집니다. 긴장이 풀리면서 눈까풀이 떨거나 표정이 평안하게 됩니다. 불이 심령에서 올라오고, 약간 몽롱한 상태, 그러나 마음이 부풀어 오르는 것 같은 상태를 느낄 수 있게 됩니다. 포근함, 안락함, 짐을 내려놓은 느낌을 가지게 됩니다. 그러면서 계속 성령님을 찾으세요. '성령님, 임하소서' '성령님 사랑합니다.'하고 자꾸 성령님을 부르세요.

그러면서 시간의 개념으로부터 분리 되려고 해야 합니다. 외부적인 감각이 꺼지면서 내면의 활동이 강하게 됩니다. 그 자체가 이미 기쁨이 넘치며 많은 은혜가 임하게 됩니다. 깊은 영의

기도는 우리에게 신비한 체험을 하게 합니다. 날마다 영으로 깊은 영의기도를 하여 신비한 체험을 하고 간증하는 모두가 되시기를 바랍니다.

여섯째, 깊은 영의기도 체험. 깊은 영의 기도는 처음에 막연하고, 허무하고, 공백상태 같고, 시간낭비, 게으름 같은 느낌을 가집니다. 그러나 그렇게 생각하지 말아야 됩니다. 자꾸 하면 할수록 자신의 영성과 성품의 변화를 체험적으로 느끼게 됩니다. 의지를 가지고 숙달하여 보시기를 바랍니다. 평소에 삶의 대부분을 정신 활동에 익숙해 왔기 때문에 마음의 활동이 무의미하거나, 이상하게 느껴질 수도 있습니다. 그러나 꾸준히 계속하면 놀라울 정도의 영적 발전을 하게 됩니다. 중요한 것은 불씨를 얼마나 귀하게 간직하고 키우는가 하는 것입니다. 지속적인 훈련이 중요합니다. 절대로 중간에 훈련을 놓치지 말아야 합니다. 깊은 영적 기도는 참으로 신앙생활의 보물이요 금맥입니다. 코로나19시대를 이기는 능력이 자신 안에서 올라옵니다. 많은 것이 이 깊은 영적 기도를 통해 옵니다.

성령과 교제하는 깊은 영의 기도에서 중요한 것은 깊이 들어가는 것입니다. 깊이 들어가야 맑은 생수가 나오게 됩니다. 전에는 조금만 파도 되었으나, 이제는 오염되었으므로 깊이 파야 합니다. 깊이 파는 훈련을 게을리 하지 말아야 합니다.

문제는 지속적인 훈련입니다. 얼마나 계속하느냐 입니다. 이것이 바로 믿음입니다. 믿음으로 계속하는 것입니다. 익숙해질 때까지 감각, 감정, 지성, 이성, 의지, 상상력을 최대한으로 중지한 상태에서 기도하다보면, 자신의 깊은 곳에서 무엇인가 새롭고 신비스러운 능력이 활동하며, 그러는 사이에 자신도 모르는 사이에 내적, 육체적 상처가 치유되며, 성품이 새로워지며, 삶의 소망과 기쁨이 넘치며, 영성이 발달되며 영감과 지혜가 발달되며, 신앙의 궁극적 목적인 하나님을 뜨겁게 사랑하게 됩니다.

깊은 영의기도를 하려면 먼저 불같은 성령을 체험해야 합니다. 그리고 마음의 상처를 치유해야 합니다. 이것도 대충이 아니라 완전하게 치유되어야 합니다. 목회자라면 사모님과 같이 내적치유를 받는 것이 좋습니다. 필자가 이제 좀 영적인 눈을 뜨고 목회를 하다 보니 목회가 그렇게 말같이 쉬운 것이 아닙니다. 목사 안수 받았다고 목사가 되는 것도 목회하는 것도 아닙니다. 영육의 많은 준비가 중요합니다. 그것도 사모님하고 같이 준비해야 합니다. 그래서 저는 내적치유를 1년을 받고 깊은 영의기도 훈련을 받아, 깊은 영의기도에 대한 이론을 숙지하고 직접 깊은 영의기도를 숙달하는 개인 훈련을 약 7개월 동안 주야를 불문하고 마치 미친 사람같이 기도를 하고 다녔습니다.

그러다가 숙달하게 되었습니다. 성도나 목회자가 영적으로 바꾸어지는 것이 그렇게 대충 쉽게 되는 것이 아닙니다. 많은 목회자 분들이 대충해서 능력을 받으려고 하는데 마음부터 바꾸어야 합니다. 의지와 노력이 필요합니다. 깊은 영의기도에 돌입하면 이런 현상이 나타납니다. 마음속에서 불이 올라오는 것을 느낍니다. 얼굴이 성령의 불로 화끈 거리기도 합니다. 손에서 불이 나오는 것을 느끼기도 합니다. 그러면서 마음에 참 평안이 찾아옵니다. 잠을 자는 것도 아니고 그렇다고 쉬는 것도 아닌 몽롱한 현상이 찾아옵니다. 너무너무 평안해집니다.

그러면서 온몸을 성령께서 만져주십니다. 뭉친 근육도 풀어주시고, 관절과 관절 사이의 아드레날린도 풀어주시고, 허리 디스크 어긋난 곳도 허리를 돌리면서 흔들어 맞추어 주시고, 막힌 영의 통로도 뚫어 주시면서 재채기도 하게 하시고, 하품도 나오게 하시고, 입에서는 계속 불이 나오고, 얼굴은 성령의 불로 화끈 거리고, 몸은 가누지를 잘못합니다.

그러니까, 잘 모르는 성도는 목사님이 기도 안 하시고 주무신다고 할 정도로 몸을 가누기가 힘이 듭니다. 좌우지간 무아지경에 빠지게 됩니다. 이렇게 깊은 임재에 들어가 있을 때 누가 지나가면서 좋지 못한 소리하는 것까지 다 느낍니다. 예를 들어 옆에 지나가는 성도가 목사님 기도 한다더니 자고 있고만, 하는 성도의 생각까지 감지하게 됩니다.

이러한 현상을 말로 표현한다는 것이 좀 그렇습니다. 어찌하든지 체험해 보면 이해하게 됩니다. 그러면서 성품이 변하고 세상 욕심이 없어지고 영육의 건강이 회복됩니다. 그러므로 깊은 영의기도를 하면 영육의 건강에도 무척 도움이 됩니다. 깊은 영의 기도를 숙달하여 보시기를 바랍니다.

13장 마음으로 기도하며 신앙 영성관리

(습 3:17)"너의 하나님 여호와가 너의 가운데에 계시니 그는 구원을 베푸실 전능자이시라 그가 너로 말미암아 기쁨을 이기지 못하시며 너를 잠잠히 사랑하시며 너로 말미암아 즐거이 부르며 기뻐하시리라 하리라"

코로나19 시대에 영혼이 성령 충만한 상태로 지내기 위하여 마음으로 예수님을 찾는 기도를 숙달하여 보시기를 바랍니다. 마음으로 예수님을 찾는 깊은 영의기도는 우리의 영 안에 계신 성령으로 충만하게 하는 기도 방법입니다. 마음으로 예수님을 찾는 깊은 영의기도는 다른 기도를 대치하려는 것이 아니라, 단순히 다른 기도들에게 새롭고도 충만한 시간을 갖도록 해줍니다. 기도 중에는 하나님께서 내 안에 현존하시고 활동하심을 믿고 동의해야합니다. 기도를 마치고 세상에서 살아갈 때도 언제나 마음으로 예수님을 찾는 것입니다. 우리가 세상을 살아가는 시간에는 우리의 주의가 밖으로 옮겨가서 어디에나 임재 하여 계시는 하나님의 현존을 발견하게 됩니다.

기도의 단어는 내 안에서 하나님께서 현존하시면서 활동하심에 동의한다는 나의 지향을 상징하는 거룩한 단어를 선택합니다. 편안히 앉아서 눈을 감고 자세를 취한 다음에 하나님께서 내 안에 현존하시고 활동하심에 내가 동의한다는 상징으로 그 거룩한 단어를 의식 속에 불러들입니다. 어떤 잡념이 자신의 기도를 방해한다는 것을 알아차리면, 아주 부드럽게 그 거룩한 단어로 돌아갑니다. 기도가 끝날 때에는 눈을 감고 호흡을 들이쉬고 내쉬면서 2분 여간 침묵 속에 머뭅니다.

첫째 마음으로 예수님을 찾는 기도문의 선택. 먼저 "하나님께서 내 안에 현존하시면서 활동하심에 동의한다는 나의 지향을 상징하는 거룩한 단어를 선택합니다." 거룩한 단어는 하나님 현존 안에 머물면서 그분의 활동에 나를 맡겨드리겠다는 우리의 마음을 나타냅니다. 거룩한 단어는 간단한 기도를 하면서 성령께 우리에게 적합한 단어를 달라고 청하여 선택합니다. (예: 주님, 예수님, 하나님아버지, 성령님, 예수능력, 예수치유, 예수권능, 예수천국, 예수사랑, 예수평화, 믿음, 소망, 등). 일단, 거룩한 단어를 선택했으면, 기도 중에는 바꾸지 말아야 합니다. 그렇게 되면 또 다른 잡념을 끌어들이는 계기가 될 수 있기 때문입니다.

어떤 사람에게는 거룩한 단어보다 내면으로 단순히 하나님을 찾으면서 하나님을 바라봄이 더 적절할 수도 있습니다. 이러한 경우에는 그분을 바라보는 것처럼, 내면으로 하나님께 향함으로써 하나님의 현존과 활동에 동의를 합니다. 거룩한 단어와 같은 지침이 여기에도 적용됩니다.

둘째, 마음으로 예수님을 찾는 기도에 들어가기. "편안히 앉아서 눈을 감고 자세를 취한 다음, 하나님께서 내 안에 현존하시고 활동하심에 내가 동의한다는 상징으로 선택한 거룩한 단어를 의식 속에 불러들입니다." "편안히 앉는다."는 말은 상대적인 편안함을 말하는데, 즉 너무 편안하여 잠이 들지 않을 정도이며, 동시에 너무 불편하여 기도 중에 몸의 불편함 때문에 신경 쓰지 않을 정도를 말합니다.

어떤 자세를 취하든 등은 곧게 세웁니다. 잠이 들었었다면, 깨어났을 때에 시간 여유가 있으면 몇 분간이라도 기도를 계속합니다. 식사를 마친 뒤에 이 기도를 하면 졸리기 쉽습니다. 식사 후에는 식사 후 1시간 정도 기다리는 것이 좋습니다. 잠자기 직전에 이 기도를 하면 잠자는 습관을 해칠 수도 있습니다. 우리 주변과 내면에서 돌아가는 것들을 떠나보내기 위해 눈을 감습니다. 부드러운 솜 위에 새 깃털을 얹듯 아주 부드럽게 거룩한 단어를 의식 속으로 불러들입니다.

셋째, 잡념이 들어 올 때 조치방법. "잡념이 의식 속에 들어왔음을 알아차리면 아주 부드럽게 거룩한 단어로 돌아가야 합니다." 거룩한 단어로 돌아가라는 말은 기도하던 기도문대로 기도를 계속하라는 말입니다. 잡념을 인위적으로 몰아내려고 애쓰지 말고 계속적으로 예수님을 찾는 것입니다. 자신의 내면에서 올라오는 성령의 권능으로 잡념이 물러가는 것입니다. '잡념'이란 감각적 지각, 감정, 영상, 기억, 사색, 그리고 비평 등과 같은 모든 지각 내용을 다 포괄하는 용어입니다.

잡념을 몰아내는 것은 마음으로 예수님을 찾는 깊은 영의기도의 중요한 관건입니다. 잡념이 들어오면 "아주 부드럽게 거룩한 단어로 돌아간다."는 말은 최대의 노력으로 하라는 말입니다. 최대의 노력으로 성령의 역사를 불러일으켜서 잡념을 몰아내는 것입니다. 사람의 힘이 아닌 성령의 능력으로 잡념을 몰아내는 것입니다. 계속 마음으로 예수님을 찾으라는 말입니다. 이것이 마음으로 예수님을 찾는 깊은 영의기도 중에 우리가 하는 유일한 행위입니다.

기도 시간 중에 거룩한 단어는 아주 희미해지거나 사라지기도 합니다. 이 말은 기도에 집중하여 몰입하다가 보면 숨을 쉬는 것조차 지각하지 못하게 됩니다. 호흡하는 것도 지각하지 못하는 깊은 경지에 이르게 됩니다.

넷째, 마음으로 예수님을 찾는 기도의 비결. 지속적으로 호흡을 들이쉬고 내쉬면서 거룩한 단어로 예수님을 찾는 것입니다. 잡념이 떠오르고 생기더라도 절대로 방해거리라고 생각하지 말고 지속적으로 거룩한 단어로 기도를 하는 것입니다. 그러면 영의 상태에 들어가게 될 것입니다.

"기도를 끝내려면 눈을 감고 호흡을 깊게 하면서 1,2분간 침묵 속에 머뭅니다." 이 기도를 그룹으로 할 때에는 인도자가

2-3분 동안 마음으로 예수님을 찾는 기도 중에 예수님을 만나는 경지에 이르게 해달라고 하는 '간구기도'를 하고, 다른 사람들은 호흡을 깊게 하면서 인도자의 기도소리를 듣습니다. 이 2-3분은 우리의 정신이 외적 감각세계로 되돌아오는 데 적응하는 시간을 줄 수 있게 하며, 또 일상생활에 이 침묵의 분위기를 가져올 수 있게 도와줍니다.

먼저 소리가 작게 나는 알람을 30분으로 맞춰놓고 편안히 앉아 눈을 감습니다. 그런 다음 몸의 모든 긴장과 내면에서 떠오르는 잡념들이 떠나가게 놓아둔다는 마음으로 두세 번 정도 깊은 심호흡을 합니다. 그리고 "성령의 임재를 요청합니다." 성령님께서 내 안에 나와 함께 계심을 의식합니다. 의식한다는 말은 하나님의 현존을 "느끼라는 것"이 아니라, "마음으로 생각 한다."는 의미입니다. 준비기도가 끝나면 먼저 바깥에서 들려오는 모든 소음들이 의식이 되더라도 그것들에 마음을 빼앗기지 말고 자연스럽게 떠나가도록 놓아둡니다. 떠나가도록 놓아둔다는 말은 그 어떤 것에 대해서도 '관심'과 '주의'를 기울이지 않는다는 말입니다. 이는 깊은 영의기도에 들어가기 위해서 아주 중요한 일입니다.

그런 다음 서서히 자신의 내면으로 돌아와 내면으로부터 떠오르는 모든 생각들, 즉 모든 상상력, 기억, 느낌, 계획, 성찰, 중대한 관심사 등을 떠나보내려고 애쓰지 말고 그것들이 그저 지나가도록 놓아둡니다. 성령의 역사로 정화가 되기 때문에 인위적으로 떠나보내려고 하지 말라는 것입니다.

이제 마음이 가라앉고 차분해졌으면, 자신이 선택한 거룩한 단어(예수능력, 예수 천국, 예수치유. 예수 사랑. 예수 권세 등)를 아주 부드럽게 떠올리고, 그것을 호흡을 들이쉬고 내쉬면서 지속적으로 마음으로 암송합니다. 거룩한 단어를 정확하게 발음하거나 그 의미를 생각할 필요도 없습니다. 다만 하나님의 현존과 그분의 활동에 자신을 온전히 열어드리고 내어드리면서 시간을 보내겠다는 지향의 표현으로 거룩한 단어를 떠올립니다.

그 상태에서 아무것도 하지 말고 하나님의 현존 속에 그대로 머물러 있는 것입니다. 그러면 서서히 여러 가지 잡념들이 계속해서 떠오를 것입니다. 그러나 그 어떤 것도 억지로 몰아내려고 애쓰지 말고 그냥 놓아둡니다. 그러면 그것들은 자연스럽게 흘러가 버릴 것입니다.

그러나 초심자들은 계속해서 떠오르는 잡념에 대해 관심을 갖게 되고, 잡념에 사로잡혀 가게 됩니다. 이렇게 잡념에 빠진 것을 알아차리면, 즉시 아주 부드럽게 거룩한 단어로 돌아갑니다. 거룩한 단어로 돌아가라는 말은 그 단어를 의식 속에 떠올리거나 아니면 마음으로 천천히 암송하라는 의미입니다. 이것이 마음으로 예수님을 찾는 기도 중에 우리가 하는 유일한 활동입니다.

그 밖의 모든 것은 하나님께 맡겨드리고, 그분의 현존 속에 머무릅니다. 이렇게 30분간 기도한 다음, 알람이 울리면 바로 눈을 뜨지 말고 주님을 찾는 기도문을 아주 천천히 암송합니다. "예수님 사랑합니다." "예수님 도와주세요." 어느 정도 시간이 지나면 성령님께 감사기도를 드리고 기도를 마칩니다. 기도를 마쳤다고 기도를 멈추는 것이 아니고, 세상을 살아가면서도 계속 마음으로 예수님을 찾는 것입니다. 그리하여 항상 자신의 마음에 예수님의 임재를 유지합니다. 세상을 살면서도 세상에서 섭리하시는 예수님을 마음으로 느끼면서 살아가는 것입니다.

지금까지 살펴보았듯이 마음으로 예수님을 찾는 기도는 하나님과의 관계를 깊게 하는 기도로, 대화를 넘어 친교로, 능동적 기도에서 수동적이고 수용적인 기도로 옮아가게 합니다.

우리는 단지 하나님께서 현존하시는 골방(우리 내면의 깊은 곳, 마음)에서 온 마음으로 자신을 온전히 열어드리고 내어드리며 "제가 여기 있나이다."하고 주님을 기다리면서 하나님 현존과 활동하심에 동의한다는 "원래의 지향"을 유지하는 것 이외에 아무것도 하지 않습니다. 그러나 우리는 아무것도 하지 않지만, 우리 안에 현존하시는 하나님께서는 엄청난 일을 하고 계신 것입니다.

바로 당신의 사랑으로, 영으로 우리를 영적으로 충전시켜 주시면서, 우리가 그분과 깊고 친밀한 관계를 맺는 데 방해가 되는 모든 장애물 들, 즉 우리 안에 있는 모든 상처와 아픔과 어둠을 정화시켜 우리를 변형시켜 주십니다. 지속적으로 해야 합니다. 지속적으로 하다가 보면 자신도 모르게 성령으로 충만하게 되어 성품이 유순하게 변하는 것을 체험하게 됩니다.

다섯째, 마음으로 예수님을 찾는 영의기도간 나타나는 현상. 가장 많이 나타나는 증상들로부터 언급하면 이렇습니다.

1)몸이 이완됩니다. 근육이 풀리면서 나른해집니다. 주의할 점은 잠들지 않는 것이 좋습니다. 잠들면 그 다음으로 이어지는 성령님의 은혜를 인식할 수 없게 됩니다. 그러나 초기에는 깊이 잠드는 경우가 많습니다. 이는 육체를 치유하시는 은혜이므로 너무 아쉬워할 것까지는 없습니다. 다음에 다시 하면 됩니다. 우리의 몸으로 행한 죄의 찌꺼기를 배출하는 과정입니다. 우리 몸속에 있는 나쁜 영의 잔재들을 주님이 제거하시는 것입니다.

2)몸이 뜨겁거나 전류가 흐르는 것 같습니다. 깊은 호흡을 하면 10여분쯤 지나서 마음이 평안해지면서 몸이 뜨거워지는 것을 느낍니다. 그리고 몸속으로 약한(처음에) 전류가 흐르는 듯합니다. 강하게 느껴지면 가만히 있을 수 없을 정도로 찌릿찌릿함을 느낍니다. 몸이 뜨거워짐으로써 우리 몸이 활동력을 얻게 됩니다. 영적인 능력이 임하게 되는 것입니다. 이 능력은 세상을 이기는 담대함과 마귀의 세력을 이길 수 있는 힘입니다.

3)몸이 무척 아픕니다. 근육에 통증이 옵니다. 심하면 도무지 견딜 수 없을 지경으로 온 몸에 통증이 와서 더 이상 호흡을 계속할 수 없습니다. 평소 몸이 아픈 곳이나 약한 부분이 아픕니

다. 이는 치유의 과정입니다. 우리 몸의 약한 곳을 성령님이 치유하시는 것입니다. 치유는 성령님의 일입니다. 성령님이 임재하시면 우리의 몸이 병들었거나 약한 부분을 주님은 고치십니다. 너무 고통이 심해서 견디기 어려우면 호흡을 중단하십시오. 그리고 다시 시작하십시오. 치유는 단번에 이루어지는 경우는 그리 많지 않습니다. 우리 몸은 서서히 치유되며 회복되는 것이기 때문에 너무 조급해 할 필요가 없습니다. 마음으로 예수님을 찾는 기도를 할 때마다 통증이 온다고 해서 중단하지 마십시오. 치유하는데 여러 달이 걸리는 경우도 있습니다. 전문 치유사역자의 도움을 받으십시오.

4)몸속에 이물감을 느낍니다. 뱃속이 더부룩해지고 몸속에 벌레가 기어가는 것 같은 느낌을 받습니다. 마음으로 예수님을 찾는 기도 전에는 아무렇지도 않던 뱃속이 갑자기 더부룩하고, 소화가 안 되는 것 같은 느낌을 받는 것은 뱃속에 상처나 악한 영이 들어있기 때문입니다. 몸에 이물감을 느끼는 것도 그렇습니다. 성령의 강한 임재로 인하여 악한 영이 피할 곳을 찾아 돌아다니는 것입니다.

속된 표현으로 귀신의 집이라고 하는 것입니다. 우리 몸속에 들어온 악한 영이 자리를 잡고 눌러 앉으려고 만들어놓은 그들의 영역이 분쇄되는 것입니다. 머리가 심하게 어지러운 현상도 마찬가지입니다. 머릿속을 점유하고 있는 악한 영이 요동치는 것입니다. 이 악한 영이 견디지 못하고 떠날 때까지 계속하십시오. 악한 영이 몸에서 나가면 그러한 현상이 사라지고 평안해집니다. 그렇지 않고 계속 심하고 구토가 나고 정신이 혼미해지는 등의 현상이 계속되면 전문사역자의 도움으로 축귀가 필요합니다. 심한 경우는 악령의 음성이 들리는데 매우 위협적이어서 겁이 납니다. 호흡을 중단하지 마십시오. 계속하면 죽여 버릴 거야, 라고 협박하기도 합니다. 그래서 무서워 더 이상 마음으로 예수님을 찾는 기도를 하지 못하고 두려움에 사로잡힙니다. 이러면 이제 그놈에게 끌려 다니는 경우가 생길 수 있습니다. 이런 경우 절대로 두려워하지 말고 숨을 들이쉬고 내쉬면서 기도하는 것을 중단하시지 말고 계속하십시오. 계속하다가 보면 자신 안에서 올라오는 성령의 권능으로 물러가게 되는 것입니다. 이렇게 자신 안에서 겁박하는 것들과 싸워서 이겨야 영성이 깊어지고 권능이 강해집니다. 너무 심하면 주변에 성령사역을 전문으로 하시는 분을 찾아가서 치유를 받는 방법도 있습니다.

5)**서늘한 기운을 느낍니다.** 서늘한 청량감이 온몸을 감쌉니다. 심하면 한기를 느낄 정도입니다. 여름인데도 온 몸이 서늘하고 만져보면 차가움을 느낍니다. 때로는 부분적으로 그러한 현상을 느끼기도 합니다. 악한 영이 드러나서 나타나는 증상입니다. 머리가 맑아지고 정신이 상쾌해집니다. 이는 영-혼-육이 정상으로 돌아왔음을 알려주는 것입니다.

6)**평안하고 몸이 가벼워집니다.** 이 현상은 사실 가장 많이 느끼는 부분입니다. 그런데 왜 나중에 언급하였느냐면, 앞의 현상

들을 경험한 뒤에 오는 현상이기 때문입니다. 우리의 몸의 병과 죄와 악령의 영향 등의 불순한 것들이 성령의 은혜로 치유된 후에 찾아오는 평안함입니다. 마음으로 예수님을 찾는 기도는 이 평안함이 계속 유지되어야 바람직한 것입니다. 성령으로 충만하고 주의 임재가 강할수록 평안하고 고요한 기분이 계속 됩니다. 주님의 위로하심이 임하는 것입니다.

그 밖에도 개인에 따라 독특한 증상들을 경험하게 되지만 그 모든 현상은 치유와 회복이라는 과정에서 나타나는 증상입니다. 그 내용이 무엇을 의미하는지 구체적으로 알 필요는 없습니다. 그것보다 더 중요한 것은 주님과 동행하는 것이기 때문입니다. 걸어 다니는 성전으로 사는 것이 중요합니다. 마음으로 예수님을 찾는 기도를 통해서 얻는 유익은 이루 헤아릴 수 없이 많습니다. 어떤 분들은 시작하는 그 날로 영안이 열리기도 하고 주의 음성을 듣기도 합니다. 이제까지 그토록 원하던 하나님의 임재가 이렇게 쉽게 이루어질 줄 몰랐다고들 고백합니다.

14장 호흡으로 기도하며 신앙 영성관리

(요20:22)"이 말씀을 하시고 그들을 향하사 숨을 내
쉬며 이르시되 성령을 받으라"

성도님들이 기도하기를 어렵게 생각하고 싫어하는 이유는
장구하게 말을 잘하고 소리를 내면서 기도를 하도록 하기 때문
입니다. 기도는 숨을 쉬는 것입니다. 하나님도 사람을 만들고
코에 생기를 불어넣어 생령이 되었다고 기록되어 있습니다(창
2:7). 하나님께서 사람에게 숨을 불어넣어 생령이 되도록 하신
것입니다. 예수님께서도 "이 말씀을 하시고 그들을 향하사 숨
을 내쉬며 이르시되 성령을 받으라."(요 20:22). 예수님도 숨
을 내쉬면서 성령을 받으라고 말씀하셨습니다.

기도는 예수님을 생각하며 숨을 들이쉬고 내쉬는 것입니다.
장구하게 좋은 성경구절을 사용하면서 부르짖는 것이 아니고,
숨을 들이쉬고 내쉬면서 예수님을 찾는 것입니다. 이렇게 기도
해야 필자가 말하는 성전기도가 될 수가 있습니다. 자신이 없어
지니 성령님이 주인이 되셨기 때문입니다. 요즈음 코로나19로
인하여 성도들이 기도를 하지 못한다고 합니다. 큰일입니다. 이
유는 장구하게 말을 하며 소리를 내면서 기도하기를 습관이 되
었기 때문입니다. 기도는 숨을 쉬는 것과 같이 마음 안의 예수님
을 찾으면서 숨을 들이쉬고 내쉬면 되는 것입니다. 이렇게 쉽게
기도해야 자신 안 성전에서 하는 기도를 숙달하게 될 것입니다.

성전기도를 하면서 날마다 하늘나라 천국을 누리면서 성령 충만한 성도로 살아가려면 기도를 숨을 쉬는 것과 같이 성령으로 해야 합니다. 예수님을 믿었다고 하늘나라가 되는 것이 아니고 몸과 혼과 영의 전인격이 성령의 지배 속에 들어가 성령의 인도 속에 있어야 하나님 나라가 되는 것입니다. 마음 안과 밖의 전인격이 성령으로 충만하여 하나님의 나라가 되려면 성령으로 숨을 쉬면서 기도하는 것을 숙달해야 합니다. 숨을 쉬면서 성령으로 기도하여 성령으로 충만하게 하는 방법입니다.

숨을 쉬는 것과 같이 기도하는 성도는 하나님의 집과 성전으로 삶을 살아갑니다. 분명하게 숨을 쉬면서 기도하는 것은 마음으로 예수님을 생각 하면서 찾으면서 숨을 들이쉬고 내쉬는 것입니다. 특히 코로나19 시대와 같이 예배당에서 예배하고 기도하기가 심히 어려운 시대에 숨을 쉬는 것과 같은 기도를 통하여 하나님의 집과 성전으로 살아갈 수가 있는 것입니다. 어디서나 숨을 쉬는 것과 같이 기도할 수가 있기 때문입니다.

세상 사람들이 하는 것과 같이 아무 생각 없이 숨을 쉬는 것이 아닙니다. 바르게 적용해야 할 것입니다. 사람의 생명은 숨에 있습니다. 숨을 쉽게 편안하게 쉬는 사람은 건강합니다. 하나님께서는 흙으로 사람을 지으시고, 그 코에 생기를 불어 넣으셨습니다(창 2:7). 그것이 숨입니다.

숨이 있기 전까지 사람은 생명이 없었으나 숨이 시작되면서 사람은 생명을 얻게 되었습니다. 숨이 풍성한 사람은 생명이 풍성한 것이며, 숨이 약하고 위축된 사람은 생명이 연약한 것입니다. 그러므로 사람이 살기 위해서는 음식과 물을 잘 먹고 마셔야 하지만, 이에 못지않게 숨을 잘 쉬어야 하는 것입니다. 숨을 잘 들여 마시는 것이 생명의 풍성함을 줍니다.

이는 단순한 공기, 산소의 마심이 아니고, 하나님의 영을, 생명을 마시는 것입니다. 숨 기도를 하려면 반드시 성령의 세례를 받아야 합니다. 멍한 상태에서 무념무상으로 기도하면 안 됩니다. 반드시 예수님을 생각하면서 해야 합니다. 그래야 귀신들이 달려들지 못하고 떠나가는 것입니다. 기도는 영의 활동이기 때문에 성령의 역사도 일어날 수가 있고, 귀신역사도 일어날 수가 있기 때문입니다. 성령으로 충만한 가운데 발성으로 기도하여 영의 통로가 뚫려야 합니다. 영의 통로가 뚫리지 않은 성도가 숨으로 기도하면 악한 기운의 영향으로 영이 막힐 수도 있습니다. 우리가 바르게 알아야 할 것은 기도는 영의 활동입니다.

고로 기도는 성령으로 해야 합니다. 많은 분들이 기도하면 무조건 성령이 충만해지는 것으로 알고 있습니다. 이는 한번 잘 생각해 보아야 합니다. 세상 사람들도 기도합니다. 세상 사람들이 기도할 때 누가 들어옵니까? 성도의 기도가 세상 사람들과 같이 똑같은 기도를 한다면 어떤 영이 침입을 하겠습니까?

일부 크리스천이나 목회자들이 숨을 들이쉬고 내쉬면서 기도하는 것에 대하여 의문을 가지고 대하는 분들이 있습니다. 숨을 들이쉬고 내쉰다는 것은 숨을 쉴 때 마음이 열리기 때문입니다. 예수님께서도 "이 말씀을 하시고 그들을 향하사, 숨을 내쉬며 이르시되 성령을 받으라(요 20:22)" 말씀하셨습니다.

숨을 내쉬면서 성령을 받으라고 말씀하신 것입니다. 성령께서 예수님 안에 계시면서 예수님의 숨을 통하여 성령님이 분출되기 때문입니다. 크리스천들도 마찬가지입니다. 하나님은 자신 안에 있는 마음속에 주인으로 계십니다. 자신 안에서 성령의 역사가 분출되어야 합니다. 그래서 숨을 들이쉬고 내쉬면서 기도하라는 것입니다. 성령께서 사람이 마음을 열어야 역사하실 수가 있기 때문입니다. 이상하다고 거부하면 성령께서 자신 안에서 역사하실 수가 없을 것입니다.

첫째, 숨을 쉬며 기도하는 원리. 숨을 쉬는 것과 같이 쉼 없이 기도하면 행복한 삶을 살아간다고 했습니다. 숨은 기도입니다. 죄를 토하고 의를 받아들인다는 의미에서 기도는 숨입니다. 숨은 생명입니다(창2:7). 히브리말로 "영"을 의미하는 루아흐는 바람, 기운, 숨을 말합니다. 예전에 성령님을 거룩한 숨님이라고 번역한 곳도 있습니다. 숨은 영의 공급과 영을 내쉬는 것입니다. 예수님은 "숨을 내쉬며 가라사대 성령을 받으라(요20:19-23)." 숨은 주님을 성령님을 들여 마십니다.

"나 여호와가 말하노라 사람이 내게 보이지 아니하려고 누가 자기를 은밀한 곳에 숨길 수 있겠느냐 나 여호와가 말하노라 나는 천지에 충만하지 아니하냐(렘 23:24)." 내쉬는 숨은 자신 안에서 주님의 권능(기름부음)이 흘러나옵니다. 자신 안에 성령님이 주인으로 계시기 때문입니다. 영적인 호흡을 숨을 잘 쉬면서 살아갑시다. 숨은 자연적 숨(생명을 연장하는 숨)과 영적인 숨 두 종류가 있습니다. 영적인 숨이란 예수 믿고 성령의 세례를 받고 성령의 인도를 받으면서 하는 것을 말합니다. 성령을 들이 마시고 성령을 내 품는 것입니다.

숨과 생명의 충만은 같습니다. 강한 숨은 생명의 충만 입니다. 마시는 숨과 내보내는 숨을 합시다. 들이쉬는 숨은 영적 충전입니다. 내보내는 숨은 영과 신체 정화입니다. 자신의 마음 안에서 성령님의 불이 나오면서 자신의 전인격을 정화하십니다. 물은 혈액과 같은 역할을 합니다. 물은 구름, 바람이 움직이듯이 숨이 혈액의 흐름 움직여줍니다. 숨은 강하고 깊어야 합니다. 자신의 성품을 바꾸게 될 것입니다.

이단들이 영은 보이지 않다고 하면서 자신에게 예수님의 영이 임재 했다고 신도들을 속입니다. 그것은 시뻘건 거짓말입니다. 성령님이 사람을 통과하면 보입니다. 예수님이 얼굴에 나타납니다. 언행으로 나타납니다. 행동으로 나타납니다. 열매로 나타납니다. 숨으로 기도하면 내면이 강화되면 자신에게서 보이는 형상으로 나타난다는 것입니다. 얼굴을 보면 알 수가 있는 것입니다. 그러므로 성도들은 성령의 역사와 귀신의 역사를 분별하는 분별력을 길어야 합니다. 숨은 자신의 영-혼-육과 내면과 외면을 성령님의 지배속에 들어가는데 참으로 중요합니다.

약한 숨은 문제가 있습니다. 심 패 기능이 약하기 때문에 숨이 약한 것입니다. 숨을 쉬면서 기도를 하는데 숨이 잘 쉬어지지 않는 다면 내면세계가 불안정한 것입니다. 마음 안이 비정상적인 것입니다. 하루라도 빨리 성령으로 세례 받고 기도하여 영의 통로를 뚫어야 합니다. 숨은 에너지이며 생기이며 기운입니다. 숨이 약한 사람은 원수 마귀 귀신의 노예 생활에 가까워집니다. 비난 충격과 꾸지람 듣고 야단을 맞게 되면 숨이 약해집니다. 숨과 기운은 이렇습니다. 숨을 쉬는 힘은 그 사람의 생명력입니다. 풍선을 많이 불면 힘이 빠지고 어지러워집니다. 숨을 불어넣어 불은 풍성은 생명의 풍성입니다. 운동은 숨을 확장시켜줍니다. 숨은 나쁜 기운을 배출합니다. 한숨, 눈물, 불평도 배출합니다. 그러나 근심 두려움 원망 분노 등 악한 생각이나 감정에 사로잡힘은 자살 행위입니다. 악한 기운이 자리잡으면 온갖 재앙을 일으킵니다.

기체의 악성 에너지가 시간이 지나면 암, 결석 등 고체에너지가 됩니다. 주여! 하면서 발성 기도를 통하여 숨을 충분히 배출해야 합니다. 거친 숨은 심장의 경고입니다. 주님의 음성을 들으려면 성령의 임재 가운데 부드럽고 깊고 자연스러운 숨을 쉬는 훈련을 해야 합니다. 대화중 제3자가 들어오면 싸늘해지기도 합니다. 생각을 바르게 해야 합니다. 호랑이도 제 말하면 옵니다. 성령님을 생각하면서 숨을 쉬면 성령으로 충만해집니다. 그러나 세상 근심이나 분노와 혈기를 가지고 기도하면 악령으로 충만해집니다. 영혼의 감각으로 알게 됩니다. 중보기도자는 상대의 상태를 느낍니다. 자신 안의 쓰레기를 성령으로 정화 시킬 능력이 없으면 대화와 접촉을 조심해야 합니다.

둘째, 숨을 쉬듯이 기도하는 방법

1) 숨을 쉬면서 하는 기도: 꼭 성령으로 세례를 받고 성령의 충만함으로 성령의 지배가운데 진행해야 합니다. 성령 세례 받

지 않고 하는 숨 기도는 사찰에서 하는 명상기도와 다를 바가 없습니다. 반드시 성령으로 숨을 쉬며 기도를 해야 합니다. 그래야 전인격이 성령의 지배를 받게 됩니다.

① 코로 숨을 들이 마시며 "예수님 사랑합니다." 숨을 내쉬면서 "예수님 사랑합니다."

② 코로 숨을 들이 마시며 "예수님" 숨을 내쉬면서 "사랑합니다." 지속적으로 "예수님" 숨을 내쉬면서 "사랑합니다." 그러면 성령으로 충만해지는 것입니다. 성령충만을 의심하지 말고 믿고 지속해야 합니다.

③ 입을 벌려 작은 마음의 소리로 하기도 합니다. 입이나 목으로 하는 기도는 될 수 있는 대로 하지 않는 것이 좋습니다. 목이 상할 수가 있기 때문입니다. 예수님을 생각하며 숨을 들이 마시고 내 쉬면서 주여! 숨을 들이 마시고 내 쉬면서 주여! 하면서 기도해도 내면이 정화됩니다.

④ 속으로 예수님이나 성령님을 생각하면서 기도를 드리기도 합니다.

⑤ 손을 심장에 대고 심장의 고동에 맞추어서 계속합니다. 반복합니다. 수 천, 수 만 번을 반복합니다. 그리스도인들이 예수님을 부르는 것은 주님과 가까운 교제를 위하고, 성령으로 충만하게 하기 위하여 부르는 프러포즈입니다.

이런 기도를 심장기도, 예수 기도라고도 하며, 숨, 심장박동, 걸음걸이에 맞추어서도 해보세요. 필자는 하루에 80분정도 걷기를 합니다. 그 때 예수님을 부르면서 숨을 쉬며 기도를 합니다. 예수 충만(성령 충만), 예수 사랑, 나의 하나님 식으로 바꾸어서도 할 수 있습니다. "오~ 주님! 제 마음 안에 충만하게 채워지소서." "성령님 어떻게 해야 할까요?" 이렇게 기도하면서 숨을 쉬는 것이 좋습니다. 마음으로 예수님을 생각하고 집중하면서 숨을 쉬는 기도를 합니다.

2) **코로 숨을 쉬십시오.** 아랫배에 의식을 두고 들이쉬는 숨에 마음을 싣고 감사와 기도를 심어서 드립니다. 입으로 숨을 쉬면 입이 마르거나 목이 붓거나 아플 수도 있습니다. 입 냄새가 심해지기도 합니다. 반드시 코로 숨을 쉬는 버릇이 되어야 합니다. 주님의 기운이 임하시고 나타나심을 믿고 합니다.

3) **숨을 의식하십시오.** 숨이 기도인 것을 의식하고 주님께 사랑과 감사의 마음으로 고백하면서 하는 것이 중요합니다.

4) **배출 숨을 쉴 때 가슴이 답답함을 느낄 때는 장애물이 있는 경우입니다.** 예수님을 부르면서 계속 숨을 쉽니다. 성령이 충만한 가운데 가슴에 힘을 주고 트림하여 배출합니다. 안되면 후~, 후~ 하고 숨을 크게 쉬세요. 안되면 숨을 들이쉬고 내쉬면서 주여! 하면서 기도하십시오. 절대로 성령의 역사가 일어나야 배출이 된다는 것을 명시해야 합니다. 성령으로 충만하면 나쁜 기운이 스스로 떠나가니 "떠나가라. 떠나가라." 하지 않아도 떠나갑니다. 조용히 숨을 계속 쉬면서 내보낼 수도 있습니다.

5) **충분히 숨을 깊게 쉬십시오.** 경외감을 가지고 감사하는 마음으로 숨을 쉬어야합니다. 숨이 차단되면 썩기 시작합니다. 지하 방, 또는 창문을 비닐로 막아도 공기가 상하기 시작합니다.

그래서 환기를 자주 시키라고 합니다. 우리 교회도 일주일에 4번 이상 환기를 시킵니다.

6) **강한 숨을 쉬는 기도는 가능하면 아랫배에 약간의 힘을 주고 숨을 깊게 많이 들어 마셔야 합니다.** 배꼽아래까지 바람이 들어오도록 들이마셔야 합니다. 오랫동안 하면 성령의 역사가 일어나기 시작을 합니다. 부르짖는 기도와 비슷합니다.

7) **깊은 숨을 쉬는 기도는 아랫배에 가볍게 힘을 주며 천천히 숨을 쉽니다.** 마음 가라앉히고 조용히, 코를 통하여 깊이 숨을 들여 마시고 내쉬고 합니다.

8) **정지 숨 기도는 히브리서 6장 4-6절의 내세의 능력을 맛보는 기도, 성령의 깊은 지배(입신)상태같이, 숨을 멈출 수도 있습니다.** 숨을 멈춘다는 것은 자신이 숨을 쉬는 것을 느끼지 못한다는 말입니다. 은사는 영의 영성 아닌 육체의 영성입니다. 은사는 육체로 나타납니다. 은사에 치우치면 영이 안자라고 영에 치우치면 삶은 아름답지만 무능합니다. 그러므로 양자가 균형을 이루어야 합니다. 성령의 은사는 자신의 내면이 정비되고 정화되어 영적으로 성숙하면 나타나지 말라고 해도 성령의 은사는 나타납니다.

9) **배로 숨을 쉬면서 하는 기도는 배에는 공기가 들어갈 수 없지만, 아랫배에 가볍게 힘을 주고 생명력이 배에 충만하도록 숨을 들이 마십니다.** 강한 숨기도와 비슷합니다. 성령으로 충만해집니다. 영적인 파워 힘이 생깁니다. 심장이 강해집니다. 자신감이 생깁니다. 자연스럽게 내면세계가 정비되고 정화됩

니다. 요한복음 7장 38절 말씀과 같이 배에서 생수의 강이 흐릅니다. 처음에는 뜨겁지만 후에는 시원하고 평안하여 자유와 행복을 느낍니다.

10) 가슴으로 숨을 쉬는 기도는 심장기도로서 내적 깊은 기도와 비슷합니다. 감정이 섬세하고 눈물 많아집니다. 내적 기름부음을 일으켜줍니다. 영이 강하게 됩니다. 부드럽고 온유한 성품이 됩니다. 불안할 때 숨을 쉬며 낮은 발성 기도를 하면 5분 안에 평안해집니다. 성령이 충만하기 때문에 불안이 떠나가는 것입니다. 머리가 혼란할 때는 배에서 나오는 소리로 조금 높은 찬양을 하면 시원해집니다. 계속적으로 예수님을 부르면서 기도하면 혼란한 머리가 안정을 찾게 됩니다. 가슴 답답할 때는 배에 힘주고 배에서 나오는 소리로 방언하면 후련해집니다. 처음에는 배기도, 강한기도 후 심장기도로 진행합니다. 아름답고 사랑스러우며 따뜻한 사람 됩니다.

11) 머리로 숨을 쉬는 기도는 주의 이름을 부르며 머리에 마음을 집중하고 숨을 쉽니다. 코로 숨을 들이쉬고 코로 내쉬면서 합니다. 머리가 혼미하고 생각이 복잡한분에 효과가 있습니다. 악몽은 머릿속 정화 과정입니다. 환상이나 신비한 체험을 동반할 수도 있습니다. 머리는 영적 문 역할을 하기에 주의가 요망됩니다.

12) 성경 말씀으로 성령을 마시는 숨 기도는 반복되는 짧은 문장으로 깊은 영향주어서, 처음 3,000번, 그 다음 6,000번, 12,000번 후에는 자유롭게 합니다. 평안과 자면서도 임재 느

낍니다. "예수님 감사합니다." "주님! 저를 불쌍히 여기시옵소서" "예수님 사랑합니다." "예수님 이일을 어떻게 할까요?" 반복할 때 긍휼과 자비 느낍니다. 성경 전체를 묵상하며 할 수도 있습니다. 성경을 간절한 마음으로 소리 내어 읽는 영성훈련 방법도 있습니다. 소리는 안 내고 강하게 부드럽게 숨쉬며 마시는 것도 좋습니다. 말씀을 눈으로 보며 코로 마셔도 됩니다.

13) **마시는 숨을 다양하게 사용하세요.** 찬양 테 잎을 눕거나 쉬는 상태에서 들을 때도 숨을 쉬며 들으세요. 독서하면서도 숨을 쉬며 하는 기도를 적용하세요. 간증이나 설교 테 잎을 들을 때도 적용하세요. 설교를 들을 때도 적용하세요.

14) **즐거움으로 계속 하십시오.** 숨을 쉰다고 생각하면서 하세요. 억지로 하는 것은 좋지 않습니다. 습관이 되게 해야 합니다. 듣지 않고 간구만 했으면 듣는 기도와 선포기도로 자신을 정화하세요. 숨을 쉬면서 기도를 하는데 불안하고 즐거움이 사라지지 않는다면 재고해 보아야 합니다. 성령의 인도받는 기도가 아닐 수가 있습니다. 영혼 깊은 곳의 즐거움과 기쁨은 주님의 감동과 인도입니다. 주님은 우리에게 기쁨을 주시는 분입니다.

셋째, 걸으면서 숨을 쉬며 마음으로 기도하라. 걸으면서 숨을 쉬면서 예수님을 생각하면서 마음으로 기도하는 습관을 들이라는 것입니다. 걸으면서 기도하면 마음이 평안해지면서 삶이 행복해 지는 것입니다. 걷기를 시작하려면 바른 자세부터 익혀야 합니다. 바른 자세가 중요한 이유는 첫째로 뇌가 활성화됩니다. 바른 자세로 걸으면 근육이나 감각기관에서 신경계로 전달되는 정보량이 많아져서 대뇌가 더욱 자극을 받기 때문입니다.

둘째로 걸음걸이가 바르면 걷기 편하고 쉽게 지치지 않습니다. 즉, 편하게 걸을 수 있고 피로감을 줄여주는 보법으로 걷다 보면 바른 자세에 이르게 됩니다.

셋째로 걸음걸이가 바르면 남 보기에 좋고, 밝고 활달하며 자신감 있는 이미지를 심어줄 수 있습니다. 그러면 바른 보행 자세란 어떤 것일까요? 꼭두각시 인형처럼 머리 꼭대기에 실이 연결되어 하늘에서 끌어당긴다고 의식하라는 것입니다.

그러면 후두부, 등허리, 엉덩이의 가장 높은 부분이 일직선을 이루고 두 팔은 겨드랑이를 따라 자연스럽게 내려집니다. 그 자세로 서 있는데 누군가 허리 부분을 강하게 민다고 상상하라는 것입니다. 그러면 오른발이 크게 한보 앞으로 나갑니다. 이때 상체를 똑바로 유지하면 앞으로 내디딘 오른발은 발뒤꿈치부터 착지하고 뒤에 놓인 왼발이 지면을 차는 느낌을 받습니다. 이런 동작을 연속하여 걷는 것이 바른 보행 자세입니다.

자세만큼 중요한 것이 바로 숨을 쉬는 방법입니다. 걷기는 유산소 운동이므로 산소를 충분히 받아들이며 숨을 쉬지 않으면 그 효과가 나타나지 않습니다. 그러면 어떻게 숨을 쉬어야 혈중 산소가 충분해질까? 숨의 '호'가 '숨을 내쉬다.'라는 뜻이라는 데서 알 수 있듯이 내쉬는 숨이 먼저입니다. 우리가 전철을 탈 때도 내리고 타지 않습니까?

일단 폐에서 이산화탄소를 한껏 내뱉지 않으면 산소를 받아

들일 수 없습니다. 따라서 걸을 때는 먼저 숨을 내쉬는 데 의식을 집중해야 합니다. 숨의 리듬이 발걸음과 조화를 이루어야 합니다. 오른 발은 내딛으면서 숨을 들이쉬고, 왼쪽 발을 내딛으면서 숨을 내쉬고, 좌우지간 본인이 하기 쉬운 방법으로 걸으면 됩니다. 이 방법이라면 숨과 보행의 리듬을 맞추기 쉽습니다.

그렇게 걸으면서 마음으로 성령님을 생각하거나 부르면서 걷는 것입니다. 필자는 십 수 년을 이렇게 실천하며 걷고 있습니다. 마음속에 세상 것들이 들어오지 않고 영감이 풍성해지는 효과가 있습니다. 성령이 충만해집니다. 집중력이 좋아집니다. 폐활량이 강해집니다. 심장이 튼튼해집니다. 생활 속에서 운동하는 습관이 되어야 건강을 유지할 수가 있습니다.

넷째, 숨을 쉬며 기도하는 효과

1)잠재의식 내면세계가 정화된다. 마음을 이용하여 예수님을 찾음으로 인하여 성령이 충만하게 됩니다. 자연스럽게 영이신 예수님을 찾음으로 영적인 상태가 되는 것입니다. 영적인 상태가 되니 성령께서 전인격을 사로잡음으로 내면세계가 정화되고 영-혼-육체가 건강해지게 되는 것입니다. 심장과 소장 대장 기능이 튼튼해집니다. 살아가는 것이 행복해집니다.

2)상처 스트레스 해소 효과. 이러한 방법으로 숨을 쉬면서 기도를 할 경우에는 부교감신경이 활발해져 마음이 편안해지기 때문에 우울증, 불면증, 공황장애와 같은 불안 장애를 완화시켜주고 스트레스를 해소 시켜 주며, 치매를 예방해줍니다.

3)집중력 향상 효과. 두뇌로 산소공급이 활발해지면서 집중

력을 향상하는 효과를 느낄 수 있어 학업 및 업무의 능률이 오르지 않는 사람에게도 도움이 됩니다.

4)장운동 활발 효과. 배를 사용하는 숨 쉬는 것이니 장의 운동도 활발해지기 때문에 소화 장애와 변비를 없애주는 역할을 합니다. 심장이 강해지기 때문에 장이 튼튼해 집니다.

5)혈액순환 원활 효과. 혈액순환을 원활하게 도와주어 혈관 내 콜레스테롤을 줄여 심혈관 질환을 예방하고 심폐기능을 향상시키는 효과가 있습니다. 실제로 필자는 숨을 쉬면서 하는 기도를 장기간에 걸쳐서 한 결과 심장 기능이 강화되어 장이 튼튼해졌습니다. 그리고 배에서 올라오는 소리로 설교를 함으로 성대가 상하지를 않았습니다.

6)다이어트 효과. 가슴으로 숨을 쉬는 것 보다 배를 이용하여 숨을 쉬는 것이 칼로리 소모가 높고 신진대사를 활발하게 하여 체중감량에 도움이 됩니다. 숨을 쉬는 것이 이제 얼마나 우리의 몸에 영향을 끼치는지 잘 아시겠지요? 건강을 위해서 복식 숨(호흡) 효과를 잘 숙지하시고, 습관처럼 가슴이 아닌 배로 숨을 쉬면서 예수님을 찾는 기도할 수 있도록 하는 것이 좋습니다.

7)영력과 권능이 강해집니다. 숨을 깊게 들이쉬고 내쉬는 가운데 성령으로 충만해집니다. 성령으로 충만해지면 지성소에 계시는 예수님으로부터 성령의 불과 권능이 자신을 지배하게 됩니다. 그러면 하늘나라 천국을 누리게 되면서 영력이 강해지고 권능이 강해져서 숨만 쉬어도 자신의 내면이 역사하던 세상 것들이 떠나가는 것입니다. 이것이 호흡기도의 진수입니다.

15장 방언으로 기도하며 신앙 영성관리

(고전14:4)"방언을 말하는 자는 자기의 덕을 세우고
예언하는 자는 교회의 덕을 세우나니"

코로나19 시대에 깊은 영성을 유지하려면 방언기도를 하되
마음으로 방언 기도하는 것을 숙달하면 좋습니다. 마음으로 방
언기도를 하면 영력이 강해지고, 마음이 건강한 마음이 되고,
치료받은 마음이 된다는 것을 말하고 있는 것입니다. 필자는 절
대로 방언기도를 하시는 것을 절재하라고 하지 않습니다. 다만
방언기도를 하게 되면 지금까지 자신하고 알게 모르게 같이 지
내던 영적인 존재가 방언기도에 익숙해져서 따라하면서 즐길
수가 있다는 것을 알고 계시라는 것입니다. 자신이 하던 방법으
로 방언기도를 하면 겉으로는 평안한 것 같습니다. 생활에 위기
가 닥쳐오면 바닥에 깔려있는 공포와 좌절, 불안과 절망 등이
우리를 괴롭히고 뛰어 올라오는 것입니다. 이것을 성령으로 청
소하지 않으면 안 되는 것입니다. 오늘날 이것을 청소 못하는
사람은 병원에 가서 심리학자에 여러 가지 과거 이야기를 하라
고 하면 과거이야기를 하고, 꿈 이야기를 하면 심리학자들이 하
나하나 찾아서 해결해 가는 것입니다.

심리학자가 하는 말이 당신은 이런 점을 모르지만 있습니다.
이런 과거에 상처 받은 기억이 있습니다. '이것을 회개하시고

치료 하십시오' 라고 말합니다. 그런데 우리 방언을 말하는 사람은 심리학자를 찾아갈 필요 없이 성령이 우리 속에 들어와서 뽑아내는데요. 성령이 소제해 내버리기 때문에 우리 마음이 고침을 받고 아주 평안하게 되는 것입니다. 그러므로 방언 기도는 성령께서 우리 마음속에 깊숙이 남아있는 부정적인 것들을 다 청소해 주십니다. 상처가 없다는 사람은 교만한 사람이고, 거짓말하는 사람입니다. 세상 살아가는 것이 상처이기 때문입니다.

우리 마음이 다스릴 수 없이 슬퍼지고 비정상적일 때 방언으로 기도하십시오. 그럴 때 성령의 역사로 마귀는 쫓겨나가고 마음속에 있는 모든 쓰레기 더미는 청소되고 우리 마음이 치료를 받을 수 있게 되는 것입니다. 그렇기 때문에 마귀는 방언을 자꾸 못하게 하는 것입니다. 방언기도를 하면 "야, 네가 하는 기도지 성령이 하는 기도가 아니라"고 자꾸 협박을 하는 것입니다. 그 협박을 들어서 넘어가지 마십시오. 방언은 성령이 나를 통해서 하는 것이지 내가 만들어서 하는 것이 아닙니다.

방언기도는 성령의 불세례를 받은 다음에 나오는 것이 보통입니다. 그러나 제가 지금까지 성령치유 사역을 하면서 체험한 바로는 방언기도를 유창하게 해도 깊은 기도에 들어가지 못하고 성령의 불세례를 체험하지 못한 분들이 있다는 것입니다. 이는 마음을 열고 영으로 기도하는 방법을 모르기 때문입니다. 숨을 들이쉬면서 통변을 하고 내쉬면서 방언을 해야 합니다.

그런데 대부분 이렇게 하지 않고 목을 사용하여 열심히만 하려고 하기 때문에 방언기도간 깊은 기도에 들어가지 못하고 성령의 불을 받지 못하는 것입니다. 성령의 불은 자신 안에서 나오는 것입니다. 제가 부흥 집회나 성령치유 집회할 때 기도하는 방법을 설명하고 기도를 하게 하면 모두 깊은 기도에 들어가고 성령의 불세례를 체험하더라는 것입니다. 그래서 방언기도를 유창하게 해도 깊은 기도에 들어가지 못하고 성령의 불세례를 체험하지 못하는 것은 기도가 잘못되었기 때문입니다.

반드시 숨을 들이쉬면서 통변하고 내쉬면서 방언기도를 계속하게 되면 얼마 있지 않아 깊은 기도에 들어가고 성령의 불세례를 체험하게 됩니다. 만약에 당신이 방언기도를 유창하게 해도 깊은 기도에 들어가지 못하고 성령의 뜨거운 불세례를 체험하지 못했다면 당신의 기도가 잘못된 것입니다. 당신의 방언기도의 방법을 제가 알려드린 대로 바꾸면 바로 깊은 기도에 들어가고 성령의 불세례를 체험하게 될 것입니다.

첫째, 기도가 깊어지는 과정. 기도는 무조건 많이 오래한다고 성령충만하고 영이 깨어나고 영성이 깊어지는 것이 아닙니다. 성령으로 기도해야 하고 성령의 이끌림을 받아야 합니다.

1) **정화의 길**: 우리의 심령은 자꾸 오염됩니다. 기도로 끊임없이 정화시켜야 합니다. 성령의 임재로 충만하여 죄 성이 정화, 정돈되는 상태입니다. 처음에는 이것을 잘 느끼지 못하지만 점점 생명력을 얻게 됩니다. 고여 썩은 물에 맑은 물이 졸졸 흘

러 들어가듯 차츰 심령이 정화됩니다. 마음의 평안함은 심령이 정화되었음을 의미합니다. 성령으로 심령이 정화되면, 그것으로 말미암아 혼과 육도 정화됩니다.

2) **조명의 길**: 맑아진 곳에는 빛이 비치게 됩니다. 생명이 살 수 있게 됩니다. 지혜가 떠오르게 됩니다. 깨달음이 올라오게 됩니다. 어느 한곳에 밝은 빛이 들어오게 됩니다. 어둠속에서는 잘 볼 수 없습니다. 어둠을 빛인 줄 압니다. 그러나 그 속에 빛이 오면 무엇인가를 느끼게 됩니다. 평안을 느낌은 마음이 영의 활동을 느끼는 것입니다. 여기서 다시 시간이 더 지나면 머리가 맑아짐을 느끼게 됩니다. 빛이 들어온 상태입니다. 몸도 개운해 지게 됩니다. 심령이 어두우면, 하나님의 뜻이 들어오지 못합니다. 하나님의 말씀, 하나님의 사랑을 깨닫지 못합니다. 심령에 빛이 들어와야 깊이 볼 수 있고 깊이 생각할 수 있게 됩니다.

3) **일치의 길**: 자신 안에 주인으로 계시는 하나님과의 영적인 깊은 교제로 일치를 이루는 단계입니다. 하나님의 성품을 닮아 가며, 예수의 마음을 품는 단계입니다. 예수의 제자가 되는 것이며, 하나님을 떠나서는 살 수 없는 것이 실제적으로, 현실적으로 되어버리는 단계입니다. 하나님과 하나 됨을 외면하거나 부인할 수 없게 됩니다. 하나님과의 관계가 바로 이런 깊은 관계가 됩니다. 노력으로 이러한 단계에 이를 수 있습니다.

기도는 우리의 노력이 필요합니다. 부부가 같이 살기만 해서는 행복하지 않습니다. 일치되어야 행복한 것입니다. 점점 하나님께 가까이 가고, 하나가 되고, 하나님 안에서 평강을 누리고, 하나님과 있음으로 행복을 느끼게 되는 단계입니다. 그런 상태에서 내가 원하는 것을 다 얻게 되고, 그분이 원하시는 것을 내가 다 드리는 단계입니다. 이런 단계에서 성령의 도우심을 얻게 됩니다. 누구든지 노력하면 이런 단계에 오를 수 있습니다. 단시간에 이루어지지는 않습니다. 평안한 마음을 가지고 성령의 인도를 받으면 좀 더 빨리 깊은 단계에 들어갈 수 있습니다. 숨을 들이쉬고 내쉬면서 방언기도를 하는 버릇을 들여야 합니다. 목으로 방언을 하면 심령이 정화되지 못하기 때문입니다.

둘째, 마음을 정화하는 방언기도 비결. 방언기도하며 잠재의식을 정화하여 능력이 나타나는 기도는 이렇게 합니다. 자신 안에 주인으로 계시는 성령님으로부터 강력한 성령의 불세례를 받아 영의 통로가 열려야 합니다. 자신이 성전이라는 것을 깨닫고 믿어야 합니다. 자신 안에 성령님이 주인으로 계신다는 것을 깨닫고 믿어야 합니다. (고전 3:16)"너희는 너희가 하나님의 성전인 것과 하나님의 성령이 너희 안에 계시는 것을 알지 못하느냐" 그래야 방언기도를 할 때 성령의 역사로 잠재의식이 정화되는 것입니다. 잠재의식에 형성되어 있는 견고한 진은 사람의 힘으로 파괴할 수가 없기 때문입니다. 반드시 견고한 진보다 강한 성령의 역사가 일어나야 파괴되기 시작을 합니다.

숨을 아랫배까지 깊게 들이쉬고 내쉬면서 방언기도를 지속적으로 합니다. 기도가 깊어져야 성령이 장악하기 때문입니다. 잠시 기도한다고 잠재의식이 정화되지 않습니다. 자신의 전인격이 성령으로 장악이 될 때까지 오랫동안 마음으로 숨을 쉬며 방언기도를 해야 합니다. 절대로 습관적이 되지 말아야 합니다. 성령의 이끌림을 받으면서 오랫동안 기도합니다. 최대한 숨을 깊게 들이쉬고 내쉬면서 방언기도를 해야 합니다.

성령이 장악하면 여러 가지 현상이 나타납니다. 나타나는 현상은 앞에 13장 마음의 기도에서 설명을 했습니다. 자신도 이해하지 못하는 현상이 나타날 수가 있습니다. 절대로 두려워하거나 포기하지 말고 지속적으로 해야 합니다. 방언기도를 많이 하여 영의 통로가 열려서 영의기도가 깊어지면 잠간잠간 기도해도 잠재의식이 치유가 됩니다. 방언으로 기도하여 영감이 강하게 하기 위해서 이렇게 합니다. 숨을 아랫배까지 깊게 복식호흡으로 들이 쉽니다. 숨을 내쉬면서 마음으로 방언을 합니다. 다시 숨을 아랫배까지 깊게 복식호흡으로 들이 쉽니다. 숨을 내쉬면서 마음으로 방언을 합니다. 이렇게 지속적으로 시간을 의식하지 말고 마음으로 방언기도를 해야 합니다. 자신 안에 역사하는 귀신은 마음으로 방언기도를 할 때 정체를 폭로하고 떠나갑니다. 상처가 많은 분은 상당한 고통을 느끼기도 합니다. 고통스럽다고 포기하면 안 됩니다. 이 고통스러운 단계를 통과해야 귀신이 떠나가고, 영성이 한 단계 깊어집니다.

셋째, 방언기도로 깊은 영적 상태에 들어가라. 숨을 들이쉬면서 통변하고 내쉬면서 방언기도를 지속적으로 해야 깊은 영의상태에 들어갈 수가 있습니다. 잠간 잠간해서는 깊은 영의 상태에 빠질 수가 없습니다. 인내력을 가지고 오래 하려고 노력을 해야 합니다. 다음의 뇌파의 상태를 이해하면 좀 더 빨리 깊은 영적 상태에 들어갈 수가 있습니다.

1) **정상상태:** 뇌가 정상적으로 활동하는 상태입니다.

2) **휴식, 산책, 음악 감상, T.V를 볼 때:** 육신이나 뇌가 약간 쉬는 것입니다.

3) **수면상태:** 육체는 쉬나, 뇌는 아직도 완전히 쉬지 못하는 상태입니다.

4) **영적상태:** 수면직전의 상태에서, 육신을 평안히 쉬는 상태에 놓고, 뇌는 아직 잠들지 않은 상태에서 마음을 열어줌으로 성령께서 역사하시도록 만들어 놓은 상태입니다. 이러한 상태가 영적상태이며, 이때에 내안에 계신 성령께서 권능(불)으로 나타나시면서, 잠재의식을 치유하십니다. 치유는 자신의 마음 안에 성령의 권능(불)이 나오면서 치유가 되는 것입니다. 수면상태에서도 일종의 치유가 일어나고 있지만, 진정한 잠재의식의 치유는 성령의 임재가 충만한 영적상태에서 일어납니다.

이러한 영적상태는 몸에 힘이 빠져 모든 것이 성령에 이끌려가는 상태입니다. 이성과 육신은 아직은 깨어 있지만, 잠자는 상태처럼 힘을 잃고, 오직 영만 활성화되는 상태입니다. 의식과 몸이 영과 분리된 상태입니다. 의식이 아직 잠들지 않고 있는 상태에서 영적상태로 들어갑니다. 영적상태에서는 의식과 몸은 잠자는 상태와 똑 같으므로 피로회복의 효과는 깊은 수면과 마찬가지입니다. 이런 상태를 자꾸 훈련하면, 밤에 잠을 자면서도 계속 기도하고, 하나님과 교제하게 됩니다.

영적인 상태가 되지 않은 상태에서 수면에 들어가면 안 됩니다. 수면직전상태에서 하나님을 만나고 영적인 것을 정리하는 묵상을 하루 1시간 이상씩 가지세요. 영적상태에서 하나님을 묵상하면 하나님으로부터 많은 평강, 은총이 임하게 됩니다. 진정 편안함은 육체의 편안이 아니라, 그것을 느끼는 내면의 편안함이 문제입니다. 그러므로 영적상태를 자꾸 훈련함으로 내면에 하나님의 평안을 풍성하게 담으려고 하세요.

자면서 영으로 하는 기도를 훈련하세요. 하나님을 사랑하고 하나님의 사랑을 받고, 앞날을 위해서 기도하세요. 이렇게 되기까지 시간이 걸립니다. 그러나 영적상태의 훈련이 되면 나중에는 서서 눈을 감으면 바로 영적상태가 됩니다. 그리고 눈을 뜨고서도 기도합니다. 소리를 들으면서도 기도합니다. 성경을 보면서도 기도합니다. 마음이 늘 자신 안의 하나님께로 가 있는 기도를 하게 됩니다. 이렇게 하나님께 온전하게 집중하는 상태가 바로 진정한 영적상태입니다. 이런 영적상태에 잠재의식을 정화합니다. 마음으로 방언기도를 하면서 잠재의식을 정화하는 시간을 많이 갖기를 바랍니다.

넷째, 방언기도 진위를 분별하는 방법. 많은 성도들이 저에게 와서 자신의 방언이 진짜 방언인지 분별하여 달라고 합니다. 필자가 군에 있을 때 군 교회에서 부흥회를 했는데 그때 성령체험을 하고 방언을 하기 시작을 했습니다. 말로 하는 기도보다 방언으로 기도하니 너무나 좋고 감사하고 영적인 체험도 하고 영성도 깊어지는 것 같았습니다.

그러다가 다른 부대로 발령이 나서 가게 되었습니다. 그런데 그곳에 방언통역을 한다는 권사가 하나 있었나 봅니다. 하루는 저와 가장 가까운 사람이 필자에게 당신이 하는 방언기도는 귀신방언이니 하지 말라는 것입니다. 그리고 새벽에 기도할 때마다 제 옆에서 감시를 하고 방언하는 소리를 들어보는 것입니다. 그래서 제가 방언으로 기도를 하지 못했습니다.

그런데 문제는 새벽에 방언으로 기도를 하지 못한 날은 몸이 천근만근이고 기분이 좋지 못하여 하루 종일 고생을 한다는 것입니다. 새벽에 방언으로 기도하고 나면 발걸음이 가볍고 하루가 상쾌하고 즐겁게 잘 지내는데 방언으로 기도하지 못하는 날은 정말 힘이 들었습니다. 그때 제가 느낀 것인데 사람은 영적인 존재이기 때문에 영성이 활성화 되지 못하면 건강에도 지장이 있다는 것을 체험으로 알게 했습니다.

그런데 제가 목회자가 되고 영적인 일에 관심을 많이 갖고 불같은 성령도 체험하고 나름대로 영성이 조금 깊어진 지금 생각하면 초등학교 일학년 수준인 영적인 지식을 가지고 저의 방언기도를 못하게 하고 방해하여 영적성장에 지대한 영향을 미쳤다는 것입니다. 그래서 제가 방언 통역에 대하여 관심을 갖기 시작한 것입니다. 그때 하도 고생을 해서 말입니다. 그런데 제가 성령치유 사역을 하다가 보니 교회에 방언통역을 한다는 성도들로 하여금, 교회 성도들에게 상처를 주는 피해가 막심하다는 것입니다. 몇년전 추석 집회할 때 어느 여전도사가 와서 저에게 이렇게 상담을 했습니다.

목사님 우리 교회 전도사 중에 나름대로 방언 통역을 한다는 여전도사가 있는데, 새벽 기도할 때 성도들의 방언기도를 들어보고 나름대로 평가하여 담임 목사님에게 이야기 하면 목사님이 그 성도에게 방언기도를 하지 못하게 한다는 것입니다. 그 피해자 중에 자기도 포함이 된다는 것입니다. 그래서 자기가 방언으로 기도를 못하니 가슴이 답답하여 미칠 지경이라 휴일을 택해서 치유 받으러 왔다는 것입니다. 그래서 말씀 듣고 은혜 받고 심령을 치유 받고 제가 그 전도사의 방언을 들어보니 이상이 없는 성령으로 하는 영의 방언이었습니다.

그래서 이제 걱정하지 말고, 누구의 말에도 눌리지 말고 누가 무어라고 해도 방언으로 기도를 막 하라고 조언한 일이 있습니다. 필자가 성령치유 사역을 20년이상 오래하다가 보니 개척교회나 큰 교회나 할 것 없이 목회자 분들이 영안이 열렸다, 방언 통역을 한다하는 성도들의 말을 잘도 믿는 다는 것입니다. 분별해 보지도 않고 그 소리를 다 믿는 다는 것입니다. 좌우지간에 문제가 많습니다. 저의 임상적인 견해로는 방언을 어떤 소리로 하든지 상관할 필요가 없다는 것입니다. 방언은 계속적으로 바뀝니다. 영적으로 성장하면서 바뀌게 됩니다.

방언을 하다가 불같은 성령을 강하게 체험하고 영의 통로가 열리면 방언이 달라지고 바른 방언이 됩니다. 그러므로 방언하는 것 들어보고, 귀신 방언인가 아니가 판다하지 말고, 또 방언 통역을 할 것이 아니고, 목회자가 불같은 성령을 체험하고 성령의 능력을 받아 안수기도를 하면 성령의 강력한 역사에 의하여 잘못된 방언도 바른 영적인 성령의 인도를 받는 영의 방언으로 바뀌더라는 것입니다. 절대로 교회에서 자기 나름대로 방언 통역한다는 사람들의 심령 상태를 진단해 보아야 한다고 저는 강력하게 주장을 합니다.

왜냐하면 방언을 가장 듣기 싫어하는 것들이 귀신입니다. 귀신들은 방언하는 소리를 가장 듣기 싫어합니다. 그래서 귀신에게 눌렸던 성도들이 방언을 받으면 귀신들이 많이 축사되는 것입니다. 특히 영으로 속으로 하는 방언에는 귀신들이 정말로 듣지 못하고 축사됩니다. 그러므로 방언 통역한다고 들어보고 귀신 방언 한다고 못하게 하는 그 성도가 바로 귀신 방언을 하는 것입니다. 여러분! 방어기도를 어떻게 분별하느냐, 이것은 본인이 분별하는 것입니다. 본인이 방언기도를 하고 나면 마음이 뜨겁고 성령의 충만함이 나타나면 영으로 하는 방언입니다. 그러나 방언 기도를 하면 할 수 록 심령이 갑갑하고 영성에 변화가 없으면 잘못된 방언입니다. 그래서 본인이 분별 가능한 것입니다.

이렇게 잘못된 방언을 하다가도 어느날 불같은 성령을 체험하면 바른 방언으로 바뀌니까, 너무 성급하게 판단하여 낙심하거나 의기소침하면 영성에 해가 되니 참고하시기를 바랍니다. 그리고 방언통역은 심령이 성령으로 장악되고 치유되어 영감이 풍성하고 영안이 열리면 다 할 수 있는 은사입니다. 필자는 방언통역은사가 있다고 다된 것은 아니라고 생각합니다. 심령에서 성령의 생수가 올라오는 성도가 되는 것이 더 문제입니다. 여러분! 사람이 하는 말에 신경 쓰지 말고 방언으로 기도하세요. 때가 되어 성령으로 충만해지면 방언도 바뀝니다.

그리고 필자가 지금까지 방언으로 기도하면서 나름대로 체험한 간단하게 자신의 방언기도를 분별하는 방법은 이렇습니다. 방언으로 기도했는데 마음이 평안해지고 성령으로 충만해지고 몸이 가벼워지고 날아갈 것 같은 기분이 든다면 바른 방언기도입니다. 그러나 방언으로 기도를 했는데 기도 한 것도 아닌 것 같고 가슴이 답답하고 평안함이 없고 몸이 무겁고 나른하다면 잘못된 방언으로 분별을 해보아야 합니다. 그러므로 방언기도는 자신이 분별할 수가 있는 것입니다. 자신의 방언기도를 자신이 분별할 수 있도록 분별력을 기르시고, 자신의 방언기도를 분별하여 보시고 바르게 고쳐 나가시기를 바랍니다.

4부 코로나시대 개별 신앙을 관리하는 비결

16장 코로나19 시대의 예배는 생명줄이다.

(요 4:20-24)"우리 조상들은 이 산에서 예배하였는데 당신들의 말은 예배할 곳이 예루살렘에 있다 하더이다 (21) 예수께서 이르시되 여자여 내 말을 믿으라 이 산에서도 말고 예루살렘에서도 말고 너희가 아버지께 예배할 때가 이르리라 (22) 너희는 알지 못하는 것을 예배하고 우리는 아는 것을 예배하노니 이는 구원이 유대인에게서 남이라 (23) 아버지께 참되게 예배하는 자들은 영과 진리로 예배할 때가 오나니 곧 이 때라 아버지께서는 자기에게 이렇게 예배하는 자들을 찾으시느니라 (24) 하나님은 영이시니 예배하는 자가 영과 진리로 예배할지니라."

코로나19의 사태는 세상과 생활과 사회를 여러모로 바꿔 놓고 있습니다. 교회도 예외는 아닙니다. 이전에는 경험하지 못했던 새로운 예배 형태와 사역의 형태가 나타나고 있습니다. 성도들이 예배당에 모여서 예배를 드리지 못하는 실정에 이르렀습니다. 예배당에 나가서 기도를 못하게 되었습니다. 인터넷을 통한 비대면 예배가 등장함으로 성도들의 신앙이 위축되고 있습니다. 많은 성도들이 인터넷을 통하여 예배를 보는 예배로 알게 되기 쉽습니다.

하나님께서 코로나19를 전 세계적으로 허락하신 뜻을 깨달아야 합니다. 하나님은 예수를 믿고 성령으로 거듭난 성도들이 모두 살아계신 하나님의 성전이 되기를 원하십니다. 성도 한 사람 한 사람이 모두 하나님의 나라가 되는 것이 하나님의 소원이라고 생각합니다. 하나님은 모든 성도들이 하나님의 성전이 되어 시간과 장소에 제한 받지 말고 하나님을 예배하는 것을 원하시는 것입니다. 우리가 밝히 알아야 할 것은 예배는 보는 것이 아니고, 영과 진리로 마음 중심으로 드리는 것입니다.

예수님은 분명하게 말씀하셨습니다. (요 4:20-24)"우리 조상들은 이 산에서 예배하였는데 당신들의 말은 예배할 곳이 예루살렘에 있다 하더이다 **(21) 예수께서 이르시되 여자여 내 말을 믿으라 이 산에서도 말고 예루살렘에서도 말고 너희가 아버지께 예배할 때가 이르리라 (22) 너희는 알지 못하는 것을 예배하고 우리는 아는 것을 예배하노니 이는 구원이 유대인에게서 남이라 (23) 아버지께 참되게 예배하는 자들은 영과 진리로 예배할 때가 오나니 곧 이 때라 아버지께서는 자기에게 이렇게 예배하는 자들을 찾으시느니라 (24) 하나님은 영이시니 예배하는 자가 영과 진리로 예배할지니라."**

예수님의 예언의 말씀대로 성도 한 사람 한사람이 살아계신 하나님의 성전이 되어 어느 곳에서든지 시간에 구애받지 않고 예배를 드리는 것이 하나님의 뜻입니다. 분명하게 코로나19 사태에는 하나님의 뜻이 있을 것이라고 생각합니다. 하나님은 웅장한 건물 안에 많은 성도들이 뭉쳐서 보는 예배를 원치 않으실 수가 있다는 것입니다. 성도들이 모두 거룩한 산 제물이 되어 있는 처소에서 마음 중심을 드리는 예배를 원하실지 모른 다는 것입니다. "그러므로 형제들아 내가 하나님의 모든 자비하심으로 너희를 권하노니 너희 몸을 하나님이 기뻐하시는 거룩한 산 제물로 드리라 이는 너희가 드릴 영적 예배니라."(롬 12:1)

이렇게 거룩한 산 제물이 되어 예배를 즐겁게 드리려면 두 가지가 깨달아지고 믿어져야 합니다. 첫째는 자신이 살아계신 하나님의 성전이라는 성전의 계념을 바르게 깨달아 알고 믿어야 합니다. 둘째는 살아계신 성령으로 세례를 받고 성령의 충만함을 받아 성령의 지배와 장악을 받아야 한다는 것입니다.

우리는 성전의 계념을 성령으로 깨달아 알고 믿어야 합니다. 많은 성도들이 교회예배당 건물이 성전인줄로 알고 믿음생활을 하고 있는 분들이 많습니다. 이스라엘 백성들이 하나님을 만나는 장소 곧 제사를 드리는 장소는 출애굽시 광야에서 만들어진 이동식 성막에서 발전하여 솔로몬 시대에 솔로몬 성전이 건축되었습니다(BC 957년- 7년 동안 건축).

그러나 바벨론의 침략으로 BC 586년에 파괴되고, 바벨론 포로 귀환 이후 스룹바벨 성전이 BC 516년에 다시 지워졌습니다. 이후 예수님 오시기 직전에 헤롯은 유대인의 환심을 사기 위하여 46년 동안 스룹바벨 성전을 증. 개축을 합니다. 이것을 헤롯 성전이라 부릅니다. 하지만 이 성전도 AD 70년에 로마군에 의해 파괴되고 맙니다.

눈에 보이는 성전은 결국 다 무너지고 만다는 것을 보여 주고 있습니다. 오늘날 또 제 3성전을 짓고자 하는 움직임이 있습니다. 아마 그 성전은 다시 무너질 것입니다. 그러나 그곳에 성경 예언의 말씀대로 가증한 물건이 들어서게 될 것입니다. 그때는 종말이 되면서 그 성전도 무너지게 될 것입니다.

(다니엘 9:27)"그가 장차 많은 사람들과 더불어 한 이레 동안의 언약을 굳게 맺고 그가 그 이레의 절반에 제사와 예물을 금지할 것이며, 또 포악하여 가증한 것이 날개를 의지하여 설 것이며, 또 이미 정한 종말까지 진노가 황폐하게 하는 자에게 쏟아지리라 하였느니라 하니라" (다니엘 11:31)"군대는 그의 편에 서서 성소 곧 견고한 곳을 더럽히며 매일 드리는 제사를 폐하며 멸망하게 하는 가증한 것을 세울 것이며" (다니엘 12:11) "매일 드리는 제사를 폐하며 멸망하게 할 가증한 것을 세울 때부터 천이백구십 일을 지낼 것이요"

눈에 보이는 건물 성전이 다 무너졌다는 의미는 이제 눈에 보이는 성전이 필요한 것이 아니라, 눈에 보이는 않는 살아계신 하나님께서 거하실 성전이 필요하다는 것을 가르쳐 주는 것입니다. 그동안에 지성소 법궤 위에 있는 속죄소에 영광으로 임하신 하나님을 만났다면 이제부터는 새롭게 새로운 곳에 임하시겠다는 것입니다. 바로 성전 되신 예수 그리스도입니다. (요한복음2:19-22) **"예수께서 대답하여 이르시되 너희가 이 성전을 헐라 내가 사흘 동안에 일으키리라** (20) 유대인들이 이르되 이 성전은 사십육 년 동안에 지었거늘 네가 삼 일 동안에 일으키겠느냐 하더라 (21) **그러나 예수는 성전 된 자기 육체를 가리켜 말**

씀하신 것이라 (22) 죽은 자 가운데서 살아나신 후에야 제자들이 이 말씀하신 것을 기억하고 성경과 예수께서 하신 말씀을 믿었더라." 이 성전 되신 예수 그리스도의 영이 임하시면 또 우리 몸과 마음이 또한 성령의 전이 되는 것입니다. (고전 3:16)"너희는 너희가 하나님의 성전인 것과 하나님의 성령이 너희 안에 계시는 것을 알지 못하느냐" 이제 예수를 믿는 우리가 살아계신 하나님의 성전이 되는 것입니다. (고전6:19)"너희 몸은 너희가 하나님께로부터 받은바 너희 가운데 계신 성령의 전인 줄을 알지 못하느냐 너희는 너희의 것이 아니라." 그래서 오늘 말씀은 성전정화 차원을 넘어 기존의 소 잡고 양 잡는 제사는 폐하고 새로운 제사, 곧 십자가에서 희생양으로 죽으시고 부활하신 예수 그리스도를 통하여 구원을 얻는 새로운 제사가 세워져야 하는 것임을 가르쳐 주는 말씀입니다. 눈에 보이는 자꾸 예배당 건물 지으려고 하지 말고 우리 몸과 마음에 성전 짓는 것이 더 중요합니다. 필자의 개인생각으로 하나님께서 코로나19를 허락하신 것은 예수를 믿는 하나님의 자녀들 한 사람 한사람을 하나님의 성전 되게 하려는 뜻도 있을 것이라는 개인 생각입니다.

이 말씀을 성령으로 깨닫고 믿어져야 거룩한 산 제물이 되어 시공간을 초월하여 영과 진리로 예배하는 성도가 될 수가 있습니다. 자신이 성전이라는 것을 성령으로 깨닫지 못하면 건물로 지어진 교회예배당에서의 보는 예배만을 고집하는 성도가 될 수가 있습니다. 분명하게 예수를 주인으로 영접한 우리가 하나님의 성전입니다. 하나님은 "우주와 그 가운데 있는 만물을 지으신 하나님께서는 천지의 주재시니 손으로 지은 전에 계시지 아니하시고, 또 무엇이 부족한 것처럼 사람의 손으로 섬김을 받으시는 것이 아니니 이는 만민에게 생명과 호흡과 만물을 친히 주시는 이심이라(행 17:24-25)"

"너희가 하나님의 성전인 것과 하나님의 성령이 너희 안에 거하시는 것을 알지 못하느뇨(고전3:16)" "너희 몸은 너희가 하나님께로부터 받은바 너희 가운데 계신 성령의 전인 줄을 알지 못하느냐 너희는 너희의 것이 아니라(고전6:19)" "하나님의 성전과 우상이 어찌 일치가 되리요, 우리는 살아 계신 하나님의 성전이라(고후6:16)" "그의 안에서 건물마다 서로 연결하여 주 안에서 성전이 되어 가고 너희도 성령 안에서 하나님의 거하실 처소가 되기 위하여 예수 안에서 함께 지어져 가느니라(엡 2:21-22)" 콘크리트로 지어진 건물 성전 시대는 이미 지나갔으며 폐지되었습니다. 진정한 기독교는 더 이상 거룩한 장소나 건물을 갖고 있지 않고 오직 거룩한 사람들만 소유하고 있습니다.

각자 성도가 성전입니다. 자신이 살아계신 하나님의 성전이 되기 위하여 살아계신 성령으로 세례를 받고 성령의 충만함을 받아 성령의 지배와 장악을 받아야 한다는 것입니다. 성령으로 세례를 받아야 합니다. 성령세례란 초자연적으로 역사하시는 성령이 나 자신을 순간 장악하는 것이므로 나 자신이 체험적으로 아는 것이 보통입니다. 그러나 본인 스스로가 인식하지 못하고 지나치는 경우도 있습니다.

첫째로 성령세례를 받았는데도 본인이 모르고 있는 경우에

발견하는 방법은 대략 이렇습니다. -마음이 평안해집니다. -뭔지 모를 기쁨이 찾아옵니다. -발걸음이 가벼워집니다. -머리가 맑아집니다. -쉬지 않고 기도가 나옵니다. -마음속에서 찬양이 올라옵니다. -말씀을 사모하게 됩니다. -말씀을 읽을 때 영적인 원리와 비밀들이 보입니다.-예배드리는 것이 즐겁습니다.-예배 시간이 기다려집니다.-나쁜 버릇이 고쳐집니다.-혈기가 없어집니다.-자기 자신을 조정할 줄 압니다. -창조적인 생각을 갖습니다.-영적 가치를 소중히 여깁니다. -화평을 나눌 수 있는 사람이 됩니다. -문제를 해답으로 바꾸는 사람이 됩니다. -영적 설득력이 생깁니다. -반대 의견도 겸허하게 수용할 수 있습니다. -믿음의 삶에 동반자들이 생깁니다. -자기 주변에 성령 충만한 사람들이 모입니다.-하나님의 섭리 가운데 주님 뜻대로 살고자 노력합니다.-주위 사람들에게 평안을 줍니다. -이웃에게 진정으로 관심을 갖게 됩니다. -예수님과 같이 불신 영혼을 불쌍하게 생각합니다. -자기의 모든 재능은 하나님의 영광을 나타내는 데 사용됩니다. -강력한 끈기가 생깁니다. -마음에 원한을 품지 않습니다. -모든 면에 있어서 믿음을 근거로 한 낙관주의자가 됩니다. -남을 위하여 희생할 줄 아는 사람이 됩니다.

둘째로 성령세례의 임하심을 나 자신이 아는 경우입니다. 성령세례를 받으면 스스로가 알아차릴 수 있는 가시적인 현상이 나타납니다. 자신도 알고 옆에 있는 분도 눈으로 보고 알게 됩니다. 성령세례가 임할 때 나타나는 가시적인 현상은 이렇습니다. -몸이나 눈꺼풀이 미세하게 떨립니다. -호흡이 깊어집니다.

-약간의 땀을 흘리는 경우도 있습니다. -가슴이 울렁거리는 증상이 있습니다.-커피를 많이 마신 것과 같은 현상이 나타납니다.-때로는 가슴이 짓눌리는 것 같은 기분이 들거나 공기가 답답하게 느껴지기도 합니다. -호흡이 깊어지거나 빨라집니다. -손가락이 움직이거나 손이 떨리거나 양손이 위로 올라갑니다. -몸이 심하게 떨리기도 합니다. -몸이 껑충껑충 뛰기도 합니다. -몸의 균형을 잃고 뒤로 넘어지기도 합니다. -상체가 반복적으로 앞 뒤로 꺾이기도 합니다. -몸이 사시나무 떨듯이 떨기도 합니다. -큰소리로 웃거나 울기도 합니다. -방언기도가 터집니다. -넘어진 상태로 가만히 있기도 합니다. -넘어진 상태에서 물결이 일듯 심하게 진동하기도 합니다. -넘어진 상태에서 몸이 심한 경련을 일으키기도 합니다. -악을 쓰듯이 큰 소리 지르기도 합니다. 이외에도 이해하기 힘든 여러 현상이 일어나기도 합니다.

전혀 아무런 느낌과 현상이 없는 때도 있습니다. 마음이 평안하기만 합니다. 비둘기 같은 성령이 임한 순간입니다. 어떤 느낌과 체험 현상만이 중요한 것이 아닙니다. 고요할 때 역사하시는 하나님을 전적으로 의지하는 믿음이 더욱 중요합니다.

다음으로 성령의 충만함을 받아야 합니다. 성령이 충만한 상태는 어떠한 상태를 말하는 것일까? '성령 충만'이란 성령의 지배를 말합니다. 충만 이란 어떤 대상을 향하여 마음이 몰두하고 사로잡히는 것을 말합니다. 성령 충만이란 성령님이 한 사람을 지배하고 장악하여 마음대로 하시는 상태라고 설명할 수가 있습니다. 성령으로 충만하다고 하는 의미는 성령에 사로잡히고, 스며들고, 지배를 받는 것을 의미합니다. 물에 흠뻑 젖은 수건처럼 수건을 짜면 물이 흐르듯이 성령 충만은 성령으로 사로잡히고 스며들고 지배를 받는 것을 의미합니다. 그리고 왜 우리가 성령 충만을 받아야 하는가? 이 질문에 우리는 두 가지로 요약할 수 있습니다. 첫째는 성령 충만이 모든 신자에 대한 하나님의 명령입니다(엡 5:18). 둘째는 하나님은 이 방법을 통하여 모든 성도들을 성전되게 하고 권능을 주시기 때문입니다(행 1:8).

성령 충만의 생활은 일생을 통한 도전입니다. 성령으로 전도하는 것은 매일 매일 심지어 매 시간 매 시간 헌신하지 않으면 안 되는 일입니다. 그리스인들은 자신의 느낌과 관계없이 항상 성령께 의지해야 합니다. 사람은 하나님의 성령이 아니면, 그와 반대 되는 세력에 의해 지배를 받게 됩니다. 그래서 하나님은 성도들에게 성령으로 충만함을 받으라고 명령하시는 것입니다. 이런 영적 조건이 충족되어야 자신이 성전이 되어서 항상 어디서나 영과 진리로 예배를 드릴 수가 있습니다.

첫째, 보는 예배가 아니라 영과 진리로 드리는 예배가 되어야 합니다. 예배는 보는 것이 아니라 드리는 것입니다(마2:11-12). 일부 성도들이 예배를 보러 간다는 표현을 많이 합니다. 물론 그 말이 표현상에 문제이지 진짜 그런 의미는 아니라고 생각합니다. 예배는 구경꾼처럼 보러 가는 것이 아닙니다. 예배는 하나님께 자신이 죽어 없어진 온전히 산 제물이 되어 마음 중심으로 드리는 것입니다. 우리의 시간도 드리고 물질 드리고 마음도 드리는 것입니다.

그런데 우리는 예배를 통해서 무엇인가 얻으려고 무엇인가 받기 위해서 예배를 드릴 때가 많습니다. 그것은 예배드리는 자의 잘못된 태도입니다. 물론 하나님께서는 예배를 통해서 은혜를 우리에게 베풀어 주십니다. 그런데 그것이 목적이 되어서는 안 됩니다. 우리가 온전히 하나님께 예배를 드릴 때 덤으로 은혜를 베풀어주시는 것이지 은혜를 받기 위해서 예배를 드려서는 안 되는 것입니다. 예배 가운데 은혜가 있든 없든 예배는 하나님께 몸과 마음을 다하여 온전히 드리는 것입니다.

예루살렘을 떠나 하늘의 별의 인도를 받은 동방박사들이 예수님이 태어난 장소에 도착하였습니다. 동방박사들은 아기 예수와 그의 어머니 마리아가 함께 있는 것을 보고 엎드려 아기 예수께 경배하였습니다. 예수님이 어디에서 태어나셨습니까? 말구유에 태어났습니다. 왜 말구유에 태어나셨습니까? 방이 없어서입니다. 누가 복음에 보면 가이사 아구스도가 천하에 다 호적을 하라고 명령을 내렸습니다. 그래서 요셉과 마리아도 호적 신고를 하기 위해 베들레헴으로 간 것입니다.

그런데 요셉은 임신한 마리아를 데리고 간다고 좀 늦었습니다. 여관마다 가 보았지만 방이 없었습니다. 임산부를 보면서 어느 누구 선 뜻 방을 내어 주려고 하지 않았습니다. 적어도 임산부에 대한 배려가 있었다면 주인이라도 자신의 방을 내어 주었어야 했습니다. 하지만 어느 주인도 어느 손님도 메시야가 탄생할 수 있는 방을 내어주지 않았습니다. 그래서 결국 마리아는 짐승들이 있는 마구간에서 아기 예수를 출산합니다.

마리아의 마음 가운데는 어쩌면 서글픈 마음이 들었을 것입니다. 자기 자식을 말구유에 낳고 싶은 사람이 어디에 있겠습니까? 특히 가브리엘 천사가 나타나 성령으로 잉태된 하나님의 아들을 낳게 해주겠다는 했는데 아이를 낳을 곳이 없어서 말구유에 낳게 되었으니 얼마나 마음 아팠겠습니까?

그런데 그때 동방박사들이 먼 곳 페르시아에서 와서 아기 예수 앞에 무릎을 꿇고 경배를 드리고 있습니다. 이 동방박사들의 경배를 통하여 요셉도 마리아도 큰 위안이 되었을 것이며 예수의 탄생을 진정으로 기뻐하고 즐거워하였을 것입니다. 그런데 여기서 경배한다는 말은 '꿇어 엎드려 경의를 표한다'는 의미가 담겨 있습니다. 즉 그를 높인다는 것입니다. 그분을 섬긴다는 것입니다. 말씀에 나오는 동방박사들은 지금 외형적으로 그들과 같은, 아니면 그들보다 더 높아 보이는 사람 앞에 경배한 것이 아닙니다. 아기로 태어나신 예수, 갓난아기에게 경배를 하고 있는 것입니다. 왜 그렇게 합니까? 아기 예수는 바로 인간의 몸을 입고 오신 하나님이시기 때문입니다.

하나님이시기에 동방박사들이 경배하는 것입니다. 우리의 경배의 대상은 하나님이십니다. 우리의 예배의 대상은 하나님이십니다. 예배는 담임목사를 위해서 하는 것이 아닙니다. 누구를 위해서, 누구 때문에 하는 것이 아니라, 오직 하나님께 드리는 것이 예배입니다. 아무리 비 대면으로 인터넷 화면을 보면서 예배를 드려도 성령 충만한 가운데 산 제물이 되어 마음 중심으로 예배를 드리는 습관이 중요합니다.

둘째, 가정단위에서도 예배를 드릴 수가 있습니다. 예수님의 제자들도 바울 사도의 선교팀도 모두 소그룹이었습니다. 그 소그룹을 통해 복음이 전파 되었고, 그들이 나라와 민족을 바꾸고 변혁시킨 주역들이었습니다. 이제 한국교회는 다시 핵심을 굳건히 하는 중대 기로에 놓였습니다. 말씀 안에서 하나 되어 서로를 사랑하고 보살피고 양육할 수 있는 소그룹이 존재할 때, 위기의 상황에서 공동체가 흔들리지 않을 수 있습니다.

왜냐하면 교회가 소그룹을 통해 비전을 공유하고, 소그룹을 통해 진정한 한 몸, 즉 '각 지체가 제 역할을 온전히 감당함으로써 유대관계와 사랑으로 연결되고 붙어 있는 한 몸'이 될 수 있기 때문입니다.

그래서 필자는 코로나19로 예배당에서 예배를 드릴 수 없는 상황에 있을 때 가정에서 예배를 드리라고 예배 순서를 핸드폰으로 알려주었습니다. 예배순서를 소개하면 이렇습니다.

*가정에서 드리는 주일 예배 순서(집례자는 본인이나 가장)

1.성령임재찬송: 185장 190장(연속하여 부르기)

2.신앙고백: 사도신경(다같이)

3.교독문: 1번

4.찬 양: 365장

5.대표기도: 정한사람(생략가능)

6.헌　금: 369장

7.헌금기도: 집례자

8.성경읽기: 요한복음 18장(한절한절 교독하며 읽기)

9.말씀전하기: 집례자가 간단하게 성경말씀 설명(생략가능)/ 혼자 예배드리는 분은 교재 12장 읽기: 충만한 교회 주일예배 교재)

10.마침기도: 주기도문 암송

11.통성으로 30분이상기도: 우리 교회는 코로나19가 닥치기전 예배 때마다 40-50분 이상씩 통성으로 기도하면서 담임목사인 제가 돌아다니면서 기도를 바르게 하도록 지도하면서 안수를 해드리기 때문에 30분은 긴 시간이 아닙니다. 예배 때마다 기도를 해야 합니다.

스마트폰이나 인터넷 화면을 보면서 예배를 드리라고 하지 않고 예배 순서에 따라 **성경찬송을 하나하나 찾아가면서 입술을 열어 하나님께 말하면서 자신이 거룩한 산 제물이 되어 마음 중심으로 드리라고 한 이유는 혹여 라도, 성도들이 예배를 보는 예배로 알고 습관될까 노파심에서 그렇게 했습니다. 마음 중심으로 성령충만한 가운데 하나님께 영과 진리로 예배를 드리라고 그렇게 한 것입니다.** 우리 생각해 보아야 합니다.

필자는 이런 상황에 처하게 되지 않을까 걱정이 되기도 합니다. 인터넷으로 비대면 예배를 한창 드리고 있는데 서울 시내가 정전이 되었습니다. 또 인터넷선이 차단이 되었습니다. 지난 여름에 침수로 인하여 2일 동안 전화와 인터넷이 되지 않은 경우가 있었습니다. 물론 그런 일을 일어나지 않을 것이지만 마치 코로나19와 같이 순식간에 일어날지도 모를 일입니다. 우리는 하나님께 예배를 드리는 시간을 한정하면 안 된다고 생각을 합니다. 살아계신 하나님의 걸어 다니는 성전이 되어 어디서나 항상 하나님께 영과 진리로 예배를 드리는 습관을 길러야 합니다.

그런데 문제는 기도입니다. 기도하지 않으면 안 됩니다. 요즈음 '코로나블루'라고 우울증이나 불면증이나 불안장애, 공황장애 같은 정신적인 질병이 많이 발생하고 있는 이유가 마음 안에 상처와 스트레스를 해소하지 못해서 발생한다고 생각합니다.

성도들도 예외가 될 수가 없습니다. 이것을 예방하기 위하여 담임목회자가 전화 기도를 해드리는 것입니다.

필자는 성도들에게 이렇게 문자를 보내고 실천합니다.

[모두가 어렵고 힘든 시기에 마음이 답답하고 불안하고 힘드시면 교회로 전화하시기를 바랍니다. 전화로 기도를 도와드립니다. 전화안수기도를 해드리겠습니다. 마음으로 기도하며 성령의 역사로 풀어야 합니다. 한적한 시간에, 한적한 곳에서 전화하세요. 가족이 한곳에 모여서 전화 기도를 받는 것도 좋을 것입니다. 전화로 안수기도해도 성령의 강력한 역사가 일어나기 때문입니다. 단 주일과 토요일은 1시부터 4시까지, 다른 요일은 오전8시부터 오후4시까지입니다. 힘든 시기 성령하나님의 능력으로 이깁시다. 부탁하는 말씀은 잘 모르는 공인되지 않은 사람을 만나지 마시고, 외부활동도 절재하시기를 바랍니다.]

본인들이 기도하게 하고 필자는 기도를 도와드리는 것입니다.

필자에게 캐나다, 미국, 뉴질랜드에서도 전화가 옵니다. 그러면 전화로 기도를 해드립니다. 그러면 대면하여 안수 기도하는 것과 같은 성령의 역사가 강하게 일어납니다. 전화기도중에 성령의 불의 역사가 일어납니다. **단 우리 충만한 교회에 한번이라도 오셔서 필자에게 성령으로 안수기도를 받은 사람에게 해당이 됩니다.**

셋째, 개인의 영성관리 유지가 중요한 시절입니다. 모세가 홀로 있어 타오르던 광야의 떨기나무처럼 혼자서도 하나님을 갈망하는 간절함과 절박함이 강조되어야 할 것입니다. 그간에는 조금 신앙이 떨어졌어도 모이면 다시 회복되고 중심을 잡곤 했습니다. 그러나 이번 사태는 외적 자극과 도전이 전무할 때도 과연 개인의 신앙이 유지될 수 있을 만큼 한국 교회가 성도들을 훈련해 왔느냐를 심각하게 질문하고 있습니다.

교회에 모이지 않고 온라인으로 집에서 홀로 예배를 드리는 상황에서 훈련되지 않은 성도들이 신앙생활을 잘 할 수 있을까요? 코로나19로 인해 우리는 성도들을 홀로 하나님과 대면하는 신앙이 얼마나 중요한지 뼈저리게 느끼게 됐습니다. 자신 안에 주인으로 계신 하나님과 항상 동행하면서 걸어 다니는 성전 되는 성도들이 되어야 합니다. 우리는 성도들을 성령의 이끌림을 받는 예수님의 제자로 양육하는 일에 집중해야 합니다. 어떠한 상황에 처하더라도 말씀과 기도의 끈을 놓치지 않고 하나님을 예배하는 참된 예수님의 제자 크리스천이 되어야할 것입니다. 이를 위하여 평소에 걸어 다니는 성전으로 살아야 합니다.

예수님의 제자가 되려면 하나님 앞에 홀로서는 신앙이 습관화되어야 합니다. 참된 삶과 신앙은 하나님 앞에 홀로 서는 것으로 시작 되어 집니다. 자신의 모습과 내면을 정직하게 볼 수 있는 시간이 있어야 합니다. 자신의 참된 모습은 언제나 하나님 앞에 홀로 설 때 발견되어 집니다. 하나님 앞에 홀로 설 때에 비로소 내가 누구인지 내가 어떤 모습인지가 들어나게 됩니다. 하나님 앞에 홀로 서는 것은 특별한 방법이 필요한 것이 아닙니다. 어떤 형식도 필요 없습니다. 하나님 앞에 앞에서 많이 소개한 기도를 하며 침묵으로 나아가면 됩니다. 하나님 앞에 설 때에 하나님이 말씀 하십니다. 하나님이 나의 모습을 보여 주십니다. 그러면서 나의 감추어진 내면의 껍질이 벗겨지고 나의 진짜 모습이 들어나게 됩니다. 일주일에 정기적으로 하루를 정해서 조용히 하나님 앞에 홀로서는 시간을 가져야 합니다. 성령 안에서 홀로서기가 되어야 합니다. 그 시간에는 말씀도 읽지 않고 기도도 하지 않고 하나님 앞에서 자신을 돌아보는 시간을 갖는 것입니다. 하나님과 사람들과의 관계에서 고쳐야 할 부분, 불성실함과 같은 삶의 태도, 부정적인 언어, 잘못된 습관, 교만함과 같은 성품과 삶의 모습을 하나님 앞에서 살피는 시간을 갖는 것입니다. 그리고 하나님께서 나의 내면에 말씀 하시는 음성을 들어야 합니다.

그러한 성령 안에서 홀로서는 시간들을 통해서 우리의 삶과 신앙은 다듬어 지고 아름답고 성숙해 지게 됩니다. 지금은 이와 같이 하나님 앞에 나를 돌아볼 수 있는 좋은 기회인 것 같습니다. 코로나19로 힘든 시간이지만 성령 안에서 홀로서는 시간을 통해서 더욱 성숙한 믿음의 사람으로 세워지기를 소원합니다.

17장 마음을 다스림으로 내면을 강화하라.

(잠 16: 32)"노하기를 더디하는 자는 용사보다 낫고 자기의 마음을 다스리는 자는 성을 빼앗는 자보다 나으니라"

코로나19속에서 살아가는 성도는 말씀과 성령으로 마음을 다스리면서 내면을 강화하는 습관을 들여야 합니다. 예수를 믿고 성령의 인도를 받는 생활을 하더라도 우리의 삶은 수많은 정신적인 고통과 육체적 아픔, 생활의 슬픔 등 헤아릴 수 없는 불행의 쓰나미가 항상 다가옵니다. 우리는 이를 성령으로 기도하며 정화하면서 자신의 전인격에 상처와 스트레스가 쌓이지 않게 해야 합니다. 우리는 이와 같은 영성깊은 생활로 상처와 스트레스를 이겨내고 행복하게 살아야 되는 것입니다. 삶은 한 번의 기회밖에 없습니다.

그 한 번의 기회에 울고 탄식하고 부정적으로 살아도 일생을 살고 모든 운명과 환경을 극복하고 기쁘고 행복하게 살아도 일생을 사는 것입니다. 환경은 언제나 똑같이 다가오는 것입니다. 그것을 극복 못하고 사는 사람은 슬프게 살고 극복하고 사는 사람은 기쁘게 살 수 있는 것입니다. 우리가 환경을 다스리기 위해서 어떻게 해야 될까요? 환경을 다스리기 전에 우리 마음을 다스려야 되는 것입니다. 마음을 다스리면 환경을 다스리는 능력이 나타나게 되는 것입니다.

잠언 16장 32절처럼 "노하기를 더디하는 자는 용사보다 낫고 자기의 마음을 다스리는 자는 성을 빼앗는 자보다 나으니라" 성을 빼앗는 것이 쉽습니까? 성을 지키고 있는 군대들이 안에서 끊임없이 저항을 하는데 성 빼앗는 것이 얼마나 어려운 것입니까? 그러나 마음을 다스리는 자가 성을 빼앗는 자보다 더 위대하다고 말하는 것은 마음을 다스리면 그 마음에 다스리는 성령의 능력이 나아가서 성을 무너뜨리고 마는 것입니다. 성을 빼앗으려고 하기 전에 마음을 다스리면 성이 무너진다는 말은 우리 마음을 다스리는 자는 환경과 운명의 성을 다스릴 수 있다는 것을 말하는 것입니다.

잠언서 4장 23절에 "모든 지킬 만한 것 중에 더욱 네 마음을 지키라 생명의 근원이 이에서 남이니라" 생명의 근원을 찾아 동서남북으로 방황하지 말고 내 마음에 바로 생명의 근원이 있기 때문에 마음을 다스리라고 말하는 것입니다.

잠언 25장 28절에 "자기의 마음을 제어하지 아니하는 자는 성읍이 무너지고 성벽이 없는 것과 같으니라" 성읍이 무너지고 성벽이 없으면 도둑놈들이 마음대로 들락날락하고 약탈꾼들이 와서 도둑질하고 죽이고 멸망시키는 것입니다. 마음을 제어하지 못하면 바로 그와 같다는 것입니다.

첫째, 성령 충만으로 마음을 청소하고 정리하라. 생명의 말씀과 성령으로 마음을 정화해야 합니다. 집안을 다스리려면 집안을 청소하고 정리해야 되는 것처럼 성령으로 기도하며 영과 진리로 예배드리며 마음을 청소하고 다스려야 되는 것입니다. 정신적으로 미움, 분노, 시기, 질투, 교만, 탐욕 같은 쓰레기더미를 씻어내고 양심에 고통스런 죄책을 다 회개하고 성령의 역사로 씻어야 마음을 다스릴 수가 있는 것입니다. 마음에 쓰레기가 잔뜩 쌓여있고 마음이 완전히 불완전하게 흩어져서 정신을 차릴 수 없는데 다스려집니까?

마가복음 7장 21절로 23절에 "속에서 곧 사람의 마음에서 나오는 것은 악한 생각 곧 음란과 도둑질과 살인과 간음과 탐욕과 악독과 속임과 음탕과 질투와 비방과 교만과 우매함이니 이 모든 악한 것이 다 속에서 나와서 사람을 더럽게 하느니라." 우리 속에는 쓰레기더미가 있습니다. 너나 할 것 없이 우리 가슴을 활짝 펴고 성령으로 들여다보면 쓰레기더미가 다 있습니다. 남에게만 쓰레기더미가 있다고 손가락질하지 말 것은 내 속에 쓰레기더미가 있는 것입니다. 그러므로 이것을 청산해야 돼요. 쓰레기더미를 어떻게 청산합니까? 우리가 성령님이 인도하시는 회개를 통해서 청산할 수 있는 것입니다.

크리스천들은 세상 사람이 알지 못하는 샘물이 있습니다. 세상 사람은 물질적으로 넘쳐나는 물로써 때는 씻지만 마음은 못 씻는데 우리는 마음을 씻는 성령의 역사와 그리스도의 십자가 보혈이 우리에게 주어진 것입니다. 우리는 갈보리산에 매달려 있는 예수 그리스도의 고통을 통해서 흘리신 피를 믿고 받아들이므로 우리 죄가 다 용서함 받을 수가 있는 것입니다. 우리 마음속에 더러운 죄만 자복할 뿐 아니라, 부정적인 생각을 정리해야 되는 것입니다. 마음에 염려, 근심, 불안, 초조, 절망, 시기, 분노, 우울한 마음, 살고 싶지 않은 부정적인 생각, 이런 생각을 다 쫓아내야 되는 것입니다. 그래서 제가 "나는 행복하다. 나는 기쁘다. 나는 즐겁다. 나는 평안하다. 나는 만사형통하다. 나는 하나님의 자녀다." 이런 긍정적인 말을 하라는 이유는 부정적인 생각을 쫓아내는 방법으로 그렇게 하는 것입니다.

어떤 분들은 저보고 이런 질문을 하고 싶을 것입니다. 행복하지도 않은데 왜 자꾸 행복하다고 그럽니까? 그래서 내가 하는 말은 행복 안하기 때문에 행복하다고 말하라는 것입니다. 행복한 사람은 행복한데 행복하다고 말할 필요 없지 않습니까? 행복 안하니까 그것을 쫓아내기 위해서 나는 행복하다. 안 기쁘니까 슬프니까 나는 기쁘다. 평안하지 못하니까 나는 평안하다. 건강 안하니까 내가 건강하다. 그래서 긍정적인 것이 부정적인 것을 쫓아내는 것입니다. 이것을 반대 영을 공급하다고 하는 것입니다. 성령을 채우면 세상이 물러나오는 것입니다. 부정적인 것을 그냥 두고는 마음이 정리정돈이 되지 않습니다. 로마서 8장 5절로 6절에 "육신을 따르는 자는 육신의 일을, 영을 따르는 자는 영의 일을 생각하나니 육신의 생각은 사망이요 영의 생각은 생명과 평안이니라." 육신을 따라서 여러 가지 부정적 생각이 마음을 꽉 점령하고 있을 때 우리는 영의 생각을 쫓아서 예수님 이름으로 긍정적인 시인을 하므로 이를 쫓아내는 것입니다.

로마서 12장 2절에 "너희는 이 세대를 본받지 말고 오직 마음을 새롭게 함으로 변화를 받아 하나님의 선하시고 기뻐하시고 온전하신 뜻이 무엇인지 분별하도록 하라" 마음을 새롭게 해야 되는 것입니다. 낡은 마음을 가지고는 하나님의 선하시고 기뻐하시고 온전한 뜻을 분별할 수 없습니다. 마음이 맑아져야 하나님의 뜻을 분별할 수 있는 것입니다. 그렇기 때문에 부정적인 생각을 정리해서 마음을 깨끗이 해야만 되는 것입니다.

먼저 버려야 할 사소한 생각으로는, 불행하다는 마음과 마음의 고통, 슬픔, 상처 등 주로 부정적인 것들을 다 성령의 역사로 정화해야 합니다. 매주일 마다 예배드리고 기도하면서 정화해야 합니다. 화, 불안, 분노, 비난 등 부정적인 감정들도 지금 당장 버리고 망설이고, 걱정하고, 불신하고, 갈등하고, 조급증, 적대감 등의 행동을 버릴 때 마음이 그런 것으로부터 해방되면 행복하게 된다는 것입니다. 우리가 성공적이고 행복한 삶을 살기 위해서는 무엇보다 먼저 우리의 생각과 감정과 행동 가운데 부정적이고 소극적인 쓰레기더미를 성령님의 역사로 씻어내고 우리 마음을 성령과 십자가 구속의 은혜로 채워야 하는 것입니다.

우리는 그 쓰레기더미 속에서 살지 않는데 바깥은 좋은 집에서 잘 정돈된 가구를 갖다 놓고 살지만 마음이 그런 쓰레기통이 되어 있습니다. 이 마음이 쓰레기통이 되어 있으니까 바깥이 아무리 좋아도 행복하지 않습니다. 우리가 마음을 정리정돈하기 위해서 항상 죄를 회개하고 자복하고 성령으로 씻고 부정적인 생각을 긍정적인 생각으로 내어 쫓아야 됩니다. "나는 행복하다. 나는 기쁘다. 나는 즐겁다. 울면서라도 나는 평안하다. 나는 건강하다. 나는 잘된다. 형통하다." 그렇게 하면은 그 생각이 우리 마음에 들어와서 반대적인 생각을 밀어내 주는 것이니까 마음에 그런 생각을 통해서 우리가 행복할 수가 있는 것입니다.

하나님께 기도할 때도 성령으로 마음이 정리정돈 되어서 기도해야 힘 있게 기도가 상달되지 마음이 아주 쓰레기더미 같이 혼잡하게 되어있는 상태에서 기도해서는 기도응답이 오지 않는 것입니다. 우리가 항상 마음속에 기뻐하고 경배하며 즐거움으로 꽉 들어찬 마음을 가지고 살면 마음을 다스릴 수가 있습니다. 우리의 삶의 고통과 어려움을 극복하고 기쁨과 행복 가운데 살아가기 위해서는 우리 마음을 십자가 구속의 은혜로 가득 채워야 되는 것입니다. 예수님 보혈로 씻고 성령으로 기도하여 하나님 은혜로 마음에 가득 채우면 어떠한 환경에도 행복과 기쁨을 갖고 살 수가 있는 것입니다. 예수 그리스도를 믿고 하나님 앞에서 얻은 기쁨은 세상으로 비교할 수가 없는 것입니다. 그래서 마음을 다스리면 행복이 환경에도 다가오게 되는 것입니다.

둘째, 희망찬 꿈을 그려보고 살아야 되는 것입니다. 우리는 모두 다 꿈을 갖고 사는 것입니다. 꿈이 없는 백성은 망한다고 말한 것입니다. 성도들의 꿈은 하나님께서 주인되는 것입니다. 하나님께서 자신의 주인으로 역사하시면 안 될 것이 없기 때문입니다. 적은 꿈, 큰 꿈, 살아있는 사람은 다 마음에 꿈을 갖고 있는 것입니다. 그런데 희망찬 꿈을 갖고 살아야지 꿈이 언제나 비관적이고 절망적이면 절대 행복하지 않습니다. 코로나19로 인하여 비관적인 꿈을 가진 사람들이 요사이 자살을 많이 하지 않습니까? 대학생들도 대학교수도 자살을 하거든요. 그러면 희망찬 꿈을 어디에서 얻을 수 있느냐. 우리는 갈보리 십자가를 바라보고 희망찬 꿈을 얻을 수 있는 것입니다. 예수님이 우리의 모든 절망을 십자가에서 청산해 주었기 때문에 십자가를 바라보아야 희망찬 꿈을 얻을 수가 있는 것입니다. 세상 꿈은 왔다가 갔다가 왔다가 갔다가 변화무쌍 합니다. 큰돈을 벌겠다고 애를 써서 돈을 벌고 난 다음 대개 건강 잃어버리고 환경이 어려워지면 순식간에 돈 다 날아가 버리고 빈손 들게 되는 것입니다.

그러나 절대로 우리가 실망하지 않는 것은 갈보리 십자가에서 몸 찢고 피흘려 돌아가신 예수 그리스도와 성령님을 바라보면 그 예수 그리스도 안에서 얻는 꿈은 희망차고 없어지지 않습니다. 자신 안에 예수님을 쳐다보고 용서와 의의 꿈을 언제나 꿀 수 있고 거룩하고 성령 충만한 꿈을 꿀 수 있고 치료받고 건강한 꿈을 꿀 수가 있고 아브라함의 복과 형통을 얻을 꿈을 꿀 수 있고 부활 영생 천국의 꿈을 꿀 수가 있습니다. 내 영혼이 잘됨같이 범사에 잘되며 강건하고 생명을 얻되 넘치게 얻는 꿈을 꾸고 나아가면 그 꿈이 그 세계로 이끌어 가는 것입니다. 자신이 꿈을 이루는 것이 아닙니다. 절대로 그것은 오해하지 마십시오. 꿈을 가슴에 품고 있으면 꿈이 자신을 이끌어 가는 것입니다. 그렇기 때문에 꿈을 갖는다는 것은 그렇게 중요한 것입니다. 믿음의 주요 또 온전케 하시는 예수를 바라보라고 성경에 말한 것입니다. 예수를 바라보고 나아가면 그 꿈이 우리를 예수께로 이끌어 주는 것입니다.

그래서 "누구든지 그리스도 안에 있으면 새로운 피조물이라 이전 것은 지나갔으니 보라 새것이 되었도다." 이전의 죄악된 삶, 부패한 삶, 병든 삶, 패배와 실패, 낭패, 가난, 저주의 삶. 죽음의 고통의 삶이 다 사라지고 새로운 삶, 영혼이 잘됨같이 범사에 잘되며 강건하고 생명을 얻되 넘치게 얻는 삶으로 변화되는 것입니다. 그것은 내가 노력하고 힘쓰고 애쓰고 되는 것이 아니라 꿈이 그 세계로 이끌어 가는 것입니다. 예수를 바라보고 믿으면 성령이 오셔서 그 꿈대로 변화시켜 주는 것입니다. "그 은혜를 인하여 믿음으로 말미암아 구원을 얻었은즉 이것이 우리에게서 난 것이 아니요. 하나님의 선물이라. 행위에서 난 것이 아니니 아무든지 자랑치 못하게 하려 함이라." 그 은혜를 인하여 믿음으로 말미암아 꿈이 이루어지는 것입니다. 수단과 방법과 노력으로 이루어지는 것이 아닌 것입니다. 그러므로 가난 대신에 복된 모습을 예수님 안에서 바라보십시오. 환경을 바라보고 "나는 가난하다. 못산다. 빈손 들었다." 그렇게 생각하고 그것을 마음속에 상상하고 바라보면 그대로 끌려가고 그대로 되는 것입니다. 그러나 환경을 바라보지 말고 십자가를 쳐다보면 예수님께서 십자가에서 우리의 가난과 저주를 다 청산해 버린 것입니다.

고린도후서 8장 9절에 "우리 주 예수 그리스도의 은혜를 너희가 알거니와 부요하신 이로서 너희를 위하여 가난하게 되심은 그의 가난함으로 말미암아 너희를 부요하게 하려 하심이라" 어디에서 그런 말씀을 얻을 수 있습니까? 십자가를 바라보면 예수 그리스도를 통해서 그 말씀을 얻을 수 있고 그 말씀을 통하여 우리는 부요하게 되는 꿈을 꿀 수가 있는 것입니다. 꿈을 꾸면 꿈이 그 세계로 이끌어 가는 것입니다. 그러므로 꿈을 우습게 생각하지 마십시오. 죄와 마귀와 고통의 종 대신에 자유로운 삶을 얻게 되는 모습을 꿈꿀 수 있는 것입니다. 십자가를 바라보고 주님께서 죄와 마귀와 고통에서 해방시켜 주시고 자유를 주신 모습을 꿈꿀 수가 있는 것입니다. 예수 그리스도의 은혜를 꿈꾸면 그대로 이끌어지는 것입니다.

사도행전 10장 38절에 "하나님께서 예수 그리스도에게 성령과 능력을 기름 붓듯 하셨으매 그가 두루 다니시며 선한 일을 행하시고 마귀에게 눌린 모든 사람을 고쳤다"고 했습니다. 예수님은 바꾸시고 고치는 하나님이신 것입니다. 영혼을 고치고 마음을 고치고 육체를 고치고 생활을 고치는 하나님이신 것입니다. 하나님은 자녀들이 건강하기를 소원하십니다. 그러므로 그리스도를 통해서 내가 치료받고 고침 받고 변화 받는 모습을 상상하면 성령께서 그 길로 이끌어 주시는 것입니다. 꿈을 꾸어야 되는 것입니다. 생각과 꿈을 꾸어야 되는 것입니다. 그러면 그대로 되어요. 자꾸 못살고 안 되고 죽는 것을 생각하면 꿈이 못살고 안 되고 죽는 것으로 끌고 가는 것입니다. 주님이 주시는 새로운 삶을 꿈꾸고, 심신의 병 대신 건강한 삶을 꿈꾸고, 하나님이 복된 삶을 마음속에 꿈꿔야 되는 것입니다.

그러면 시편 103편 1절로 5절과 같은 우리가 됩니다. "내 영혼아 여호와를 송축하라 내 속에 있는 것들아 다 그의 거룩한 이름을 송축하라 내 영혼아 여호와를 송축하며 그의 모든 은택을 잊지 말지어다. 그가 네 모든 죄악을 사하시며 네 모든 병을 고치시며 네 생명을 파멸에서 속량하시고 인자와 긍휼로 관을 씌우시며 좋은 것으로 네 소원을 만족하게 하사 네 청춘을 독수리 같이 새롭게 하시는 도다" 얼마나 좋습니까? 이런 꿈을 꾸라는 것입니다. "저가 내 모든 죄를 다 사해 주시고 내 병을 다 고쳐 주시고 내 생명을 파멸에서 건져 주시고 내 마음의 소원을 이루어 주사 네 청춘으로 독수리 같이 새롭게 해주신다." 이 성경말씀을 읽고 이 말씀을 꿈꾸고 감사하면 그러한 역사가 일어나게 되는 것입니다.

우리는 성경말씀에 약속의 말씀이 있기 때문에 이 말씀을 읽고 상상하고 꿈꾸면 하나님의 말씀은 살았고 운동력이 있어 좌우에 날선 검보다 예리하여 혼과 영과 및 관절과 골수를 쪼갭니다. 말씀이 자신을 변화시키고 이끌어 가는 것입니다. 아무리 유능한 사람이라도 꿈이 없는 사람은 그 능력을 발휘하지 못합니다. 그러나 아무리 둔한 사람도 꿈이 있으면 지혜와 지식과 총명이 개발되어서 큰일을 하게 됩니다. 그렇기 때문에 우리가 그리스도의 십자가를 바라보고 하나님 말씀을 통하여 항상 꿈을 잃지 말아야 되는 것입니다. 하나님 말씀을 늘 가까이 하시고 말씀을 읽고 상상하고 꿈꾸십시오. 그래서 마음을 다스리면 그 마음을 다스린 대로 환경에 이루어지는 것입니다. 환경이 그대로 이루어지는 것이 아니라 마음에 다스린 마음에 정리된 그것이 환경으로 나타나는 것입니다. 보이는 것은 나타난 것으로 말미암아 된 것이 아닙니다. 스스로 된 것이 아니라 **모든 것이 마음에서 이루어진 것이 밖에 나타나는** 것입니다.

셋째, 우리는 믿음을 활용해야 되는 것입니다. 마음을 다스리기 위해서는 하나님을 믿어야 되는 것입니다. '내가 하는 것이 아니요, 나를 통하여 하나님께서 하신다.'고 믿어야 기적이 일어납니다. 성경에는 하나님을 믿으라고 말했는데 세상 사람들은 믿을 데가 없잖아요. 지위, 명예, 권세, 돈 이런 것을 믿지 하나님을 못 믿는 것은 하나님 모르니까. 그러나 극히 어려운 일을 당하면 하나님을 모르는 사람은 믿을 데가 없기 때문에 망하고 마는 것입니다. 이스라엘 백성이 애굽에서 나올 때 바로와 온 군대가 그들을 다 잡으러 나왔는데 홍해수가에 와서 진퇴유곡에 빠졌습니다. 군대도 없고 무장도 안 되고 바로왕의 군대를 대항할 수도 없습니다. 다 잡혀 죽을 수밖에 없습니다. 그럴 때 이스라엘 백성은 무엇을 했습니까? 발만 동동 굴렀습니다. 그러나 모세는 두려워하지 않고 당황하지 않고 하나님께 기도했습니다. "너희는 오늘날 낙심하지 말고 하나님을 믿으라. 오늘 내가 본 애굽 군대를 다시는 보지 못하리라" 했습니다. 그러면서 하나님께서 지시하신 대로 지팡이를 바다로 내미니까, 홍해수가 갈라졌습니다. 상상할 수 없는 기적이 생겨난 것입니다. 우리가 하나님을 믿는다는 것은 상상할 수 없는 기적이 일어날 것을 기대하고 믿는 것입니다. 하나님을 믿는 것은 일반적인 상식적인 일이 일어날 것이면 하나님 믿을 필요가 없습니다. 우리 감각적으로나 경험 등으로나 이성적으로나 지적으로 가능한 것을 믿으면 그것은 믿음이 아니지요. 불가능한 것을 믿는 것입니다. 내가 할 수 없는 것을 하나님께서 하신다고 믿는 것입니다.

그렇기 때문에 내가 믿는다고 기도할 때는 반드시 기적이 일어날 것을 기대해야 되는 것입니다. 기적이 없는 믿음은 믿음이 아닙니다. 기적은 살아계신 하나님께서 함께 하시는 보증입니다. 하나님께서 함께 하심을 믿으니 믿음을 보시고 기적을 일으키시는 것입니다. 내가 영적으로 믿으면 영적인 변화의 기적이 일어나야 되고, 육신적으로 믿으면 육신적인 치료가 기적적으로 일어나야 되고, 생활적으로 믿으면 생활에 사람이 상상할 수 없는 은총이 나타나야 되는 것입니다. 그러므로 하나님을 믿으라는 것은 기적이 일어날 것을 기대하는데 무엇을 믿을까요? 그렇게 하는 사람 많습니다. 믿음은 들음에서 나며 들음은 그리스도의 말씀으로 말미암는다고 성경에 보면 하나님이 주신 약속이 얼마나 많은지 모릅니다. 그러므로 말씀을 읽고, 그 말씀이 레마가 되어서 감동을 주면 그대로 믿고 순종하면 역사가 이루어지는 것입니다. 하나님께서 믿은 대로 하십니다.

잠언 4장 20절로 22절에 "내 아들아 내 말에 주의하며 내가 말하는 것에 네 귀를 기울이라 그것을 네 눈에서 떠나게 하지 말며 네 마음속에 지키라. 그것은 얻는 자에게 생명이 되며 그의 온 육체의 건강이 됨이니라." 말씀이 마음속에 들어오면 그

것이 생명이 되고 온 몸에 건강이 되는 것입니다. 네가 내 안에 내 말이 너희 안에 있으면 무엇이든지 원하는 대로 구하라 이루리라. 우리는 정말로 튼튼한 백을 가지고 있습니다. 이런 하나님이 어디에 계십니까? 그러므로 우리가 예수 이름으로 말씀이 우리 마음속에 믿어지면 기도하면 하나님이 이루어주시는 것입니다. 그렇기 때문에 믿음이라는 것은 기적을 기대하고 없는 것을 있는 것같이 생각하고 바라보는 것입니다. 없는 것을 있는 것같이 눈에는 아무 증거 안보이고 귀에는 아무 소리 안 들리고 손에는 잡히는 것 없어도 내가 믿는다는 것은 없는 것을 있는 것같이 보고 생각하고 기대하는 것입니다. 그러므로 강하고 담대할 수가 있습니다.

창세기 13장 14절로 15절에 "롯이 아브람을 떠난 후에 여호와께서 아브람에게 이르시되 너는 눈을 들어 너 있는 곳에서 북쪽과 남쪽 그리고 동쪽과 서쪽을 바라보라 보이는 땅을 내가 너와 네 자손에게 주리니 영원히 이르리라" 지금 내 땅이 아닌데 바라보라는 것입니다. 바라봄의 법칙입니다. 바라보고 마음에 내 것이라고 믿고 선언하면 너에게 주겠다. 그런데 가나안 땅 동서남북 땅을 아브라함과 그 자손에게 다 하나님이 다 주신 것입니다. 바라보라. 여러분은 뭘 바라봅니까? 건강을 바라봅니까? 계속 바라보십시오. 그리고 믿으십시오. 기적이 일어날 것을 기대하십시오. 바라보고 믿고 기적이 일어날 것을 기대하고 입으로 하나님이 은혜를 주셨다고 시인하면 능력이 나타나게 되는 것입니다.

넷째, 말로써 마음을 다스려야 되는 것입니다. 꿈과 믿음을 말로써 시인하면 꿈과 믿음이 마음을 점령하게 되는 것입니다. 말이 제일 중요한 것은 말을 통해서 생각하고 말을 통해서 바라보고 말을 통해서 믿고 말을 통해서 행동하게 되는 것입니다. 사람은 말에 대해서 깊이 생각 안하는데 말이 자신을 붙잡고서 좌우하는 것입니다. 믿는 것이 가만히 있으면 그 믿음이 아니지 않습니까? 나 믿습니다. 말로 하면 믿음이 나타나는 것입니다. 꿈도 마음속에 가만히 혼자서 어떻게 꿈꿉니까? 나는 꿈을 꾸고 있습니다. 무슨 꿈을 꾸느냐. 영혼이 잘됨같이 범사에 잘되며 강건한 꿈을 꾸고 있습니다. 말을 하면 그 꿈이 선명해진다 말입니다. 말을 하는 것입니다. 가만히 있으면 무엇인지 모르지만 나는 백화점에 가서 봄옷을 사 입겠습니다. 멋있는 봄옷을 사 입겠습니다. 말을 해보십시오. 그 꿈이 마음에 아주 확실하게 되잖아요. 그렇기 때문에 자꾸 말로써 나는 행복합니다. 나는 기쁘고 즐겁습니다. 하면 마음속에 꿈이 행복한 꿈과 즐거운 꿈이 마음속에 그려집니다. 말을 안 하면 안 됩니다.

잠언서 18장 21절에 "죽고 사는 것이 혀의 힘에 달렸나니" 혀가 힘이 있습니다. "죽고 사는 것이 혀의 힘에 달렸나니 혀를 쓰기 좋아하는 자는 혀의 열매를 먹으리라" 그냥 말이 공중으로 날아가는 것이 아닙니다. 혀가 그 열매를 맺어서 드시도록 만들어 주는 것입니다. 야고보서 3장 2절에 "우리가 다 실수가 많으니 만일 말에 실수가 없는 자라면 곧 온전한 사람이라 능히 온 몸도 굴레 씌우리라" 말이 온 몸을 굴레 씌우는 것입니다. 그러므로 말이라는 자체가 얼마나 힘이 있는지 모릅니다. 말을 통해서 믿음의 분위기를 만들어야 됩니다.

마음속에 긍정적인 생각과 긍정적인 꿈과 긍정적인 믿음과 긍정적인 말을 해서 긍정적인 분위기를 만들어 놓으면 성령이 날아옵니다. 분위기가 얼마나 중요한지 모릅니다. 쓰레기통을 갖다 놓으면 벌레와 쥐가 옵니다. 쥐가 오지 말라고 해도 쓰레기통을 갖다 놓으면 쥐가 오고 벌레들이 옵니다. 그러나 꽃을 갖다 놓으면 나비와 벌들이 옵니다. 마음에 어떠한 분위기를 만드느냐에 따라서 환경이 달라지는 것입니다. 그러므로 마음에 예수 그리스도의 십자가에서 흘린 보혈로 말미암아 영혼이 잘되고 범사에 잘되며 강건한 분위기를 만들어 놓으면 좋은 일이 한없이 생겨나요. 그런데 이 마음의 분위기를 잘 만드는데 가장 공로를 세우는 것이 말입니다.

로마서 10장 8절로 10절에 "말씀이 네게 가까워 네 입에 있으며 네 마음에 있다 하였으니 곧 우리가 전파하는 믿음의 말씀이라. 네가 만일 네 입으로 예수를 주로 시인하며 또 하나님께서 그를 죽은 자 가운데서 살리신 것을 네 마음에 믿으면 구원을 받으리라. 사람이 마음으로 믿어 의에 이르고 입으로 시인하여 구원에 이르느니라." 아무리 마음에 믿어도 입으로 시인하고 말 안하면 구원에 이르지 않습니다. 성령으로 충만하여 성령께서 감동하시는 말대로 순종하면 기적이 일어나는 것입니다.

18장 전인격이 성령의 지배를 받는 훈련

(고전 2:10-13)"오직 하나님이 성령으로 이것을 우리에게 보이셨으니 성령은 모든 것 곧 하나님의 깊은 것까지도 통달하시느니라. 사람의 일을 사람의 속에 있는 영외에 누가 알리요 이와 같이 하나님의 일도 하나님의 영외에는 아무도 알지 못하느니라. 우리가 세상의 영을 받지 아니하고 오직 하나님으로부터 온 영을 받았으니 이는 우리로 하여금 하나님께서 우리에게 은혜로 주신 것들을 알게 하려 하심이라. 우리가 이것을 말하거니와 사람의 지혜가 가르친 말로 아니하고 오직 성령께서 가르치신 것으로 하니 영적인 일은 영적인 것으로 분별하느니라."

코로나19 속에서도 세상을 이기면서 하나님의 살아계심을 체험하며 살아가려면 성령으로 충만 받아 성령의 지배와 인도를 받아야 합니다. 하나님은 크리스천들의 전인격이 성령의 지배와 장악이 되어 성령의 인도를 받는 사람이 되기를 원하십니다. 하나님은 모든 성도들이 성령의 지배와 장악이 되기를 소원하십니다. 우리 예수 믿는 사람들의, 삶의 특징이 있다면, 그것이 무엇이라고 생각하십니까? 입으로만 예수를 믿는다고 시인하는 그런 보통의 신앙의 삶이 아니라, 예수를 믿고 난 다음에 변화된 삶을 살아가는 성도들의 특징을 말하는 것입니다. 이러한 성도들의 삶의 특징이 무엇이겠습니까? 그것은, "영-혼-육 전인격이 성령의 지배와 장악을 받아 성령의 인도를 받는 삶"이라, 그렇게 말 할 수 있습니다. 예수님을 나타내면서 살아간다고 말할 수 있습니다.

그러면, 성령의 지배와 장악이 받는 삶이란, 또 무엇을 말하는 것입니까? 전인격이 성령께 사로잡혀 사는 것을 말하는 것입니다. 성령을 주인으로 모시고 세상을 살아가는 것입니다. 매사를 성령님과 의논하고 성령의 뜻을 따라 사는 것을 성령의 지배와 장악이 된 삶이라고 말할 수 있습니다. 성령의 인도함을 받아, 성령의 능력에 의해서 살아가는 삶을 말하는 것인 줄로 믿습니다. 성령님이 나를 지배하고 다스리는 삶, 이전에 우리의 삶이, 육체의 본능이 지배하는 삶이었고, 죄가 지배하는 삶이었다면, 이제 예수를 믿고, 변화를 받고 난 다음에 나타나는 삶은, 성령에 의해서 지배와 장악을 받는 삶이 되어야 합니다.

에베소서 5장 14절 말씀을 보게 되면, "그러므로 이르시기를, 잠자는 자여 깨어서 죽은 자들 가운데서 일어나라. 그리스도께서 네게 비취시리라 하셨느니라." 말씀하고 있습니다. 지금 우리의 신분은 어떤 신분입니까? 이제 예수 안에서, 새로운 생명을 소유하고 태어난, 하나님의 자녀들입니다. 그러므로 이제는, 과거의 세상 적이고, 육신적인 삶의 방식은 벗어버리고, 하나님의 자녀로서 살아가야 하는 삶의 방식을 따라야 한다는 것입니다. 그 하나님의 방식을 따르는 삶, 이것이 바로 성령의 지배와 장악이 된 삶이라는 것입니다.

그러나 오늘 우리 성도들의 삶은 어떻습니까? 아직도 우리는 많은 부분이 주님의 방식을 따르지를 못하고 있습니다. 아직도 내 자아가, 내 속에 살아 쉼 쉬고 있고, 아직도 내 뜻이 내 인생의 대부분을 결정하고 있습니다. 어둠의 권세에 속해 있는 죽음의 자리에서 이제는 벗어나, 나의 삶을 주장하시고, 온전히 이끌어 주시기를 원하시는, 빛 되신 예수 그리스도를 향해, 걸어가야 하는데도 불구하고, 우리는 여전히 그 빛을 외면하고, 시선을 어둠의 세상을 향해, 돌리고 있다는 것입니다. 우리의 삶에 빛이 크게 비춰면, 어두움은 작아지게 되고, 결국에는 그 어둠이 흔적 없이 물러가게 됩니다. 그러나 반대로, 우리의 삶에 어두움이 크면 어떻습니까? 빛이 작게 느껴지게 됩니다. 그리고 이 상태로 계속 있게 되면, 나중에는 그 어두움이, 빛을 완전히 삼켜 버리게 된다는 것입니다.

그래서 예수를 믿어도, 예전과 비교해 별로 변화된 것이 없는 여전히 세상 흑암 속에서 헤매며, 오히려 더 무능력한 가운데, 오히려 더 고통스런 가운데, 삶을 살아가게 된다는 것입니다. 왜냐하면 성령의 역사가 일어나지 않으니 스트레스를 받게 하여 몸속에 독소를 만들고 마귀와 귀신들이 자꾸 장악하기 때문입니다. 그래서 오만가지 문제가 발생하는 것입니다. 빨리 알아차리고 성령의 지배와 장악을 받아야 합니다. 가슴에 손을 얹고 생각해 보세요. 주님이 우리에게 요구하시는 삶의 모습이, 과연 이러한 것이겠습니까? 주님이 우리에게 요구하시는 삶은, 결코 이러한 모습의 삶은 아닐 것입니다. 주님은 우리에게, 변화된 삶을 요구하십니다. 그것도 어정쩡한 변화가 아니라, 확실히 변화된 삶을 요구하십니다. "아니 저 사람 예수 믿고 나더니, 완전히 달라졌네!" 이런 평가와 칭찬을 듣는 그러한 삶을 원하신다는 것입니다. 그런데 이렇게 변화되기 위해서는 반드시 성령의 역사가 있어야 가능한 것입니다. 성령의 지배와 장악을 받아야 변화되는 것입니다. 예수를 믿으면서도 변화되지 않는 것은 성령의 역사 없이 이론으로 지식으로 전통으로 관념적인 믿음 생활을 하기 때문입니다.

그래서 이런 찬송이 있지요? "내 죄 사함 받고서 예수를 안 뒤, 나의 모든 것 다 변했네. 지금 나의 가는 길 천국 길이요, 주의 피로 내 죄 씻었네." 할렐루야! 예수를 믿고 나서, 자신의 모든 것이 변화되어 지는 것, 바로 이러한 놀라운 삶의 변화의 역사를, 하나님은 우리 모두에게 기대하고 계신다는 것입니다.

우리의 신앙의 출발은, 하나님의 권능을 믿는 믿음에서 출발하는 것입니다. "하나님은 나의 모든 것을 아시는 가운데, 나의 모든 것을 주의 권능으로 채워주시며, 온전케 하시는 하나님이시다." 이것은 모두 성령으로 되는 것입니다. 우리가 이것을 믿어야, 하나님을 평생에 주인으로 모시며 따를 수 있는 것입니다. "내가 사망의 음침한 골짜기로 다닐지라도 해를 두려워하지 않을 것은, 주께서 나와 함께 하심이라." 다윗은 담대하게 신앙의 고백을 했습니다. 그리고는 선언하지요. "나의 평생에 선하심과 인자하심이 정녕 나를 따르리니 내가 여호와의 집에 영원히 거하리로다." 할렐루야!

세상 사람들이 우리를 향해, 너는 못한다고 말할지라도, 우리 예수 믿는 성도들은 예수 안에서 할 수 있다고, 얼마든지 가능하다고 말하며, 믿음으로 밀고 나가 행해야 기적을 체험하는 것입니다. 삶에 자신감과 담대함이 있어야 한다는 것입니다. 왜입니까? 하나님의 권능이 오늘도 나와 함께 하시기 때문에…. 성령의 역사가 오늘도 나의 삶에 나타나기 때문에…. "너 가는 길을 누가 비웃거든, 확실한 증거를 보여 주어라. 성령이 친히 감화하여 주사, 저들도 참 길을 얻으리…" 지금 우리 모두가, 성령의 다스림 속에서, 성령의 인도함 속에서, 이런 확실히 변화된 인생을 살아갈 수 있기를, 주님의 이름으로 축원 드립니다.

그러면, 오늘 우리가 어떻게 하면 이런 성령의 지배와 장악을 받는 능력 있는 삶을 살아갈 수 있겠는가? 여기에 대한 고민이 있어야 진정한 성도일 것입니다. 그래야 바른 길을 찾아서 성령의 인도를 받으며 성령의 지배와 장악을 당한 성도가 될 수 있기 때문입니다. 그런데 이에 대한 해답이 바로 에베소서 5장 18절에 나타나 있다는 것입니다. "술 취하지 말라. 이는 방탕한 것이니, 오직 성령의 충만을 받으라." 했습니다. 우리가 성령의 지배와 장악된 삶을 살아가는 방법, 뭐 다른 게 있겠습니까? 내 속에 성령의 크기를, 내 자아보다 더 크게 만들면 되는 것입니다. 성령이 자신을 지배하게 하면 됩니다. 성령님을 주인으로 모시고 살면 되는 것입니다. 성령이 내 속에 끊임없이 임하게 만들어서, 그 성령이 나의 삶을 온전히 주장할 수 있도록, 자신의 신앙을 가꾸어 나가면 되는 것입니다. 그렇잖아요? 그 외에 무슨 방법이 있겠습니까? 성령의 지배를 받으며 살아가는 것 알고 보면 너무나 쉽습니다. 습관이 되지 않기 때문에 어려운 것입니다.

그러면, 우리가 생각해 볼 것은 무엇입니까? 성령의 지배와 장악된 삶을 살아가려면 먼저 성령으로 세례를 받아야 합니다. 이 성령이 최초에 언제 어느 때에, 우리에게 임하고 장악하게 되는가? 하는 것입니다. 직장에서 일할 때 성령이 임합니까? 가정에서 설거지 하고, 청소할 때 성령이 임합니까? 학교에서 공부할 때 성령이 임합니까? 언제 우리에게 성령이 임하게 되어집니까? 물론 성령으로 세례 받고 충만 받은 크리스천은 아무 곳에서나 기도할 때 성령이 임하십니다.

그러나 최초 성령이 임하시는 것은 성령이 역사하는 건물교회 예배당에서 성령으로 세례받고 성령의 지배와 인도를 받는 목사님에게 말씀 듣고, 기도하고, 찬송할 때, 성령이 임하고 장악이 되는 것입니다. 그래서 성도들에게 교회예배당은 아주 중요합니다. 성령은 반드시 성령의 역사가 일어나는 장소에서 체험할 수가 있기 때문입니다. 성령의 역사가 강하게 일어나는 교회예배당에서 성령으로 세례를 받고 성령으로 장악이 되어 삶의 현장에서 기도할 때 성령의 지배를 받을 수 있습니다.

성경을 보세요. 초대 교회의 성도들이 언제 성령을 체험하고 받았습니까? 각 가정마다 모여 예배하고 말씀 들을 때, 또 마가의 다락방 같은 곳에 모여, 그들이 기도하고, 찬송할 때, 하늘로부터 급하고 강한 바람 같은 성령이, 홀연히 그들 가운데 임하게 되어졌다는 것입니다. 그렇다고 가정에서만 성경보고, 기도하라는 얘기는 아닙니다.

그때는 그 가정이 곧 교회였습니다. 초대 교회는 곧 가정 교회였습니다. 하나님은 언제나 교회 가운데, 좌정하여 계시는 줄 믿습니다. 교회는 유형교회(건물교회예배당)와 무형교회(천성의 교회와 성전된 성도)를 모두 망라하는 것입니다. 그래서 지금도, 언제나 성령의 역사가 일어나는 교회예배당에 모여 성경보고, 말씀 듣고, 기도하고, 찬양할 때, 성령이 임하게 된다는 것입니다. 그런데 홀연히 라는 말이 무슨 말입니까? 갑자기라는 말이지요. 오로지 하나님만을 생각하며 몰입 집중하여 기도할 때 홀연히 성령이 장악하시는 것입니다.

성령이 임하시는 것은 전적으로 성령님의 뜻이지만 분명한 것은 적당히 말씀보고, 적당히 기도하고, 적당히 찬송할 때 임하는 것이 아니라, 마음 중심으로 예배를 드리고, 말씀을 깊이 묵상하고, 전심으로 기도하고, 뜨겁게 찬송할 때, 성령은 우리 가운데 분명 임하게 된다는 사실입니다. 그러므로 내 삶 속에 말씀 보는 시간을 늘리고, 기도하는 시간을 늘리고, 찬송하는 시간을 늘리면, 그 때에 우리도 성령이 충만하게 될 가능성이 더 많아진다는 것입니다. 그러면 코로나19 속에서 일어나는 우울증과 정신적인 질병, 영적인 문제를 일으키는 몸속의 독소가 배출되기 때문에 건강한 삶을 살아갈 수가 있습니다.

에베소서 5장 15절-16절 말씀에, "그런즉 너희가 어떻게 행할 것을 자세히 주의하여 지혜 없는 자같이 말고, 오직 지혜 있는 자같이 하여 세월을 아끼라. 때가 악하니라." 했습니다. 무슨 뜻입니까? 세상에 취하여, 하나님의 주신 시간들을 자기 임의로 사용하여, 허송세월을 보내지 말고, 우리의 시간들을 영적인 부분들에 할애해서, 말씀과 기도와 찬양의 시간들을 통하여, 하나님의 뜻을 온전히 깨달은 가운데, 그 뜻대로 살아가는 신앙의 모습이, 필요하다는 것입니다. 항상 하나님을 생각하고 집중하는 자세가 중요합니다. 그래서 결과적으로 우리의 삶이, 성령이 원하시는 대로, 성령이 이끄시는 대로, 성령의 지배함을 받아, 살아가게 된다는 것입니다.

우리가 이렇게 성령의 지배를 받게 되면, 우리의 삶에 어떤 역사가 나타나겠습니까? 먼저 우리는 하늘의 신령한 지혜와 강력한 능력을 이끌어낼 수가 있습니다. 몸속의 독소가 녹아져서 배출이 됨으로 영-혼-육이 건강한 삶을 살아가는 것입니다. 그리고 세상에 능력을 행사하게 됩니다. 그래서 세상을 살아가도 힘 있게, 당당하게 살아가게 된다는 것입니다. 사단의 권세가 지배하는 이 세상에서, 사단의 올무에 걸려 허우적거리는 인생을 살아가는 것이 아니라, 하나님의 자녀답게 하나님의 권능을 힘입어, 사단의 권세를 깨뜨리며, 성령의 권세로 귀신을 지배하며 쫓아내고 주의 이름으로 날마다 승리하며 살아가는 삶, 이런 역사들이 우리의 삶에 나타나게 된다는 것입니다.

더 나아가 매일 하늘나라 천국을 이루어 항상 하나님과 교통하면서 살아갈 수가 있는 것입니다. 성도는 무엇보다도 하나님과 관계를 열어 친밀하게 지내야 합니다. 하나님과 친밀하게 지내려고 성령의 지배를 받는 것입니다. 성령의 지배와 장악을 받게 되니 영적-육적-정신적인 문제을 일으키는 몸속에 독소가 생기지 않고 성령으로 녹아지고 배출이 됩니다. 마귀와 귀신이 감히 넘보지 못하는 성도가 되는 것입니다. 그래서 무시로 하나님을 찾는 것입니다. 항상 성령으로 충만하여 성령의 지배와 장악을 받는 삶을 살기위해서 하나님을 찾는 것입니다. 많은 성도들이 성령이 충만 하면은 교회에 나가서 기도할 때 손을 흔들고 벌벌 떨면서 기도하면 성령으로 충만한 줄로 착각합니다.

그러나 성령으로 충만하다는 것은 항상 하나님을 생각하면서 하나님을 찾는 상태가 성령으로 충만한 상태인 것입니다. 이렇게 될 때 전인격이 성령의 지배를 받게 되는 것입니다. 성도들은 성령의 권능으로 살아가야 합니다. 성도들에게서 성령의 능력이 빠진 인간의 힘이나, 경험으로는 하나님을 기쁘시게 하지 못합니다. 성령의 도우심이 빠진 인간의 재주나 재능으로 세상을 이길 수가 없습니다. 성령의 지배를 받지 않는 성도는 잎만 무성한 무화과나무로 자라게 만들 뿐이라는 겁니다. 열매가 없이 잎만 무성한 무화과나무, 그 나무는 인간의 눈으로 볼 때는 멋있게 자란 나무이고, 가지도 무성하고, 잎도 너무나도 푸른 나무이지만, 결국 어떻게 되었습니까? 주님의 저주로 인해 말라 죽고 말았다는 것입니다. 이러한 사실을 우리는 유념해야 할 줄로 압니다. 전인격이 성령의 지배를 받아야 합니다. 그러면, 성령의 지배와 장악을 받아 성령의 인도를 받는 사람들에게 나타나는 삶의 변화는 무엇일까요?

첫째, 예수님의 인생을 살게 된다. 크리스천이 바르게 알아야 할 것은 하나님께서 부르신 것은 하나님을 위해서 부르신 것입니다. 분명하게 사무엘상 16장 3절에 "이새를 제사에 청하라. 내가 네게 행할 일을 가르치리니 내가 **네게 알게 하는 자에게 나를 위하여 기름을 부을지니라.**" 하나님을 위하여 다윗에게 기름을 부으라고 하셨습니다. 하나님께서 우리를 부르시고 성령의 인도를 받게 하신 것은 훈련시켜서 종으로 부려먹기 위해서 부르신 것이 아닙니다. 우리의 영-혼-육을 건강하게 하여 하나님을 나타내면서 살아가게 하려고 부르신 것입니다.

그래서 우리가 예수를 믿는 순간에 죽고, 다시 예수님으로 태어나는 것입니다. 하나님께서 분명하게 말씀하셨습니다. "그리스도의 사랑이 우리를 강권하시는 도다. 우리가 생각하건대 한 사람이 모든 사람을 대신하여 죽었은즉 모든 사람이 죽은 것이라. **그가 모든 사람을 대신하여 죽으심은 살아 있는 자들로 하여금 다시는 그들 자신을 위하여 살지 않고 오직 그들을 대신하여 죽었다가 다시 살아나신 이를 위하여 살게 하려 함이라**(고후 5:14-15)" 분명하게 "자신을 위하여 살지 않고 오직 그들을 대신하여 죽었다가 다시 살아나신 이를 위하여 살게 하려 함이라고" 하셨습니다. 예수님을 위하여 살게 하려고 부르신 것입니다. 예수님께서 하신 일을 하게 하려고 부르신 것입니다. 하나님을 위하여 다윗을 기름부었습니다. 다윗이 자기 마음대로 했습니까? 하나님께서 하라는 대로 했습니다. 마찬가지로 우리도 예수님을 위하여 살아야 합니다. 다윗과 같이 예수님의 말씀에 순종하면서 살아야 합니다. 예수님께서 하라는 대로 순종하면서 살아야 합니다. 그래야 영적-육적-정신적인 문제을 일으키는 몸속의 독소가 쌓이지 않게 됩니다.

영-혼-육이 건강해야 예수님을 위하여 살아갈 수가 있는 것입니다. 이제 자신의 인간적인 생각이나 지혜나 열심으로 살지 말아야 합니다. 성령의 인도를 받아야 합니다. 성령으로 깨닫고 성령으로 행하고 성령으로 기도하면서 하나님의 말씀대로 살아가는 것이 몸에 배여야 하나님을 삶에서 누리면서 살아갈 수가 있기 때문입니다. 하나님은 분명하게 말씀하셨습니다. "이르시되 너희가 너희 하나님 나 여호와의 말을 들어 순종하고 내가 보기에 의를 행하며 내 계명에 귀를 기울이며 내 모든 규례를 지키면 내가 애굽 사람에게 내린 모든 질병 중 하나도 너희에게 내리지 아니하리니 나는 너희를 치료하는 여호와임이라(출 15:26)” 크리스천들도 건강하게 살아가면서 하나님께서 주신 것들을 누리면서 하나님의 살아계심을 세상에 나타내면서 살아가도록 성령으로 훈련하시는 것입니다. 크리스천의 영-혼-육의 건강은 하나님의 뜻입니다.

필자는 어떡하면 예수님을 믿는 사람답게 지금 천국을 누리면서 살아가도록 할 것인가에 두고 목회를 하고 치유집회를 인도합니다. 항상 생각하고 기도하는 것이 이 땅에서 예수님을 누리면서 건강하게 지내면서 하나님의 도구로 쓰임을 받다가 영원한 천국에 입성하는 것입니다.

성경 말씀 데살로니가전서 5장 23절을 보겠습니다. “평강의 하나님이 친히 너희를 온전히 거룩하게 하시고 또 너희의 온 영과 혼과 몸이 우리 주 예수 그리스도께서 강림하실 때에 흠 없게 보전되기를 원하노라.” 하나님은 오늘 우리들이 어떻게 살기를 원하실까요? 이 말씀에는 건강한 삶의 3가지 내용을 소개합니다. ①하나님의 평강을 누리면서 살라(평강의 삶). ②너희의 삶이 거룩한 삶, 구별된 삶을 살기를 원한다(거룩한 삶). ③세상사는 동안 영과 혼과 몸이 흠 없이 병 없이 건강하기를 원한다(건강한 삶). 하나님은 예수를 믿고 성령으로 거듭난 성도들이 평강의 삶, 거룩한 삶, 건강한 삶을 살아가면서 예수님을 누리며 하나님을 자랑하기를 원하십니다.

둘째, 거룩한 삶을 산다. 거룩이 무엇입니까? 하나님의 집, 성전되어 사는 것을 말하는 줄 믿습니다. 거룩이란, 구별된 삶, 분리된 삶, 정결한 삶을 말합니다. 성경에 거룩이란 말이 최초로 나오는 곳은 (창2:3)입니다. 창세기 2장 3절을 보겠습니다. "하나님이 그 일곱째 날을 복되게 하사 거룩하게 하셨으니 이는 하나님이 그 창조하시며 만드시던 모든 일을 마치시고 그 날에 안식하셨음이니라." 거룩은 히브리어로 '카다쉬'라고 하며, 그 말의 뜻은 성별, 구별, 분리, 봉헌, 성화, 성결을 말합니다. 주일을 거룩하게 지키는 삶을 말합니다. 이론으로 말로 몸으로 거룩하게 지키는 것이 아니고, 성령의 지배와 인도를 받으면서 주인을 지키는 삶입니다. 성령의 지배와 인도를 받는 삶으로 걸어 다니는 성전의식을 가지고 하나님과 집중하여 기도하는 삶입니다. 성령의 인도가운데 안식을 누리는 삶입니다. 하나님과 성령으로 교통하는 삶입니다. 하나님의 음성에 집중하며 사는 삶을 거룩한 삶이라고 할 수가 있습니다.

우리는 세속에 더럽혀지고, 세상 속에서 죄에 빠지기 쉬운 존재인데 어떻게 거룩할 수 있습니까? 어떻게 구별된 삶, 정결한 삶, 의로운 삶을 살 수 있습니까? 성령의 지배와 인도를 받는 삶을 살아가는 것입니다. 예수님을 믿는 다는 것은, 또 교회에 다닌다는 것은 우리가 더 이상 예전처럼 세속에 빠져서 죄를 짓는 삶을 사는 것이 아니라, 이제는 나쁜 습관과 행동을 모두 버리고 예수님처럼 깨끗하고 정결하게 살아가는 것을 의미합니다.

우리는 예수님을 닮아가는 사람이 되어야 합니다. 예수님을 믿는 것은 이 땅에서 천국을 누리며 살다가 주님이 오라고 부르시면 영원한 천국 가는 티켓으로만 생각하는 사람들도 있습니다. 그래서 "나는 하나님을 믿으니까 이제 영원한 천국에 갈 수 있어. 그러니 이제부터는 아무렇게나 살아도 되겠지." 라는 생각을 하면 안 됩니다. 물론 우리는 예수님을 믿음으로 구원을 약속받았습니다. 그런데 이제 구원 받았으니까 아무렇게나 살아도 될까요? 하나님은 이렇게 말씀하십니다. "나는 너희의 하나님이 되려고 너희를 애굽 땅에서 인도하여 낸 여호와라 내가 거룩하니 너희도 거룩할지어다(레위기11:45)" 구별된 삶을 살아가라고 하십니다. 자신의 힘이나 의지로 거룩하게 되지 못합니다. 반드시 성령의 지배와 인도로 되는 것입니다. 성령이 아니고서는 거룩하게 될 장사가 하나도 없습니다. 거룩은 하나님의 속성으로 반드시 성령으로 되는 것입니다. "기록되었으되 내가 거룩하니 너희도 거룩할지어다 하셨느니라(벧전1:16)" 이 말씀에 의하면 거룩하지 못한 우리가 죄로 더럽혀진 세상에서 거룩하게 살 수 있는 길이 무엇이겠습니까? 성령으로 세례를 받고 성령의 인도를 받으면서 걸어 다니는 성전의식을 가지고 자신 안에 주인으로 계신 하나님께 집중하여 하나님을 찾고 하나님의 말씀을 주야로 묵상하며 성령의 인도를 따르면 거룩하신 하나님처럼 거룩하게 살게 됩니다.

셋째, 평강의 삶을 산다. 예수님은 이렇게 답을 주십니다. "너희는 마음에 근심하지 말라 하나님을 믿으니 또 나를 믿으라(요14:1)" 근심과 두려움을 이길 수 있는 유일한 길은 하나님과 하나님의 말씀을 믿는 믿음의 삶에 있습니다. 하나님께서 함께하고 계신다는 것을 믿는 것입니다. 항상 "나는 살아계신 하나님의 걸어 다니는 성전이다. 내안에 하나님께서 성전삼고 주인으로 계신다." 마음으로 믿고 입술로 시인하는 것입니다.

분명하게 하나님은 이렇게 말씀하십니다. "무릇 하나님께로부터 난 자마다 세상을 이기느니라. 세상을 이기는 승리는 이것이니 우리의 믿음이니라(요한1서 5:4)" 예수를 믿고 성령을 다시 태어난 사람마다 자신의 주인을 하나님이시다. 믿는 믿음이 세상을 이기게 합니다. 항상 입술로 "믿음이 이기네. 믿음이 이기네. 주 예수를 믿음이 온 세상 이기네."를 선포하며 사시기를 바랍니다. "주님께서 함께 하심을 믿습니다. 이 상황에서도 무슨 일을 만나든지 주님을 믿습니다. 주님께서 주시는 레마대로 순종하면 문제가 해결될 것을 믿습니다." 믿음이란 헬라어로는 '피스티스'라고 합니다. 하나님의 말씀을 믿고, 의지하고(하나님께서 하라는 대로 순종하고), 내 뜻을 포기하고 맡기고 순종하는 삶입니다.

예수님께서 자신을 통하여 하실 것을 믿고 순종하는 것입니다. 성령이 충만하여, 성령에 지배함을 받는 삶을 살아가면, 어떤 어려운 환경도, 능히 극복하며 성공할 수 있게 되는 것입니다. 그래서 성령 충만한 분들의 얼굴을 보면, 늘 평안과 웃음이 가득합니다. 활기가 있습니다. 오늘 죽도록 일했는데, 내일이면 금방 회복됩니다. 하나님으로부터 공급받는 힘으로 일을 하기 때문에, 성령 충만한 사람들은 일하고도 지지치 않습니다. 이것이 성령의 지배함을 받는 사람들의 특징이라는 것입니다.

오늘 인생을 살아감에 있어, 직장 생활을 함에 있어, 또는 교회에서 맡은 사역을 감당함에 있어, 자꾸만 힘이 들고, 자꾸만 내가 피곤하게 느껴지는 때가 있습니까? 인생에, 사역에 나타나는 열매는 없고, 자신의 힘만 고갈되는 그런 경험을 하신 적이 있습니까? 그래서 모든 것 그냥 포기하고 싶은 그런 생각이 드십니까? 혹 이런 가운데 지내는 분들은 없으십니까? 곰곰이 생각해 보시기 바랍니다. 일이 많아 힘든 것이 아닙니다. 환경이 어려워 힘든 것이 아닙니다. 무엇 때문입니까? 내가 성령에 충만하지 못하기 때문에 힘이 든 것입니다. 내가 성령의 지배를 받지 않고, 내 힘과 내 뜻으로 살아가려고, 그 일을 감당하려고 했기 때문에 힘이 든 것입니다. 자신의 힘으로 하나님의 일을 하려고 하기 때문에 힘이 드는 것입니다. 우리가 바르게 알아야 할 것은 성도가 하는 모든 일은 하나님의 일입니다. 그렇기 때문에 성도는 성령이 지배하여 성령의 힘으로 인생을 살아가고, 직장 생활을 해야 됩니다. 사람의 힘으로 하나님의 일을 하려니 얼마나 힘이 들겠습니까? 상상에 맡깁니다.

19세기의 사역자, D.L 무디가 이런 말을 했습니다. "사역자와 성도들을 망가뜨리는 것은 과도한 사역이 아니라 성령 없이 일하는 것이다" 참 멋진 얘기 아닙니까? 우리가 과도한 사역을 해서 무너지는 게 아니라는 겁니다. 성령의 지배 없이 일하기 때문에 무너지는 것입니다. 기계가 망가지는 게 기계를 많이 돌려서 망가지는 것입니까? 아닙니다. 윤활유 없이 돌리기 때문에 망가지는 것입니다. 오늘 우리가 하나님 앞에 성령의 충만을 위해 기도해야 하는 이유가 여기 있는 것입니다.

하나님 앞에서 기도하는 가운데 성령의 은혜를 받고, 성령의 능력으로 사명을 감당하는 하나님의 거룩한 자녀들이 다 되시기를 바랍니다. 우리는 사명을 꼭 교회에서 사역하는 것으로 한정하면 안 됩니다. 성도들이 하는 모든 일은 하나님께서 주신 사명입니다. 직장 생활도 사명입니다. 사업을 하는 것도 사명입니다. 예수를 믿고 성령으로 거듭난 성도가 하는 모든 일은 사명입니다. 사명을 거창하게 생각하지 마시기를 바랍니다. 다 같이 한 번 따라합시다. "주여! 성령의 인도 없이는, 아무 일도 하지 않게 하옵소서." "주여! 성령에 사로잡힌 인생이 되게 하옵소서." 성령의 지배와 장악이 되는 삶을 살아감으로 코로나19시대에 영적-육적-정신적인 문제를 일으키는 몸속의 독소가 마음 안에 쌓이지 않게 하시기를 바랍니다. 걸어 다니는 성전 된 크리스천의 성령의 지배와 장악은 어떤 무엇보다도 중요합니다.

19장 마음안의 주님과 대면하는 영성훈련

(민12:4-9)"여호와께서 갑자기 모세와 아론과 미리암에게 이르시되 너희 세 사람은 회막으로 나아오라 하시니 그 세 사람이 나아가매, 여호와께서 구름 기둥 가운데로부터 강림하사 장막 문에 서시고 아론과 미리암을 부르시는지라. 그 두 사람이 나아가매, 이르시되 내 말을 들으라 너희 중에 선지자가 있으면 나 여호와가 환상으로 나를 그에게 알리기도 하고 꿈으로 그와 말하기도 하거니와 그와는 내가 대면하여 명백히 말하고 은밀한 말로 하지 아니하며 그는 또 여호와의 형상을 보거늘 너희가 어찌하여 내 종 모세 비방하기를 두려워하지 아니하느냐, 여호와께서 그들을 향하여 진노하시고 떠나시매"

코로나19 시대에 세속에 빠져서 허우적거리지 않으려면 하나님과 대면하는 영성이 되어야 합니다. 하나님은 크리스천들을 불러서 모세와 대면하여 말씀하신 것과 같이 대면하며 대화하기를 원하십니다. 모세는 하나님과 음성으로 대면하며 지낸 사람입니다. 모세의 아내 십보라가 광야에서 죽었습니다. 십보라가 죽은 후에 모세는 구스 여자와 결혼을 하게 되었습니다. 여기 구스 여자는 유대인이 아닙니다. 애굽에서 나올 때에 이스라엘 백성들과 동행한 잡 족 중에 있던 여인이었습니다. 구스는 지금의 에디오피아를 가리킵니다. 이 여인은 아프리카 구스 출신의 흑인이었습니다. 이 일로 모세의 누나 미리암과 모세의 형 아론이 모세를 비방했습니다. 아마도 아론 보다는 미리암이 적극적으로 비난을 했던 것 같습니다. 아무래도 무슨 일이 있으면 남자보다는 여자가 더 많은 말을 하지 않습니까? 정황으로 볼 때 모세는 미리암의 공격에 대해서 저항하지 않고 일방적으로 당하고 있었던 것 같습니다. 모세가 표현력이 부족하여 말을 잘하지 못했습니다. 민수기 12장 3절에 보니 모세는 온유함이 지면의 모든 사람보다 더하더라고 말하는 것으로 보아 미리암의 공격에 대해서 모세는 묵묵히 온유하게 반응했던 것이 분명합니다. 이런 상황 속에서 하나님께서 갑자기 모세와 아론과 미리암에게 말씀하셨습니다. 그들에게 회막으로 나아오게 하셨습니다. 그리고 하나님께서 강림하셔서 아론과 미리암을 부르셨습니다.

하나님은 모세가 일반 선지자들과는 다른 특별한 주의 종이라는 것을 말씀하셨습니다. 하나님께서는 보통 선지자들에게는 환상이나 꿈으로 하나님을 알리셨습니다. 그런데 모세와는 그렇게 하지 않으셨습니다. 모세는 하나님이 인정할 만큼 충성된 사람이었기에 하나님은 모세와 대면하셨고 은밀하게 말씀하시지 않으시고 명백하게 말씀하셨습니다.

하나님은 "너희가 어찌하여 내 종 모세 비방하기를 두려워하지 아니하느냐"라고 말씀하신 후에 진노하시고 떠나셨습니다. 미리암은 모세의 누나요 아론은 모세의 형이었습니다. 그런데도 하나님의 종인 모세를 비방한 것에 대해서 하나님께서 진노하셨던 것입니다. 진노하신 하나님께서는 미리암의 몸에 나병이 발생하게 하셨습니다.

영적인 관계는 육신적 차원에서 보면 안 됩니다. 주의 종을 육신적인 눈으로 보는 사람들이 있습니다. 나이로 따지고 실력으로 따지는 사람들이 있습니다. 심지어 교회의 크기로 목사를 판단하는 사람들도 있습니다. 하나님이 싫어하십니다. 아니 하나님이 진노하시는 일입니다.

주의 종이 나이가 어리다고 함부로 대하는 사람들이 있습니다. 주의 종은 나이로 보는 것이 아닙니다. 그를 세우신 하나님의 사자로 봐야 합니다. 하나님을 대면하는 자로 보아야 합니다. 목회자들도 자신의 자리를 찾도록 하나님과 대면하며 영성관리를 잘해야 합니다. 자기가 높은 자리에 있다고 주의 종에게 함부로 말하는 사람들이 있습니다. 하나님께서 진노하십니다. 이스라엘의 왕들은 주의 종을 대할 때 아주 조심해서 대했습니다. 우리 주변에 보면 아주 작은 교회를 담임하고 있는 목사님들도 있습니다. 이런 분들을 개척교회 목사라고 우습게 보면 안 됩니다. 주의 종은 어디까지나 주의 종입니다. 하나님의 사자(종)로 보아야 합니다.

우리는 본문을 읽으면서 하나님께서 과민반응을 보이신 것 아닌가라는 생각을 할 수도 있습니다. 동생이 이방인과 결혼한 문제로 누나가 동생을 비방 좀 했다고 나병에 걸려서 죽어간다니 좀 지나친 것이 아닌가라는 생각을 할 수 있습니다. 그러나 우리가 알아야 할 것이 있습니다. 우리의 생각과 하나님의 생각은 다르다는 것입니다. 하나님께서 싫어하시는 일이 있습니다. 우리가 생각할 때 별 것 아닌 것 같아도 하나님께서 싫어하신다면 우리는 하지 말아야 합니다. 우리는 하나님의 눈치를 볼 줄 아는 사람들이 되어야 합니다.

하나님께서 아론과 미리암을 떠나신 후에 모세를 비방하는 데 더 적극적으로 앞장섰던 미리암이 나병에 걸렸습니다. 그 살이 반이나 썩어서 죽은 자처럼 되었습니다. 주의 종을 원망하거나 대적해서는 안 되겠지만, 혹시 그런 일이 있을 때 절대 앞장서지 마시기를 바랍니다. 필자가 우리교회에 오시는 분들에게 당부하는 말입니다. 이스라엘 백성들의 광야 생활을 보면 늘 주의 종을 원망하고 비방하는 일이 있었습니다. 그 결과 대부분의 사람들이 광야에서 죽음을 당했습니다. 그런데 그들 중에서 특별히 앞장섰던 사람들은 즉각적인 심판을 받았습니다. 불이 삼키기도 했고, 전염병으로 죽기도 했고, 땅이 갈라져서 삼켜버리기도 했습니다.

미리암이 나병에 걸려 죽게 되니 놀란 아론이 모세에게 "슬프도다 내 주여 우리가 어리석은 일을 하여 죄를 지었으나 청하건대 그 벌을 우리에게 돌리지 마소서"라고 말합니다. 조금 전까지 모세를 비방했던 아론이 미리암이 나병에 걸려 죽어가는 것을 보니 놀라서 모세에게 '내 주여!'라고 합니다. 모세는 온유한 사람이라 하나님께 미리암을 고쳐주시도록 기도합니다. 하나님께서 모세의 기도를 들으시고 미리암을 치료해주셨습니다.

모세가 자격이 없는 구스 여자를 아내로 취한 것은 하나님의 백성이 될 자격이 없던 이방인을 자기 백성으로 삼아주신 예수 그리스도를 보여주는 것입니다. 에베소서 2장 12-13절을 보겠습니다. "그 때에 너희는 그리스도 밖에 있었고 이스라엘 나라 밖의 사람이라 약속의 언약들에 대하여는 외인이요 세상에서 소망이 없고 하나님도 없는 자이더니, 이제는 전에 멀리 있던 너희가 그리스도 예수 안에서 그리스도의 피로 가까워졌느니라" 자격 없는 우리들은 예수 그리스도의 은혜로 구원을 받은 것입니다. 모세는 과연 어떤 사람이기에 하나님과 대면하며 사명을 감당했을까요?

첫째, 광야 훈련을 통과해야 한다. 모세가 40세가 되었을 때, 모세는 스스로 생각했을 것입니다. '그 동안 갈고 닦은 내 실력과 경륜으로 이 백성을 충분히 구할 수 있을 것이다.' 모세는 이스라엘 사람을 압제하는 애굽 사람을 쳐 죽였고, 그 결과 민족의 구원은 고사하고 오히려 광야로 도망가는 도망자의 신세가 되고 말았습니다. 자신의 힘으로 동족을 구원하는 것은 불가능한 것이었습니다. 우리는 자신의 힘으로 살아갈 수가 없는 나약한 존재입니다. 모세가 힘이 있고, 권력이 있었어도 자기 힘으로는 아무것도 할 수 없었습니다. 하나님은 스스로 하나님 없이 아무것도 할 수 없다는 것을 체험하게 하십니다.

모세는 40년 동안 광야에서 도대체 무엇을 경험하고 배웠습니까? 어제의 영광을 다 내려놓게 됩니다. "네 하나님 여호와께서 이 사십년 동안에 너로 광야의 길을 걷게 하신 것을 기억하

라. 이는 너를 낮추시며 너를 시험하사 네 마음이 어떠한지 그 명령을 지키는지 알려 하심이라"(신 8:2). 광야는 인간이 현실적으로 누릴 모든 가능성이 사라진 곳, 단절된 곳입니다. 자신의 힘으로 아무것도 할 수 없다는 것을 깨닫는 곳입니다. 자신을 죽이는 기간입니다. 광야는 내 안에 있는 욕심으로 가득 찬 손을 비우게 하십니다. 어제의 분노-억압-열등감에서 탈출을 시도하게는 하지만, 내일의 약속의 땅은 아직 현실로 오지 않은 현실입니다. 모세로 하여금 자신의 정확한 모습을 확인하게 하십니다. 자신을 감싸고 있는 거짓 치장들이 벗겨지면서, 자신의 정체성이 드러납니다. 그러나 이는 자신을 파멸시키려는 것이 아니라, 오히려 단련하여 순금같이 나오게 하심입니다. 그래야 하나님이 쓰실만한 인물이 되기 때문입니다. 찌꺼기 같은 불순물은 사라지고, 순금으로 순전하게 나올 수 있게 하기 위함입니다. "나의 가는 길을 오직 그가 아시나니 그가 나를 단련하신 후에는 내가 순금 같이 나오리라"(욥 23:10).

광야에서 모세가 배운 것은 무엇일까요? 이름 없음도 감내할 수 있는 자기 포기를 배웁니다. 세상이 내 이름을 전혀 몰라도 괜찮을 만큼 낮아져 있기 때문입니다. 홀로 있음을 견딜 수 있는 강인함을 배웁니다. 외로움을 넘어 침묵을 지키며 홀로 있는 것을 즐길 수 있어야 합니다. 하나님과 직접적으로 교통하는 방법을 배웁니다. 자기의 때가 오기까지 기다리는 법을 배웁니다. 어쩌면 그러한 기회조차도 (자신의 소원이 이루어지는) 영원히 없을 수도 있다는 것을 인정해야합니다. 섬김을 받는 것이 아니라, 섬기는 법을 배웁니다. 왕이 아니라, 목동입니다. 양을 치는 목자의 심정을 지니기 때문입니다. 양을 긍휼히 여기는 예수님 (목자)의 마음을 배웁니다.

광야는 하나님께서 말씀하시며, 그분의 영으로 채움을 받는 장소입니다. "여호와께서 그를 황무지에서, 짐승의 부르짖는 광야에서 만나시고 호위하시며 보호하시며 자기 눈동자 같이 지키셨도다."(신 2:10). 하나님은 광야에서 모세를 낮추셨습니다. 겸손하게 하셨습니다. 광야라는 고난의 학교에서 자기 욕심을 버리고, 자신의 힘으로 아무것도 할 수 없다는 것을 깨닫습니다. 하나님께 기도하게 하고, 감사하는 법을 배웁니다. 때가 이르니 하나님께서 부르십니다.

둘째, 예수님의 마음을 가져야 한다. 하나님의 음성을 듣고 순종하는 모든 사람이 구원을 받을 수 있다는 것입니다. 우리가 잘 아는 것처럼 이스라엘 백성들은 자신들만이 하나님께서 선택하신 특별한 민족이라는 선민의식이 있습니다. 선민의식은 유대인과 이방인 사이에 큰 벽이 되었습니다. 본문은 이스라엘 백성들에게 선민의식이 형성되어가는 초기였지만 선민의식 사상이 분명히 나타나고 있습니다. 아마도 미리암은 '어떻게 유대인이 이방인을 아내로 취할 수 있다는 말인가 그것도 모세는 하나님의 종이고 이스라엘 백성의 지도자인데 어떻게 이럴 수 있다는 말인가?'라고 생각했던 것이 분명합니다.

미리암과 아론은 선민의식의 틀 때문에 마음이 좁아졌습니다. 반면에 모세는 민족과 언어와 문화를 초월해서 역사하시는 하나님을 알았기 때문에 민족이나 피부색이 문제 되지 않았던 것입니다. 모세의 이 마음이 바로 주님의 마음입니다. 주님은 유대인들의 구원만을 위해서 이 땅에 오시지 않았습니다. 주님은 모든 민족의 구원을 원하십니다. 주님이 성전에 들어가셔서 성전을 성결하게 하시면서 "내 집은 만민이 기도하는 집이라"는 말씀을 하셨습니다. 사실 그 말은 유대인들을 화나게 만드는 말이었습니다. 유대인들은 이방인들은 성전에 들어올 수 없다고 생각했습니다.

그들에게는 감히 이방인들이 성전에 들어가는 것은 생각할 수도 없는 일이었습니다. 사도 바울이 유대인들의 공격을 받았던 이유 중에 하나가 이방인을 성전에 데리고 들어갔다는 거짓말 때문이었잖아요. 예수님 당시에 성전에는 이방인들에게 주는 경고문이 적혀 있었다고 합니다. 이방인이 성전에 들어오면 죽어도 책임을 질 수 없다는 내용이었다고 합니다. 유대인들은 온 세상을 구원하고자 하시는 하나님의 마음을 몰랐습니다. 그들의 마음은 이방인들에게 좁아져있었습니다.

우리 주님은 유대인의 구원만을 위해서 이 땅에 오시지 않았습니다. 우리가 잘아는 바와 같이 가나안에 입성한 갈렙도 이방인 입니다. 모든 민족들이 구원을 받기 원하십니다. 계 7장에 보면 하늘의 예배가 나옵니다. 예배를 드리는 사람들은 유대인들 가운데 144,000명도 있었지만 각 나라와 족속과 백성과 방언에서 아무도 능히 셀 수 없는 큰 무리가 나와 흰 옷을 입고 손에 종려 가지를 들고 보좌 앞과 어린 양 앞에 서서 찬양을 합니다. 우리 주님은 유대인의 경계를 넘어서 모든 민족이 구원을 얻기를 원하시는 것입니다.

하나님은 우리가 넓은 마음을 갖기를 원하십니다. 무슨 일을 할 때도 좁은 마음으로 자기의 이익만 생각하는 것이 아니라 넉넉한 마음으로 하나님의 영광도 생각하고 이웃의 유익도 생각하는 것을 원하십니다. 하나님은 우리가 넓은 마음을 갖기를 원하십니다. 자기의 작은 유익에 집착하지 않고 하나님을 생각하고 이웃을 생각하기를 원하십니다. 우리가 그렇게 할 때 하나님은 우리의 방패가 되시고 큰 상급이 되시는 것입니다. 하나님은 우리들에게도 같은 요구를 하실 것입니다. 좁은 마음을 넓히고 넉넉한 마음으로 살아가기를 원하십니다.

셋째 온유함이 지면에 뛰어나야 한다. 민수기 12장 3절에 보니 모세는 온유함이 지면의 모든 사람보다 더했다고 말씀합니다. 온유한 모세는 온유하신 우리 주님을 보여주는 것입니다. 마 11:29에서 예수님은 "나는 마음이 온유하고 겸손하니 나의 멍에를 메고 내게 배우라"고 말씀하셨습니다. 온유함이라는 말은 따뜻하고 부드럽다는 의미가 있습니다. 히브리어를 보면 '아나우'라는 단어인데 '가난한, 고통 받는, 겸손한, 온유한' 등의 의미가 있습니다. 이 단어를 통해서 알 수 있는 것은 온유함이란 고난을 통해서 만들어지는 것이고 온유한 사람은 겸손한 사람이라는 것을 알 수 있습니다.

하나님 앞에서 온유한 사람은 하나님께 순종을 잘하는 사람입니다. 온유한 말은 주인의 말을 잘 듣습니다. 주인이 좌로 가라고 하면 좌로 가고 우로 가라고 하면 우로 가고 서라하면 서고 달리라고 하면 달리는 말이 온유한 말입니다. 야생마는 길들여지지 않아서 온유하지 않습니다. 기수가 올라타도 기수의 말을 듣지 않고 펄쩍펄쩍 뜁니다. 기수가 원하는 대로 가지 않고 자기가 가고 싶은 대로 갑니다. 이런 말은 온유하지 못한 말입니다. 신앙생활도 같습니다. 하나님이 원하시는 대로 순종하는 사람이 온유한 사람입니다.

모세가 기록한 성경을 모세오경이라고 합니다. 모세오경은 창세기, 출애굽기 레위기, 민수기, 신명기입니다. 이 모세오경을 보면 모세가 얼마나 하나님께 순종을 잘했는지 알 수 있습니다. 모세오경에 모세가 여호와 하나님께서 명령하신 대로 했다는 말씀이 46번이나 나옵니다. 모세가 자기 생각대로 했던 일은 제가 알기로는 딱 한 번입니다. 46번은 여호와께서 모세에게 명령하신대로 했습니다.

모세가 하나님이 명령하신대로만 하니 하나님께서 모세를 충성되다고 인정해주셨습니다. 민수기 12장 7절을 보십시오. "내 종 모세와는 그렇지 아니하니 그는 내 온 집에 충성함이라" 하나님이 그의 충성을 인정하셨던 이유는 그는 하나님이 시키시는 대로 모든 일을 했기 때문입니다. 모세는 하나님께 순종을 잘했던 사람입니다.

모세가 하나님의 명령대로 순종할 수 있었던 힘은 하나님을 대면하는 데서 왔습니다. 8절을 보십시오. "그와는 내가 대면하여 명백히 말하고…" 출애굽기 33장 11절을 보면 "사람이 자기의 친구와 이야기함 같이 여호와께서는 모세와 대면하여 말씀하시며"라고 기록되어 있습니다. 신명기 34장 10절에 보면 "그 후에는 이스라엘에 모세와 같은 선지자가 일어나지 못하였나니 모세는 여호와께서 대면하여 아시던 자요"라고 말씀합니다. 모세는 날마다 하나님을 대면했습니다. 그리고 하나님께로부터 힘을 얻어서 하나님의 명령을 순종했던 것입니다.

하나님은 우리들이 모세를 통해서 순종의 비결을 배우기를 원하십니다. 일을 하려면 힘이 있어야 합니다. 기계가 움직이려면 동력이 필요합니다. 자동차가 움직이려면 연료가 있어야 합니다. 하나님께 순종하려면 순종할 수 있는 영력이 있어야 합니다. 그 영력을 어떻게 얻습니까? 자신 안에 임재하신 하나님을 대면하는 것입니다. 자신 안에 임재하신 하나님을 대면하기 위해 성령으로 기도하는 것입니다. 하나님을 만나면 하나님이 주시는 영적인 힘을 얻게 됩니다. 그리고 그 힘으로 하나님의 말씀에 순종하게 됩니다. 그러므로 하나님을 만나는 사람이 하나님께 순종 잘 하는 온유한 사람이 될 수 있는 것입니다. 하나님 앞에 나오기를 힘쓰십시오. 그것이 우리의 영혼이 사는 길이고, 하나님 앞에 나오기를 힘쓸 때 영적인 힘을 얻어서 하나님의 말씀에 순종 잘하는 온유한 사람이 될 수 있는 것입니다.

넷째, 한 영혼을 천하보다 귀하게 생각했다. 넓은 예수님의 마음으로 미리암을 위하여 기도했습니다. 모세는 자기를 비난하여 나병에 걸려 죽어가는 미리암을 위하여 하나님께 기도합니다. 13절을 읽어봅니다. "모세가 여호와께 부르짖어 이르되 하나님이여 원하건대 그를 고쳐 주옵소서" 하나님께서는 모세의 기도를 들으셨습니다. 그리고 미리암을 진 밖에 이레 동안 가두게 하신 후에 다시 회복시키셔서 진중으로 돌아오게 하셨습니다. 미리암은 모세의 중보기도 때문에 살아났고 회복되었던 것입니다. 모세는 한 영혼을 천하보다 귀하게 여겼습니다.

불 뱀 사건 때의 모세의 중보기도입니다. 이스라엘 백성이 길로 인하여 마음이 상하니까 그들은 또 다시 하나님과 모세를 원망했습니다. 민21장 5절 중반 절에서 보면, "…어찌하여 우리를 애굽에서 인도하여 올려서 이 광야에서 죽게 하는고. 이곳에는 식물도 없고 물도 없도다. 우리 마음이 이 박한 식물을 싫어하노라" 그 부모세대들이 기회만 있으면 원망했던 말이 그 자녀 세대에서 그대로 나타나고 있는 것입니다. 그들의 불만은 습관적으로 하는 것 같이 느껴집니다. '박한식물'이라고 하는데, 하늘의 음식인 만나를 멸시하고 있는 것입니다. 하나님의 은혜의 선물을 감사해야 하는데 그들은 싫어했습니다.

사실 이들에게 하나님께서는 놀라운 은혜를 베풀어 주셨습니다. 그들은 사막에서도 필요한 물을 공급받았고, 하늘로부터 내려온 떡 곧 "하늘의 양식"(시78:24)을 먹었으며, 낮에 그늘을 제공하는 구름기둥과 밤의 불기둥 덕분에 안전하고 평화롭게 지내왔습니다. 느헤미야 9장 21절에 보면, 기나긴 여정에도 불구하고 "사십년 동안을 들에서 기르시되 결핍함이 없게 하시므로 그 옷이 해어지지 아니하였고 발이 부릍지 아니하였사오며"라고 말씀합니다. 그런데도 이들은 범사에 감사하지 않은 것입니다.

원망의 소리를 들으신 하나님께서는 이 때 어떻게 하십니까? 즉시로 그들에게 '불 뱀'을 보내 많은 백성들이 물려 죽게 하셨습니다. 민수기 21장 6절에 보면 "여호와께서 불 뱀들을 백성 중에 보내어 백성을 물게 하시므로 이스라엘 백성 중에 죽은 자가 많은지라" 불 뱀은 광야 지역에 많이 서식하던 독사가운데 한 종류인데, 등에 '불이 타는 것과 같은 붉은 반점'이 있는 뱀을 일컫는 것입니다. 한번 물리면 강력한 독성으로 인해 즉시 온몸에 높은 열이 생기며 죽어가기 때문에 불 뱀으로 불린 것입니다. 엄청난 재앙이 일어난 것입니다.

갑자기 나타난 불 뱀으로 큰 환란을 겪게 되자 이스라엘은 모세에게 호소했습니다. 민수기 21장 7절에 보면, "백성이 모세에게 이르러 가로되 우리가 여호와와 당신을 향하여 원망하므로 범죄 하였사오니, 여호와께 기도하여 이 뱀들을 우리에게서 떠나게 하소서" 그들은 즉각적으로 회개하며 모세에게 도움을 구했습니다. 사람이 급하게 되면 두말하지도 않고 하나님을 찾게 되는 것입니다. 모세가 백성들을 위하여 하나님께 기도합니다.

이때 하나님께서 모세에게 놋으로 '불 뱀'을 만들어 장대에 달게 하고 그것을 보는 자마다 구원을 얻어 살게 될 것이라고 하셨습니다. 그래서 모세는 급히 불 뱀처럼 놋으로 뱀을 만들었습니다. 그리고 장대 높이 달았습니다. 민수기 21장 9절에 보면 "모세가 놋 뱀을 만들어 장대 위에 다니 뱀에게 물린 자마다 놋 뱀을 쳐다본즉 살더라." 물론 이스라엘 중 어떤 이들은 "그 놋 뱀이 무슨 효험이 있겠느냐?"고 하면서 믿지 않고 쳐다보지도 않은 사람들도 있었을 것입니다. 그런 사람들은 다 죽고 말았습니다. 그러나 쳐다본 사람은 다 살았습니다. 불 뱀이 심판과 저주의 뱀이라고 한다면, 장대에 높이 달린 놋 뱀은 은혜와 구원의 뱀입니다.

우리가 '놋 뱀'을 통해 분명히 알아야 할 것이 있는데, '놋 뱀' 자체에는 구원의 능력이 있는 것이 아니라는 것입니다. 믿음의 눈으로 하나님이 치료해주시고 회복해 주실 것이라는 확신으로 그 '놋 뱀'을 바라볼 때 효험이 있는 것입니다. '놋 뱀'을 바라보면 산다는 하나님의 말씀을 의심하지 않고 순종하니 살아나는 기적을 체험하는 것입니다. 실제로 히스기야 왕 시대에 이스라엘 백성은 이 '놋 뱀'이 큰 능력과 생명력이라도 있는 신처럼 생각해서 그 앞에 분향하고 섬기는 우스운 일도 있었습니다. 그래서 히스기야 왕은 이 '놋 뱀'을 부수어 버렸습니다(왕하18:4).

중요한 것은, '놋 뱀'은 장차 십자가 위에 달려 죄로 말미암아 죽어야할 인간을 대신하여 죽으신 예수 그리스도를 예표 한다는 것입니다. 요한복음 3장 14절에 "모세가 광야에서 뱀을 든 것 같이 인자도 들려야 하리니 이는 저를 믿는 자마다 영생을 얻게…" 육체적 죽음을 당한 이스라엘이 '놋 뱀'을 바라봄으로써 구원받은 것처럼, 영적인 죽음에 처한 우리들도 믿음으로 예수 그리스도를 바라보면 구원을 얻게 되는 줄로 믿습니다.

모세는 우리의 중보자가 되시는 예수 그리스도를 보여줍니다. 미리암만 아니라 이스라엘 백성들은 광야 생활 내내 하나님께 죄를 범하여 하나님을 진노하시게 만들었습니다. 진노하신 하나님께서는 여러 번 이스라엘 백성들을 버리시거나 심판하시려고 하셨습니다. 그런데 그 때마다 모세가 하나님께 간구하여 하나님의 은혜와 긍휼을 구했습니다. 하나님은 그 때마다 모세의 중보기도를 받으시고 마음을 돌이키셔서 이스라엘 백성들과 함께 하셨고 이스라엘 백성들을 심판하지 않으셨습니다.

모세는 광야 40년 생활을 통하여 혈통으로 육적으로 태어난 모세는 죽었고, 영적인, 하나님과 대면하는 모세로 다시 태어났습니다. 그래서 하나님께서는 "이 사람 모세는 온유함이 지면의 모든 사람보다 더하더라"(민12:3). "그와는 내가 대면하여 명백히 말하고 은밀한 말로 하지 아니하며 그는 또 여호와의 형상을 보거늘 너희가 어찌하여 내 종 모세 비방하기를 두려워하지 아니하느냐"(민12:8). 라고 말씀하심으로 모세를 확증하여 주셨습니다. 하나님께 인정받은 사람이 되었다는 것입니다. 그러나 한 번의 실수(반석에 명하지 않고 친)로 가나안에 입성하지 못한 불운의 사람이기도 합니다. 그렇기 때문에 하나님의 말씀대로 순종하는 것이 아주 중요한 것입니다. 레마에 순종하는 예수 인이 되시기를 바랍니다.

20장 독대하는 훈련을 통하여 건강하게

(고전 2:10-11)"오직 하나님이 성령으로 이것을 우리에게 보이셨으니 성령은 모든 것 곧 하나님의 깊은 것까지도 통달하시느니라. 사람의 일을 사람의 속에 있는 영외에 누가 알리요 이와 같이 하나님의 일도 하나님의 영외에는 아무도 알지 못하느니라."

코로나19속에서 하나님께서 원하시는 성도가 되려면 하나님과 자신과 둘만의 독대 시간을 많이 보내야 합니다. 내면을 강하게 하려고 해도 독대하는 시간을 많이 가져야 합니다. 하나님께 질문하고 답변을 듣고, 기도하는 시간을 많이 가져야 하나님께서 원하시는 영성의 성도가 됩니다. 다윗과 같이 둘만의 시간을 많이 보낼 때 하나님과 교통할 수 있는 성도가 됩니다. 그런데 사람은 사회적인 성향을 가지고 있기 때문에 본능적으로 혼자 있기를 원하지 않습니다. 그러나 성숙한 그리스도인이 되기 위해서는 반드시 이 과정을 거쳐야 합니다.

필자는 홀로서기라는 말을 많이 합니다. 홀로서기란 자신이 예수님을 믿을 때 죽었고, 사망권세를 깨뜨리고 부활하신 예수님으로 사는 것입니다. 고로 자신의 주인은 하나님이십니다. 자신의 주인인 하나님과 홀로 있으면서 독대하라는 것입니다.

홀로 있기는 광야 학교의 따돌림이나 배척의 학교에서 우리의 인격을 다듬고 주의 음성을 듣기 위해서 필수적으로 거치는 과정입니다. 사역의 질과 폭이 클수록 긴 세월 동안 격리됩니다. 바울은 14년간의 아라비아 훈련으로 인해서 예루살렘은 물론이거니와 고향 다소에서도 사라진 사람이 되었습니다.

다메섹에서의 극적인 변화를 경험한 뒤에 이 소문으로 인해서 사람들의 관심을 사게 되었고 그는 예루살렘 교회에서 간증을 하였으며, 사람들은 호기심으로 몰려와서 바울을 보았습니다. 그러나 이 일은 곧 시들해지고 그는 사람들의 기억에서 서서히 사라져 갔습니다. 오늘날에도 역시 이와 같이 잠깐 반짝하다가 우리의 시야에서 사라지는 스타들이 많지요. 계속 사람들에게 영향을 줄 수 있는 내용을 보여주지 못하면 사람들은 그들을 더 이상 필요로 하지 않고 외면하게 됩니다. 처음 능력을 받아서 사람들에게 관심을 사던 사역자가 그 능력이 신통하지 않자 사람들은 그를 더 이상 찾지 않게 됩니다. 그렇게 되면 그는 사람들의 기억에서 사라지게 되는 것이지요.

대부분의 크리스천은 처음 능력을 받으면 2~3년간의 시험기간이 주어집니다. 이 기간은 크리스천이 주어진 능력을 가지고 사역을 계속할 수 있기 위해서 능력을 인식하고 하나님의 뜻을 구별하는 기간입니다. 예외적으로 '복음 전하는 자'로 부르심을 받은 사람은 그 사람이 자신의 역할을 이해하든지 못하든지 상관없이 강력한 능력으로 역사합니다. 그들의 인격이나 영적 성숙과는 상관없이 강하게 역사하시며 일생 그런 역사가 계속 되는 것입니다. 능력을 받은 사람도 역시 인격이나 영적 성숙과는 상관없이 능력이 주어집니다. 그러나 이런 사람들은 2~3년의 기간 동안 자신에게 주어진 능력이 어떤 의미로 주어진 것이며, 이 능력을 통해서 하나님에게 어떻게 헌신해야 하는지를 파악하여야 하며, 영적으로 성숙하고 인격이 다듬어져서 온전한 크리스천으로 서가야 합니다. 이런 노력이 없으면 그는 그 능력의 자리에서 유보되며, 심한 경우 취소되기도 합니다. 탈진에 빠지기도 합니다. 그러나 기도하면 여전하게 능력이 나타날 수가 있습니다. 착각하면 절대로 안 됩니다.

하나님은 부르심에 후회가 없는 분이시기 때문입니다. 우리의 연약함과 부족함을 알고 불러내셨고 부르심을 받은 사람에게 그에 합당한 훈련을 시키는 것이지요. 그 훈련의 한 과정으로서 홀로 있기가 있는 것입니다. 홀로 있기 과정에 들어가는 사람은 그의 능력이 점차로 소멸되는 것을 느낍니다. 능력이 점차로 약화됨에 따라 심각한 고민을 하게 됩니다. 자신의 죄 때문인지, 불순종한 것이 있지나 않은지 등을 살펴봅니다. 그리고 회개도 하고 부르짖어 능력이 다시 충만해지기를 간구합니다.

받은 능력이 소멸되는 것이 당사자에게는 얼마나 큰 충격인지 모릅니다. 없을 때는 아무렇지도 않지만 있다가 없어지면 마치 하나님으로부터 버려진 것 같은 느낌을 받습니다. 그런데 그 능력이 전혀 없어진 것이 아니라 상당히 약해진 것을 느낍니다. 전 같으면 충분히 처리할 수 있었던 문제인데 제대로 되지 않습니다. 능력이 사라진 것인가 하고 의심하고 있는데 간혹 강력한 능력이 나타납니다.

그래서 혼란스러워집니다. 사라진 것도 아니고 나타나는 것도 아닌 어정쩡한 상태가 계속되면서 차츰 사람들의 관심에서 멀어지게 됩니다. 더 이상 자신을 필요로 하지 않는 것이지요. 물론 자신에게 아직도 능력이 있는데 말입니다. 이렇게 잊어버리는 과정이 홀로 있기의 훈련입니다. 홀로 있게 되면 우리는 하나님을 심각하게 생각하게 되고 자신의 사역을 깊이 있게 돌아보게 되며, 능력이 도대체 무엇인가 라는 철학적인 질문을 하게 됩니다. 이런 질문을 통해서 자신에게 주어진 능력의 의미를 깨닫게 됩니다. 이 과정에서 한 차원 깊은 영성 있는 지도자를 만나거나 경건한 서적을 통해서 사역의 의미를 알게 되고 지도도 받게 되는 것입니다. 마치 엘리사가 엘리야를 만나는 것과 같습니다. 이런 교육 과정을 교회가 제도적으로 구성하여 능력을 받은 사람이 혼란을 겪지 않고 훌륭한 전문 교육을 받을 수 있도록 해야 하는 데, 우리 현실은 아직 이 부분에 대한 이해가 부족하여 받은 사람이 알아서 하라는 식입니다. 그리고 그들이 잘못하면 핀잔을 주고 비판하며 능력을 싸잡아 폄하합니다.

홀로 있기 과정에서 우리는 하나님의 친밀함을 경험하게 됩니다. 사실 이 과정은 우리가 하나님의 음성을 듣는 귀한 시간입니다. 오로지 하나님 한 분만 간절히 바라보기란 쉬운 일이 아닙니다. 영적인 전문 사역자가 되면 사역에 빠져 하나님을 제대로 바라볼 여유가 없이 바쁩니다. 무엇 때문인지도 모르고 그저 바쁩니다. 일이 우리와 하나님 사이를 갈라놓습니다. 예수님은 바쁘신 사역 가운데에도 홀로 한적한 곳에서 오래 머무시면서 하나님과 친밀한 관계를 유지했습니다. 홀로 있기는 이런 친밀함이 얼마나 소중한 것인지를 발견하는 과정이기도 합니다.

하나님의 계시와 환상은 주로 홀로 있을 때 주어지기 때문에 사역자는 홀로 있기에 익숙해야 합니다. 주님도 제자들과 함께 산에 올라 기도하였지만 제자들과는 어느 정도 거리를 두고 홀로 있었습니다. 그러나 이런 홀로 있기를 이해하지 못한 제자들은 산에 올라가서도 뭉쳐있었지요. 영적으로 성숙하지 못한 사역자들은 홀로 있지 못합니다. 기도회에 와서도 삼삼오오 뭉쳐서 잡담을 합니다. 경건한 은혜의 이야기 보다는 세속적인 대화가 많습니다.

홀로 있기를 통해서 말씀을 깊이 묵상하고 자신에게 주어진 소명을 다시 새기는 기간이 되어야 합니다. 홀로 있기를 위해서 잠시 능력이 소강상태에 빠진 것을 하나님이 능력을 거둔 것으로 오해하고 사역을 접는 사람들이 간혹 있습니다. 많은 목회자들 가운데 능력을 받은 것이 계기가 되어 신학을 하고 목회자가 된 사람들이 있습니다. 이런 사람들은 대부분 자신에게 주어진 능력은 자신을 목회자로 세우기 위해서 잠시 주신 은혜일뿐이라고 여깁니다.

소명을 인식하고 그 길로 들어섰기 때문에 이제 더 이상 능력이 필요 없어서 하나님이 거두신 것이라고 말합니다. 그러나 이 말은 절대로 올바른 것이 아닙니다. 이런 말은 성경의 어느 곳에서도 구체적으로 지지하는 부분이 없습니다. 오히려 우리는 권능이 임하면 능력을 받아서 땅 끝까지 복음을 전하게 됩니다.

목회자가 되어도 받은 능력이 소멸되지 않고 오히려 더 강하게 역사하는 분들이 많지 않습니까? 목회자가 된 이후에 능력을 받아 능력사역을 하는 분들도 많습니다. 이런 말은 자신의 불찰과 무지를 변명하는 것에 지나지 않습니다. 하나님은 주신 능력을 좀처럼 거두시는 일이 없습니다. 거듭 실수를 하는데도 좀처럼 거두어들이지 않습니다. 이것은 7번씩 70번이라도 용서하시고 오래 참으시는 하나님의 본성 때문입니다. 사람들이 모두 잘못 됐다고 비난해도 능력은 여전히 나타납니다. 그 사역자에 대해서 하나님은 길이 참으시면서 그가 온전한 사역자로 거듭나기를 기다리고 계시는 것입니다.

2~3년 내에 서서히 능력이 약화하는 것은 그 예비 사역자의 인격을 다루시고 주님의 온전한 능력 사역자로 세워지게 하시는 주님의 훈련으로 들어가는 과정임을 인식하여야 합니다. 이 과정을 올바르게 통과하면 인격이 온전해지고 성숙된 사역자로 세워질 것입니다. 홀로 있는 동안 주의 음성을 들으십시오. 바울은 이런 기간을 통해서 다듬어져 위대한 사도가 된 것입니다. 우리도 이런 과정을 거쳐 온전한 사역자가 되어야 할 것입니다.

홀로 있는 훈련 광야의 학교는 외로움의 학교입니다. 깊이 있는 영성을 소유하기 위해서는 이 외로움이라는 학교에 입학하지 않으면 안 됩니다. 토저는 "이 세상에서 위대한 사람들은 대부분 외로웠다. 외로움이란 성도가 자신의 성스러움을 위해 지불해야 하는 대가인 것 같다"고 말했습니다.

그러면 왜 하나님은 성도에게 외로움을 통과하게 하실까요? 홀로 있을 때 성도는 하나님을 만날 수 있고, 자신을 돌아볼 수 있기 때문입니다. 자신을 성찰하는 것은 아름다운 것입니다. 자신의 성찰을 포기한 사람은 인간됨을 포기한 것입니다. 홀로 있는 시간에 하나님은 하나님 자신을 보여 주시고, 우리 자신을 깊이 성찰하게 하십니다.

헨리 나우웬은 외로움과 고독을 구분했습니다. 단순히 홀로 있음과 고독을 구분했습니다. 외로움을 '광야'로, 고독을 '동산'으로 묘사합니다. 외로움이라는 광야를 아름다운 꽃이 피고 풍성한 열매를 맺는 동산으로 변화시키는 것을 고독으로 보았습니다. 고독은 단순한 외로움이 아닙니다. 고독은 하나님 앞에 있는 것입니다. 고독은 하나님과 함께 있는 것입니다. 외로움은 고통스러운 것입니다. 그러나 고독은 하나님과의 깊은 친교 속에 들어가는 것입니다. 나우웬은 "외로움으로부터 고독으로 가는 움직임이 모든 영적인 삶의 시작이다"라고 말했습니다. 하나님 앞에 홀로 있는 시간을 가져야 합니다. 고독은 축복입니다. 고독은 하나님의 은혜의 시간입니다. 홀로 있음을 두려워 마세요. 토저는 말합니다. "큰 독수리는 홀로 날아간다. 큰 사자는 홀로 사냥한다. 위대한 사람은 홀로 간다." 하나님은 하나님과 함께 가며 홀로 있음을 즐거워하는 사람을 찾으십니다.

하나님은 모세로 하여금 백성들과 함께 있게 하시기 전 광야에서 홀로 있게 하셨습니다. 홀로 있음이 목표가 아닙니다. 함께 있게 하기 위해 홀로 있게 하십니다. 디트리히 본회퍼는 "홀로 있지 못하는 사람은 공동생활을 조심하도록 하라. 공동생활 속에 있지 않은 사람은 홀로 있기를 조심하도록 하라."고 말합니다. 또한 그는 "홀로 있지 못하는 사람과의 친교는 공허한 말과 감정에 빠지게 하고, 친교 없는 홀로 있기를 추구하는 사람은 공허한 깊은 구렁과 자기도취와 절망에 빠진다."라고 말했습니다. 균형을 이루어야 합니다.

오늘 우리에게 모세와 같은 광야는 없습니다. 광야는 단순히 특정 장소를 의미하는 것은 아닙니다. 홀로 있을 수밖에 없는 고난의 현주소요, 내적 상태일 수 있습니다. 하나님은 바로 그곳에서 우리를 만나시기 원하십니다. 함께 있기 위해 홀로 있고, 홀로 있기 위해 함께 있어야 합니다. 홀로있으면서 하나님과 독대하는 성도는 살아계신 하나님의 성전이 된 것입니다. 하나님과 같은 영적인 상태가 되었다는 것입니다.

하나님은 사람을 의식하지 않고 하나님만 의식하도록 홀로 있기 훈련을 하십니다. 예수님은 제자들에게 사람의 미혹을 받지 않도록 주의하라고 하셨습니다(마24:1-7). 예수님께서 사람의 미혹을 받지 않도록 주의하라는 말씀의 뜻은 보이는 사람을 의식하다가 보면 보이지 않는 하나님을 볼 수가 없기 때문입니다. 홀로 있기 훈련을 시키시는 이유는 보이지 않는 자신 안에 주인으로 성전에 계시는 하나님께 집중하라는 뜻입니다. 그리하여 하나님 한분으로 만족하는 믿음이 되어야 하기 때문입니다. 예수를 믿고 교회에 들어와 믿음생활을 해도 자신 안에 주인으로 계시는 하나님을 의식하지 못하는 분들이 있습니다. 눈에 보이는 능력자들을 의지하고 그분들에게 마음을 빼앗겨서 능력자에게 무엇을 얻으려고 쫓아다닙니다. 그러니 자신 안에 계시는 하나님으로부터 아무것도 받아 누릴 수가 없는 것입니다. 사람을 따라다니면서 사람에게 무엇을 얻을까 하다가 얻지 못합니다. 그러다가 아~ 보이는 능력 있는 사람에게 얻을 것이 없구나, 깨닫고 자신 안에 하나님께 관심을 가지게 됩니다.

독대하는 훈련은 엘리야를 생각하면 쉽게 이해할 수가 있습니다. 엘리야가 갈멜산에서 바알의 제사상 450인과 아세라 선지자 400인과 갈멜산 정상에서 영적대결을 청하여 여호와만이 하나님이심을 증명해 보이고, 큰 승리를 거두게 되었습니다. 승리의 기쁨도 얼마가지 않아 이세벨의 편지를 받고 탈진에 빠집니다. 그런데 하나님과 일대일 관계를 통하여 회복하게 됩니다. 이렇게 독대훈련은 중요합니다. 하나님께서 탈진에 빠진 엘리야를 회복시키시는 5가지 과정이 있으셨습니다.

첫째로 잠을 자며 쉬어야 합니다. 왕상19:5절에 "로뎀나무 아래 누워 자더니"가 나옵니다. 엘리야가 마음으로 기도하다가 잠을 자는 것입니다. 절대로 잠만 자는 것이 아닙니다. 마음으로 기도하며 영육이 쉼을 갖는 것입니다. 사람은 낮에 활동 할 때 혈압이 올라가고 몸의 균형이 깨지는데 8시간 이상 잠을 자므로 자율신경이 균형을 잡아 건강해 집니다. 또한 잠을 충분히 자야 면역 기능이 향상되어 병균을 이길 힘도 생기고 스트레스(Stress)도 날려 버립니다.

　둘째로 먹는 것입니다. 왕상19:5절에 "천사가 어루만지며 이르되 일어나서 먹으라 하는지라"가 나오고 호렙에 이르러 두 번 먹었다는 기록이 나옵니다. 사람은 영적 존재이고 육체의 존재여서 몸과 영혼은 떨어 질 수 없습니다. 크리스천은 영-혼-육이 균형이 잡혀야 합니다. 한쪽으로 치우치면 문제가 발생합니다. 전인격을 성령께서 지배해야 합니다. 우리는 세상 것으로 만족하지 말고 하나님께서 주시는 것을 먹어야 합니다. 엘리야는 하나님께서 주시는 것을 먹었습니다. 예수님은 낙심한 제자들에게 갈릴리 바닷가에서 구운 생선과 떡을 먹이셨고, 엠마오에서 십자가 죽음을 보고 낙심한 제자들에게 떡을 떼시며 위로해 주셨습니다.

　셋째로 어루만짐 입니다. 왕상19:5절 중반에 "천사가 어루만지며", 7절에 "여호와의 사자가 또다시 와서 어루만지며"가 나옵니다. 주님께서 안수를 통하여 잠재의식의 스트레스를 처리하고 소진한 영적능력을 충전한 것입니다. 엘리야가 로뎀나무 아래서 잠 잘 때 하나님의 사자가 그를 어루만졌습니다.

이는 안수로 영적충전과 스트레스를 정화했다는 말입니다. 힘들고 아파하는 사람은 말보다 안수하여 영적충전과 스트레스를 정화하면 새 힘을 얻게 됩니다. 동물들 뿐 아니라 사람들도 어루만짐(skin ship)을 통해 영적충전과 스트레스 해소와 위로를 느낍니다.

넷째로 부드러운 말씀의 위로입니다. 탈진을 극복하는 최고의 치료제입니다. 왕상19:9절 "엘리야가 그 곳 굴에 들어가 거기서 유하더니 **여호와의 말씀이 저에게 임하여 이르시되 엘리야야 네가 어찌하여 여기 있느냐**", 13절에 보면 **"엘리야야 네가 어찌하여 여기 있느냐"**라고 하시면서 하나님이 부드러운 터치로 엘리야에게 위로해 주시는 내용이 나옵니다. 하나님은 우리를 몽둥이로 때리시고, 쫓아다니며 심판하시고 골탕 먹이시는 분이 아니라 인자와 자비로 우리를 이끄시는 분이십니다. 필자도 하나님의 음성을 듣고 탈진이 해소되기 시작을 했습니다.

다섯째로 두 번째 기회를 주시는 소명(Calling)입니다. 하나님께서 함께 하심을 알려주십니다. 혼자가 아니라는 것을 확인시키십니다. 하나님은 굴에 숨어 있는 엘리야에게 "너는 돌이켜 하사엘과 예후에게 가라! 엘리사에게 기름을 부어 일하게 하라!"고 명령하십니다. 우리는 하나님의 일을 하다가 그만두고 싶은 마음이 있고 탈진이 되어 다 놓고 싶어집니다. 그럼에도 하나님은 우리에게 돌이 킬 수 있는 두 번째 기회를 주십니다.

엘리야는 하나님을 독대하여 영력을 회복하게 됩니다. 호렙 산(시내 산)은 모세가 하나님을 만난 장소이고, 하나님의 계명을 받은 곳이고, 이스라엘의 선조들이 하나님의 임재 앞에서 하나님을 성실하게 섬기겠다고 언약을 체결했던 거룩한 곳입니다. 즉 호렙 산은 하나님이 이스라엘 백성에게 자신을 처음으로 드러내 보이셨던 곳입니다. 하나님은 호렙 산의 동굴에 있던 엘리야에게 말씀하십니다. **"엘리야야 네가 어찌하여 여기 있느냐** (왕상 19:9)"

이 질문에서 핵심은 '여기'라는 부분입니다. 하나님은 엘리야에게 허락하신 사명지인 이스라엘을 떠나 도망하여 여기 호렙 산에 있는 이유를 질문함으로 엘리야에게 자신의 현주소를 다시 생각해 보고 자기의 사명을 다시 붙잡게 하려고 한 것으로 보입니다. 탈진한 예언자는 하나님께 자기중심적인 불평을 터뜨리며 오직 사태의 어두운 면만을 주시하고 있습니다. "오직 나만 남았거늘 그들이 내 생명을 찾아 **빼앗으려** 하나이다 (왕상 19:10)"

엘리야의 탄식에는 하나님에 대한 무언(無言)의 비난이 서려 있습니다. 그러나 하나님은 엘리야를 불러 당신 앞에 세웁니다. "너는 나가서 여호와 앞에서 산에 서라(왕상 19:11a)" 하나님은 탈진하여 고장 난 당신의 종 엘리야를 재소환하십니다. 하나님은 엘리야를 '리콜'(recall)하십니다. 고장 난 자동차만 리콜 대상이 아니라, 탈진한 인간도 리콜 대상이 됩니다. 영적 탈진에 **빠진** 사람들이 보통의 말로 혹은 지금까지의 방식으로 설

득되어 그들의 암울한 영적인 동굴 밖으로 걸어 나오는 일은 거의 없습니다. 하나님은 지금까지 엘리야의 사역을 이끌었던 전통적인 방식인 바람과 지진과 불이 아니라(출 19:16~18), 새로운 방식인 '세미한 소리(음성)'를 통하여 그를 다시 세웁니다(왕상 19:11하~12). 영력을 충전하니 소명을 다시주십니다.

그리고 하나님은 엘리야에게 새로운 임무를 맡기십니다. 다메섹의 하사엘에게 기름을 부어 아람 왕이 되게 하고, 예후 장군에게 기름을 부어 이스라엘의 왕으로 세우고, 엘리사에게 기름을 부어 엘리야의 후계자로 삼으라는 것입니다(왕상 19:15~16). 하나님은 우상 숭배자들에게 내릴 심판을 세 가지 방식으로, 곧 이스라엘의 대적(하사엘)과 장래의 통치자(예후)와 장래의 예언자(엘리사)를 통해 집행하려고 하십니다. 엘리야의 새로운 사역은 이전 사역보다 보다 확대됩니다. 사역 영역이 국제적으로 확장되고, 국가의 최고 지도자를 교체하고, 후임자를 세움으로 엘리야 자신의 사역이 유종의 미를 거두도록 해야 합니다. 그리고 하나님은 영적 탈진으로 좁아진 엘리야의 시야를 교정하여 바알에게 무릎 끓지 아니한 칠천 인의 동역자를 보게 합니다(왕상 19:18). 그의 제2기 사역은 더 이상 외롭지 않을 것입니다.

이어지는 열왕기상 19:19~21은 엘리야가 이스라엘로 되돌아가 엘리사를 만나 그를 후계자로 부르는 사건과 엘리사의 순종을 보여 줍니다. 엘리야는 하나님의 명령이 자기에게 구체적으로 전해지자 호렙 산에서의 쉼과 재충전의 시간을 청산하고 거기서 떠나 자기가 임해야 할 사역지로 주저하지 않고 나아갑니다. 처음 왔던 길로 되돌아가는 엘리야의 장도는 그가 그에게 새롭게 부여된 사명을 받아들였음을 통지하고, 그의 개인적 위기가 끝났음을 알려 줍니다.

하나님은 음성을 통하여 새로운 사명을 고취시킴으로써 엘리야의 영적 탈진을 치유하십니다. 엘리야의 불평을 압도하는 새로운 사명 의식의 고취가 그의 입을 막게 됩니다. 엘리야의 사역 포기와 생명 포기는 하나님의 직접적인 재위임에 의해서 극복됩니다. 하나님이 그에게 새로운 사명을 주셨을 때 의심은 끝나고 걱정은 사라집니다. 하나님은 탈진한 엘리야를 '리콜'(recall)하셔서 '리콜링'(recalling, 재소명, 제2의 소명)하심으로 그를 치유하시고 새롭게 사용하십니다. 사역 속에서 경험하게 되는 탈진과 우울증과 좌절감으로 말미암아 자기 의와 자기 연민에 빠져 영적 탈진에서 헤매는 사람이 치료받을 수 있는 최상의 방법은 새로운 사명을 발견하여 매진하는 것입니다. 하나님의 음성을 듣는 것입니다. 인간은 밥만 먹고 사는 게 아니라 의미를 먹고 삽니다. 인간은 의미 없음을 견딜 수 없습니다. 인간을 살게 하는 힘은 '의미에의 의지'입니다. '왜 사는지를 아는 사람은 어떻게든 살 수 있습니다.' 엘리야는 이때 왜 살아야 하는지를 재발견한 것입니다. 하나님과 단둘이 독대하는 훈련은 참으로 중요합니다. 홀로서기는 **"홀로서기 성령 따라 살아가며"** 책을 참고하시기를 바랍니다.

21장 해가 지기 전에 마음을 정화하는 생활

(엡 4:26)"분을 내어도 죄를 짓지 말며 해가 지도록
분을 품지 말고"

코로나19 시대에 깊은 영성을 유지 하면서 영-혼-육체가 건강하게 살아가려면 해가지기 전에 마음 속을 정화하는 생활을 숙달해야 합니다. 우리가 세상을 살아가다가 보면 마음속 잠재의식에 상처와 스트레스가 쌓이게 됩니다. 이 상처와 스트레스가 하나님과 관계를 막는 장애물로 역사하기 때문에 하나님은 "분을 내어도 죄를 짓지 말며 해가 지도록 분을 품지 말고, 마귀에게 틈을 주지 말라(엡 4:26-27)" 말씀하셨습니다. 이유는 이렇습니다. 해가지도록 분을 해소하지 않고 잠을 자는 경우에 잠재의식에 스트레스와 상처가 쌓이기 때문입니다. 스트레스가 잠재의식에 쌓이다가 보면 결국 영육에 밸런스를 깨뜨려서 영적인 탈진이나 심인성 질환이 발생할 수가 있기 때문입니다. 하나님은 크리스천들을 특별하게 사랑하십니다. 사랑하시기 때문에 해가 지도록 분을 품지 말라고 말씀하시는 것입니다. 필자가 평소에 생각하고 있는 것은 하나님의 말씀대로 살아가지를 않기 때문에 영육의 질병이 발생한다고 믿고 있습니다. 성령의 인도를 받지 않고 자신의 욕심을 따라 살기 때문에 스트레스에 의하여 영육의 질병이 발생하는 것입니다. "분을 내어도 죄를 짓

지 말아야"합니다.

분은 불꽃과 같습니다. 화를 내거나 심히 노를 발한 후에 그 남은 분노가 불꽃같이 마음에 분을 뿜습니다. 분을 삭이지 못해서 계속 품고 있으면 그 영향으로 죄를 짓게 되며 해가 지도록 분을 품고 있으면 그 기회를 쫓아 마귀가 들어와서 집을 짓게 되고 도적질하고 죽이고 멸망시키는 큰 해를 끼치게 되는 것입니다.

첫째, 분을 내면 죄를 짓게 된다고 합니다. 요사이 무시무시한 범죄가 많이 일어나는데 그 배후에 보면 분노가 꼭 자리 잡고 있는 것입니다. 최근 세상에 큰 문제를 일으킨 땅콩 회항 사건은 참지 못한 분노가 큰 사고를 저지른 것입니다. 또 보육교사가 어린아이에게 주먹질을 한 사건도 참지 못한 분노가 터뜨린 사건인 것입니다. 어린 아이가 먹던 것 다 안 먹는다고 강제로 먹이고 손으로 얼굴 쥐어박는다. 그것 상식적으로도 있을 수 없는 일 아닙니까? 분노를 조금만 참으면 되는데 분노를 참지 못하고 퍼뜨리는 것입니다. 모두 마음에 스트레스가 쌓여서 분노를 조절하지 못하여 발생한 사건입니다. 스트레스는 만 가지 문제의 원인이라고 하는 것입니다. 하나님은 이를 아시기 때문에 "분을 내어도 죄를 짓지 말며 해가 지도록 분을 품지 말고, 마귀에게 틈을 주지 말라(엡 4:26-27)" 말씀으로 강조하시는 것입니다.

하버드대 보건대학원에서 발표한 바에 의하면 분노는 뇌졸중, 심장마비 등의 위험을 높인다고 합니다. 하루에 다섯 번 이상, 화를 내면 건강상 위험 상태에 이른다고 말합니다. 화를 낸 상태에서 잠을 자면 깨어났을 때 마음에 불행도가 높아지고 부정적인 감정이 더 악화된다고 합니다. 잠재의식에 분노가 집을 지었기 때문입니다. 분노 뒤에 귀신이 역사하니 더 악화되는 것입니다.

분을 품고 잠을 잘 수 없지 않습니까? 그러나 분을 품고 잠을 자면 치료를 받을 것 같은데 잠을 잘 때에 잠재의식에 스트레스가 쌓이게 됩니다. 잠재의식에 스트레스가 쌓이니 귀신의 거처가 되는 것입니다. 잠재의식에 스트레스가 쌓여서 귀신의 거처가 되니 아침에 일어나도 개운하지 못하고 마음에 불행한 느낌이 더 크다는 것입니다. 하나님은 크리스천들을 사랑하시기 때문에 에베소서 4장 26절로 27절에 "분을 내어도 죄를 짓지 말며 해가 지도록 분을 품지 말고 마귀에게 틈을 주지 말라"고 경고하시는 것입니다. 잠언 12장 16절에 "미련한 자는 당장 분노를 나타내거니와 슬기로운 자는 수욕을 참느니라" 잠언 29장 11절에 "어리석은 자는 자기의 노를 다 드러내어도 지혜로운 자는 그것을 억제하느니라" 그런데 분노를 억제하려면 마음에 여유가 있어야 가능한 것입니다. 마음에 여유는 하루하루 해가 지기 전에 생명의 말씀과 성령으로 스트레스를 정화해야 가능합니다. 성령으로 충만할 때 분노를 억제할 수 있는 여력이 생기는 것입니다.

성경에 보면 제일 먼저 사람을 죽인 사람이 가인입니다. 가인은 논농사, 밭농사 이런 것을 지었고 아벨은 양을 쳤습니다. 하나님께서 그 두 사람에게 분명히 1년에 한 번씩 하나님 만나러 올 때 제사를 드리되 어린 양을 잡아 피를 쏟고 향기로운 제사로 불을 태워 하나님께 올리라고 말씀을 했을 것입니다. 그런데 1년간 농사를 짓고 난 다음에 가인은 역시 내가 손으로 지은 열매를 가지고 하나님께 드려야지. "하나님께서 내 손의 열매를 받으십시오." 하고 열매 맺은 곡식단을 들고 와서 하나님께 드렸습니다. 그런데 하나님은 그것을 보시고 고개를 흔들었습니다. 왜, 하나님이 원하는 제사를 지내야지 하나님이 원치 않는 제물을 가인이 자기 원하는 것으로 드렸던 것입니다.

그러나 아벨은 양 한 마리를 잡아서 피를 뿌리고 불을 붙여서 향기로운 냄새가 나는 제사를 드렸습니다. 피를 흘려서 속죄 제사를 드린 것입니다. 하나님이 아벨의 피의 제사를 기쁘게 받았습니다. "가인과 그의 제물은 받지 아니하신지라. 가인이 몹시 분하여 안색이 변하니 여호와께서 가인에게 이르시되 네가 분하여 함은 어찌 됨이며 안색이 변함은 어찌 됨이냐 네가 선을 행하면 어찌 낯을 들지 못하겠느냐 선을 행하지 아니하면 죄가 문에 엎드려 있느니라 죄가 너를 원하나 너는 죄를 다스릴지니라 가인이 그의 아우 아벨에게 말하고 그들이 들에 있을 때에 가인이 그의 아우 아벨을 쳐죽이니라"(창 4:5~8). 제일 첫 살인 사건이 에덴동산에서 일어난 것입니다.

시편 37편 8절에 "분을 그치고 노를 버리며 불평하지 말라 오히려 악을 만들 뿐이라" 분이 곧 삭여지지 아니하면 악을 행하게 되는 것입니다. 분의 결과로 악을 행하여 살인도 하게 되고 파괴하고 무서운 일들이 생겨날 수 있는 것입니다.

미국 하버드대 보건대학원의 연구 결과는 분노가 우리의 건강과도 밀접한 관련이 있다는 것을 보여 줍니다. 분노가 폭발하고 난 뒤 2시간 이내에는 심장마비, 부정맥, 뇌졸중의 위험도가 무려 4-5배 이상 증가한다는 것입니다. 분노 횟수가 축적되면 심장마비 위험률이 높아지는데, 하루에 다섯 번 이상 분노를 발하면 위험한 상태에 이른다고 경고합니다. 빈번한 분노는 결국 자신의 건강과 정신을 망가지게 하는 행위라는 것입니다. 그러므로 자신에게 화를 끼치지 않도록 분노를 발하면 안 됩니다. 매일 해가 지기 전에 분노를 정화해야 자신이 행복합니다.

둘째, 화는 고통스러운 결과를 초래한다. 분노를 통해서 화를 내면 시야가 좁아져서 자동차 운전을 할 때 사고를 낼 확률이 높습니다. 그리고 분을 낸 사람에게 사연을 설명해도 이해를 하지 않습니다. 사고가 마음이 좁아지기 때문인 것입니다. 화를 낸 상태에서 식사를 하면 소화기능이 떨어져 설사나 변비가 오며 고당 분 음식을 선호하게 됨으로 혈당이 높아지고 건강에 지장이 다가오는 것입니다. 욥기 5장 2절에 "분노가 미련한 자를 죽이고 시기가 어리석은 자를 멸하느니라"고 말한 것입니다.

2005년 "최장수 부부"로 기네스북에 올랐던 부부가 있습니다. 남편인 퍼시 애로스미스와 아내인 플로렌스 애로스미스인데, 남편이 105세이고, 아내가 100세입니다. 그들이 기네스북에 올랐을 때 한 기자가 금슬이 좋고 장수한 비결을 묻자, 아내가 이렇게 대답했습니다. "우리라고 해서 남들처럼 다투지 않겠어요? 우리도 종종 다투는데 그러나 화가 난 채로 잠자리에 들어가지 않습니다. 항상 화가 나면 그 화를 서로 대화하여 다 풀고 난 다음에 잠자리에 들어가서 등을 서로 대고 자지 않습니다." 한평생을 안고 잤다는 것입니다. 표창 받을 만하지요? 하나님이 그렇게 인정 있게 사는 부부에게 장수의 은혜를 주신 것입니다. 잠들 때는 언제나 친구처럼 포옹한 채로 잠이 들었다는 것입니다. 이 부부가 평생 실천했던 말씀은 에베소서 4장 26～27절, "분을 내어도 죄를 짓지 말며 해가 지도록 분을 품지 말고 마귀에게 틈을 주지 말라" 하는 말씀이었습니다. 화가 난 상태에서 잠을 자면, 자는 동안 부정적인 감정들이 잠재의식에 집을 짓기 때문에, 하나님의 말씀에 순종하여 화를 풀고 잠자리에 들어가야 부정적인 감정이 사라지는 것입니다.

셋째, 분을 품거나 화를 내지 않기 위하여. 김이라는 목사님이 충남 면소재지에 있는 교회에 부임하셨습니다. 교회의 실정을 파악하면서 성도들에게 이 교회에서 부부 금슬이 제일 좋은 부부가 누구냐고 질문했답니다. 교인들이 하는 말이, 저 앞 산 밑 사시는 70대 집사님 부부가 제일로 금술이 좋은 잉꼬부부라고 대단한 칭찬을 하는 것입니다. 그래서 대관절 어떻게 살고 계시기에 노부부가 잉꼬부부로 정평이 날 정도로 잉꼬부부인가 직접 확인을 하고 배워서 목사님 부부도 그렇게 살기로 하셨습니다. 아침 일찍 집사님 댁에 방문하여 부부가 행동하는 일거수일투족을 보셨습니다. 그런데 아침부터 부부가 말다툼을 하면서 일을 하는 것입니다. 그렇게 말다툼을 하다가 오후에는 여집사님이 속이 상해서 방안으로 들어가 버리는 것입니다.

목사님이 생각하기를 저렇게 아침부터 다투는데 무슨 소문난 잉꼬부부인가 과장된 것이라 생각하면서 인내를 가지고 하루 종일 부부의 행동을 관찰기로 했습니다. 어느덧 해가 뒷동산에 걸쳤습니다. 그러자 남편 집사님이 이렇게 말하는 것입니다. 여보! 해가 넘어갑니다. 그러니까, 부인 집사님이 방안에서 나와서 다정하게 대화하다가 서로 손을 잡고 기도를 하더니 방안으로 들어가 저녁을 드시는 것입니다.

그때 목사님이 깨달았습니다. 부부가 낮에 다투다가 해가지기 전에 기도하며 화해하고 잠자리에 들어간다는 것입니다. 아~ 그래서 부부간에 의가 상하지 않고 응어리가 생기지 않고 잉꼬부부로 살아가는 구나하면서 낮에 단면만 보고 판단한 것을 회개했다는 것입니다. 목사님도 해가지도록 분을 가지고 살지 않기로 했답니다. 분명하게 이 부부는 하나님의 말씀과 같이

"분을 내어도 죄를 짓지 말며 해가 지도록 분을 품지 말고, 마귀에게 틈을 주지 말라(엡 4:26-27)"는 말씀을 지키면서 살아가기 때문에 잉꼬부부로 살아갈 수가 있었던 것입니다.

시편 62편 8절에 "백성들아 시시로 그를 의지하고 그의 앞에 마음을 토하라 하나님은 우리의 피난처시로다" "하나님은 우리의 피난처요, 요새요, 의뢰하는 하나님이라 하리니 저가 새 사냥꾼의 올무에서와 극한 염병에서 건지실 것임이라." 하나님은 피난처가 되시는 것은 피난이라는 것은 난을 피해서 숨는 것을 말하는 것입니다. 요새라는 것은 튼튼한 성벽을 쌓아서 도망하지 않고 적이 오면 직접 대결해 서는 곳을 요새라고 말합니다. 그러므로 우리 주 예수님은 우리에게 피난처가 될 수도 있고, 우리가 단단한 믿음을 가지면 요새가 되게 해서 적군을 마주쳐 싸워 승리할 수 있는 것입니다.

우리가 살아가는 동안에 많은 시련과 환난을 당하는데 시련을 당할 때 좋으신 하나님이 우리들을 버리지 않기 때문에 모든 것이 합력하여 유익을 이루어서 나중에 좋게 만들어 주는 것입니다. 하나님께서 무조건 누구나 좋게 만들어 주시는 것이 아니고, 하나님께서 자신 안에 성전삼고 주인으로 계실 때 가능한 것입니다. 요셉이 형들에게 말하기를 "형들은 나에게 해를 주려고 애굽의 종으로 팔았지만 하나님은 오히려 이것을 돌이켜 선이 되게 해서 오늘날 수많은 사람을 굶주림에서 건지는 아버지 노릇을 하게 하셨다"고 했습니다. "하나님을 사랑하는 자 곧 그 뜻대로 부르심을 입은 자들에게는 모든 것이 합력하여 선을 이루느니라." 이 말은 참 맞는 말입니다. 어려운 일을 당할 때 분을 내거나 화를 내지 말고 하나님께 엎드려서 성령의 임재가운데 모든 일을 하나님께 고백하면 하나님께서 자신을 붙들어서 모든 것이 합력하여 선을 이루게 되는 것입니다. 놀라운 일이 일어나게 되는 것입니다.

바울도 분 냄을 새로운 피조물이 된 사람들이 버려야 할 죄악의 목록에 포함시키고 있는 것입니다. 에베소서 4장 31절로 32절에 "너희는 모든 악독과 노함과 분냄과 떠드는 것과 비방하는 것을 모든 악의와 함께 버리고, 서로 친절하게 하며 불쌍히 여기며 서로 용서하기를 하나님이 그리스도 안에서 너희를 용서하심과 같이 하라" 하나님은 예수 그리스도 안에서 우리들을 철저히 용서해 주신 것입니다. 예수 그리스도는 영원한 하나님 아닙니까? 육신을 쓰고 영원한 하나님이 오셨는데 예수님이 우리 대신하여 재물이 되고 심판을 받았는데 영원한 예수님이 우리 위하여 심판을 받았기 때문에 영원히 심판을 받았습니다. 영원한 예수님이 우리 재물이 되어서 제사를 드렸으니까 다시는 드릴 제사가 필요 없습니다. 한 제사로써 모든 것이 다 이루어진 것입니다. 우리는 죄를 짓고 불의하고 추악하고 버림을 받아야 마땅한 존재임에도 불구하고 죄지은 그대로 못난 그대로 빈 손 든 그대로 주님께 나와서 주님을 구주로 모시면 그 보혈이 우리 보고 이 제사로써는 너는 영원히 사함을 받았다 그렇게 말하는 것입니다.

그러므로 그리스도의 구원이 얼마나 철저한지 이루 말로 다할 수 없습니다. 우리들이 주님 앞에 나와서 영원히 용서를 받아 버렸으니 다음에 용서받을 죄가 없습니다. 주님은 우리들을 영원히 용서하시고 그 다음에는 성령을 보내 주셔서 보혜사 성령이 우리 안에 거하면서 거룩하게 살게 되도록 가르쳐주시는 것입니다. 우리 예수 믿는 사람들은 하나님께서 우리를 위해서 구원의 터를 다 닦아 놓으시고 우리에게 구원을 주시는 것을 알아야 되는 것입니다.

"마음의 즐거움은 양약이라도 심령의 근심은 뼈를 마르게 하느니라." 마음의 즐거움은 아주 좋은 약입니다. 요사이 저는 암에 걸려서 죽어가는 사람이 주님 안에서 기뻐하고 즐거워하고 웃고 그래서 암이 나았다는 간증을 많이 듣고 있습니다. 몸이 약한 사람은 집에서 자꾸 웃어야 됩니다. 남편은 아내를 웃기십시오. 웃기면 양약이 되는 것입니다. 아주 좋은 약을 대접하게 되는 것입니다. 야고보서 1장 19절로 20절에 "내 사랑하는 형제들아 너희가 알지니 사람마다 듣기는 속히 하고 말하기는 더디 하며 성내기도 더디 하라. 사람이 성내는 것이 하나님의 의를 이루지 못함이라" 로마서 12장 17절로 19절에 "아무에게도 악을 악으로 갚지 말고 모든 사람 앞에서 선한 일을 도모하라 할 수 있거든 너희로서는 모든 사람과 더불어 화목하라. 내 사랑하는 자들아 너희가 친히 원수를 갚지 말고 하나님의 진노하심에 맡기라 기록되었으되 원수 갚는 것이 내게 있으니 내가 갚으리라고 주께서 말씀하시니라"

하나님께서는 우리가 직접 원수 갚기를 원하지 아니하시고 원수는 주님이 갚아 줄 테니까 주님께 다 맡기라 하는 것입니다. 주님께 맡겨 놓으면 주님이 안 갚을 때가 많습니다. 원수가 스스로 회개하게 하도록 기다릴 때도 있기 때문입니다. 주님은 우리를 불쌍히 여기기 때문에 내게 맡겨라. 내가 대신 갚아 줄 테니까 맡기라고 말씀하십니다. 예수님께 맡기라는 말은 마음에 맺힌 것을 마음 안에 주인으로 계신 예수님에게 다 이야기해서 예수님이 해결하게 하라는 말입니다.

빌립보 감옥에서 바울과 실라가 분노를 기도와 찬송으로 삭인 것을 기억해 보십시오. 그들이 빌립보에서 복음을 증거 하다가 귀신 쫓아내고 나니까 더 이상 점을 치지 못하므로 그 주인이 돈벌이가 없어져서 온 아는 사람을 다 충동해서 바울과 실라를 고소, 고발했습니다. 감옥에 갇혔는데 밤중에 그 사람들이 배도 고프고 몸에 맞은 데가 피가 흐르고 쓰라리기도 한데 불평이나 원한이나 분을 내지 않고 찬송을 불렀습니다. 둘이가 쇠고랑에 묶여 있으니까 박수는 못 치고 서로 아마 부딪치면서 찬송을 불렀습니다. 바울과 실라가 성령으로 충만한 상태에서 부르는 그 찬송소리에 빌립보 교도소가 하늘나라 천국이 된 것입니다. 천국에는 교도소가 없으니 하나님이 지진을 보냈습니다. 찬송소리에 맞춰서 지진으로 박자를 쳤습니다. 온 빌립보 시가 지진에 울렁거리고 죄수들이 갇혀있는 방문들이 다 열리고 차꼬가 다 풀리고 자유와 해방이 다가온 것입니다. 우리가 마음에 기쁨과 감사를 가지면 자유와 해방을 체험하게 되는 것입니다. 우리 주님의 역사에는 언제나 자유와 해방이 있습니다.

예수 믿는 사람이 그저 기독교라는 의식만 가지고 율법주의자로 살아가는 것은 기독교 신앙이 아닙니다. 예수님께서 자기 고향땅 나사렛에 돌아와서 이 세상에서 왜 왔느냐 말씀하실 때 주의 성령이 내게 임하셨으니 이는 나로 하여금 가난한 자에게 복된 소식을 전하게 하려고 기름을 부으시고 그러니 예수님은 복음을 전할 때 가난한 사람들에게 복된 소식을 전하는 것이 제일 첫째 사명입니다. 가난을 원치 않습니다. 에덴에서 주님은 아담과 하와를 위해서 얼마나 준비를 잘해 놓았는데 결국 반역하고 쫓겨났기 때문에 가시와 엉겅퀴가 나고 축복을 빼앗겼지 하나님은 우리들을 아브라함의 복과 형통을 받도록 하는 것입니다.

그래서 우리 주님이 계신 곳에는 언제나 해방과 자유가 있는데 어떤 해방이냐, 가난에서 해방인 것입니다. 가난을 생각하지 말고 생각을 언제나 부요를 생각하십시오. "아브라함의 복이 내게 있다. 아브라함의 형통이 내게 있다." 그것을 늘 생각하십시오. 그 다음에는 "가난한 자에게 복된 소식을 전할 뿐 아니라 포로된 자에게는 자유를, 마음에 염려, 근심, 불안, 초조, 절망, 우울증 같이 포로된 자에게 해방을 주시는 일을 하신다. 그리고 병든 자는 고쳐주는 것은 눌린 자를 자유하게 하신다."는 것입니다. 마귀는 사람을 눌러서 병들게 하는 것입니다. 사도행전에 보면 "하나님께서 나사렛 예수에게 성령과 능력을 기름 붓듯 주시며 저가 두루 다니며 선한 일을 행하시고 마귀에게 눌린 모든 자를 고치셨으니…." 마음의 상처와 스트레스를 정화하지 않아서 쌓이니까, 덩어리가 지니까, 덩어리를 마귀가 누르니까, 병이 드는 것입니다. 마귀가 압박하고 있습니다. 그것을 주님께서 자유롭게 해주시는 것입니다.

그리고 은혜의 해를 전파함이라. 우리가 율법을 지키므로 고행을 하므로 구원을 받는 것이 아니라, 하나님의 은혜로, 은혜는 선물입니다. 예수님은 가난한 자에게 복된 소식을 전하시지요. 포로 된 자에게 자유를 주시지요. 눈먼 자에게 보게 해주시지요. 눌린 자에게 자유를 주시지요. 은혜의 해를 전하시지요. 우리에게 오면 엄청나게 좋은 일을 하기 위해서 오신 것입니다. 오늘 이 시간 생명의 말씀을 들으면 생애 속에 가난 귀신이 물러가고 축복과 형통의 생각이 들어오게 될 것입니다.

그러면 "네 믿음대로 될지어다." 하시며 이루어지게 하십니다. 그리고 성령이 오셔서 영안을 여셔서 하늘나라를 바라보게 해주시고 마음에 포로된 자, 육체에 포로된 자, 생활에 포로된 자, 자유와 해방을 얻게 되는 것입니다. 상처와 스트레스로 고난스러운 것을 주님께서는 갖고 살기를 원치 않습니다.

예수 이야기만 하면 해방과 자유입니다. 눈에 보이지 않는 원수 마귀에게 해방과 마귀가 가져온 모든 고통에서 자유를 얻게 되니 그 기쁨은 말로 다할 수 없습니다. 그런데 항상 알아야 될 것은 마음에서 먼저 일어난 일이 밖에서 일어나는 것입니다. 예수님의 십자가 보혈로 죄 사함을 받은 것을 마음속에 확실히 알아야 죄에서 이길 수 있는 것입니다.

허물에서 씻음 받은 것을 담대하게 믿을 때 성결한 사람이 되는 것입니다. 저가 채찍에 맞음으로 나음을 입었느니라, 마음속에 생각이 병에서 놓여남을 받은 생각을 하게 되면 바깥에 체험의 치료가 다가오게 되는 것입니다. 마음속에서 내가 축복을 받아서 형통하고 아브라함의 부요함이 들어온 것을 능력으로 믿으면 환경에서 그런 일이 일어나게 되는 것입니다. 마음으로 천국 고향이 가득하고 죽음이 겁나지 않는 사람은 죽으면 낙원에 가는 것입니다. 해가 지기 전에 분을 풀면서 사는 습관을 들이시기를 바랍니다. "분을 내어도 죄를 짓지 말며 해가 지도록 분을 품지 말고, 마귀에게 틈을 주지 말라(엡 4:26-27)"란 이렇게 이해하시면 쉽습니다. 크리스천이 악함이 판을 치는 세상에서 살아가는 것이 스트레스입니다.

이 스트레스를 잠자기 전에 마음으로 하나님을 찾으면서 기도하면 5차원의 초자연적인 성령의 역사로 영적인 상태가 되는 것입니다. 영적인 상태에서 생각나는 일들을 영상으로 보면서 회개하고 용서하는 것입니다. 회개하고 용서하지 않아도 5차원의 초자연적인 상태가 됨으로 세상에서 받은 스트레스난 상처가 밖으로 밀려나가면서 정화되는 것입니다. 절대로 말로 머리로 해서는 스트레스나 상처가 정화되지 않습니다. 반드시 성령의 임재가운데 스트레스나 상처가 정화되는 것입니다. 그렇기 때문에 성령으로 세례 받고 성령으로 충만한 믿음생활이 되어야 해가 지기 전에 분을 풀면서 살수가 있는 것입니다. 전적으로 성령께서 분을 풀도록 하시기 때문입니다.

해가 지기 전에 분을 푸는 방법은 사람과 관계에 얽혔으면 성령의 임재가운데 영상으로 그리면서 화해하십시오. 마음에 상처를 받았다면 침소에 들어가 기도하세요. 호흡을 들이쉬고 내쉬면서 기도하십시오. 이렇게 하면 됩니다. "호흡을 들이쉬면서 예수님! 내쉬면서 도와주세요." "다시 호흡을 들이쉬면서 예수님! 내쉬면서 사랑합니다." 이렇게 지속적으로 하다가 보면 성령으로 충만해지면서 성령의 깊은 임재가운데 들어가게 됩니다.

성령의 임재가운데 들어가 스트레스와 상처받는 현장을 보면서 풀어냅니다. 그러다가 자기도 모르는 순간에 깊은 잠에 들어가는 것입니다. 이렇게 매일 깊은 영의기도를 습관적으로 하면 주간동안 마음에 쌓인 스트레스와 상처가 마음 안에 집을 짓지 못하게 됩니다. 본인의 의지와 노력과 습관이 되어야 합니다.

22장 스트레스를 처리하는 습관을 길러라.

(사 40:27-30)"야곱아 어찌하여 네가 말하며 이스라엘아 네가 이르기를 내 길은 여호와께 숨겨졌으며 내 송사는 내 하나님에게서 벗어난다 하느냐, 너는 알지 못하였느냐, 듣지 못하였느냐, 영원하신 하나님 여호와, 땅 끝까지 창조하신 이는 피곤하지 않으시며 곤비하지 않으시며 명철이 한이 없으시며 피곤한 자에게는 능력을 주시며 무능한 자에게는 힘을 더하시나니 소년이라도 피곤하며 곤비하며 장정이라도 넘어지며 쓰러지되"

코로나19 시대에 제일 문제가 되는 것이 마음의 상처와 스트레스입니다. 코로나19가 장기화되는 까닭입니다. 코로나블루의 대표적인 증상은 두통·소화불량·어지러움·두근거림·불면증 등이며, 불안하고 쉽게 놀라는 증상이 나타납니다. 화가 자주 나고 짜증이 많아지며, 원하지 않는 기억들이 반복적으로 떠오릅니다. 기억력과 집중력이 감퇴되며, 정신이 멍하고 혼란스럽고, 눈물이 나며 아무것도 하기 싫어지며, 기운이 없고 무기력증에 빠지게 됩니다. 우리 성도들도 예외가 아닙니다.

스트레스를 매일 처리해야 합니다. 40대 한참 일할 나이에, 또 인생을 즐기고 살 나이에, 급사하는 일들이 얼마나 많이 생겨났는지 알 수 없습니다. 갑자기 사무실에서, 노동 현장에서, 팔팔 젊은 사람들이 급사를 합니다. 다른 이유 아닌, 격렬한 성장 경쟁 속에서 당하는 스트레스에 견디지 못해서 결국에는 넘어지는 것입니다.

또 오늘날 수많은 사람들이 가지가지 정신적인 고통에 허덕입니다. 이것도 역시 스트레스가 넘쳐 나기 때문에 이것을 견디지 못하여 크고 작은 심신 장애로 사람들은 고생을 하는 것입니다. 의사들은 우리가 앓는 질병의 70% 이상이 모두 다 스트레스 때문에 생겨난 병이라고 말하고 있는 것입니다. 스트레스 때문에 가정이 파괴되고 젊은이들이 스트레스를 견디지 못하매 그만 범죄에 몸을 던져서 자기 일생을 망치는 일들이 많습니다.

성경에는 소년이라도 피곤하며 곤비하며 장정이라도 넘어지고 자빠진다고 기록하고 있습니다. 이것이 오늘날 우리들의 시대를 묘사해서 말한 것이 아니겠습니까? 옛날 농경생활에 자연에 묻혀 자연과 더불어 시간에 쫓기지 않고 살 때와는 너무나 대조적인 것입니다. 그렇다고 해서 우리는 그런 과거의 생활로 되돌아 갈 수는 없습니다. 결국 오늘날의 생활 형태대로 죽기 아니면 살기로 생존 경쟁을 하고 초긴장 속에 우리는 살아가야만 합니다. 이와 같은 생존경쟁은 전 세계적인 범위에서 이루어지고 쌓이는 것은 스트레스인 것입니다. 그러면 이와 같은 삶을 살면서도 마음에 여유를 가지고 스트레스를 삼켜 버리며 기쁘고 평안하게 살아갈 수 있는 길이 없을까요? 하나님께서는 그 길을 우리에게 밝히 보여주고 있습니다.

첫째, 스트레스를 이기고 오히려 스트레스 가운데서 즐겁게

살기 위해서는 하나님을 바로 알아야 합니다. 하나님을 알지 못하고는 우리는 스트레스에서 절대로 해방될 수가 없습니다. 인간적인 힘으로 스트레스에서 해방되겠다고 술을 먹다가 중독자가 되고 마약에 의지하다가 일생을 망치는 일들이 얼마나 많습니까? 세상에 인간적인 쾌락을 통해서 일시적으로 스트레스를 모면해 보려고 하는 사람은 결국에는 자기 파멸의 길을 걷게 되는 것입니다. 그러므로 우리는 하나님을 바로 알고 하나님 안에서 성령의 역사로 마음 안에 쌓여가는 스트레스를 풀어야만 합니다. 사람들은 생각하기를 하나님은 우리 생활에 무관심하시다고 오해하고 있습니다.

오늘 성경 말씀대로 이사야서 40장 27절에 "야곱아 네가 어찌하여 말하며 이스라엘아 네가 어찌하여 이르기를 내 사정은 여호와께 숨겨졌으며 원통한 것은 내 하나님에게서 수리하심을 받지 못한다 하느냐" 사람들은 하나님께서 너무나 높은 곳에 계시기 때문에 낮고 천한 우리들에 대해서 관심을 기울이지 않는다고 생각하는 것입니다. 하나님이 내 사정을 알 턱이 있느냐? 그러나 성경은 그렇게 말하고 있지 않습니다. 우리 주님께서는 하나님은 우리 머리털 숫자까지라도 다 헤고 계신다고 말씀을 하고 계신 것입니다.

그렇다면 우리 머리털은 아침에 머리빗을 때마다 한두 개씩 뽑혀 나가는데 그 숫자를 매일 같이 하나님이 플러스 마이너를 하고 계신다는 것입니다. 그럴 정도이니까 우리의 사정을 모른다고 절대로 할 수 없습니다. 내 원통함을 알아주지 않는다고 하나님이 그렇게 말씀하는데 성경은 말하기를 성령이 말할 수 없는 탄식으로 우리를 위해서 기도해 주신다고 말했습니다.

하나님의 성령이 탄식할 일이 뭐가 있습니까? 그런데도 불구하고 성령이 말할 수 없는 탄식으로 기도하는 것은 우리 마음에 고통과 괴로움이 있기 때문에 이것을 풀어주기 위해서 하나님이 그렇게 하고 계신 것입니다. 사람들이 하나님은 우리의 생활에 무관심하고 하나님은 우리를 돌보지 않는다고 말하고 있는데, 거기에 대한 성령님의 대답이 즉시 있습니다. 그것은 우리 사람들이 하나님에 대한 지식이나 견문이 부족했기 때문에 그렇다는 것입니다. 호세아서 4장 6절에 "내 백성이 지식이 없으므로 망한다"고 했는데 사람들이 하나님의 역사하는 것을 알지 못하기 때문에 오해된 말을 하는 것입니다. 하나님의 실상과 자격을 하나님의 성령은 이렇게 말하고 있는 것입니다.

하나님은 영원하신 여호와이시다. 그러므로 하나님께서는 알파요 오메가 되시고 처음과 나중이 되시고 시작과 끝이 되십니다. 우리 세상 삶도 오래 사신 분이 인생 경험으로 모든 만사를 알고 있지 않습니까? 백발이 되신 분은 육체적인 힘은 없어도 인생의 경험을 통해서 많은 삶의 지혜를 가지고 있습니다. 사람도 젊은 사람은 경솔하게 행할 때가 많지만 나이가 들게 되면 지혜를 얻게 되어서 모든 것을 신중하게 생각하고 지혜롭게 하지 않습니까? 그렇다면 하나님은 나이가 많으신 분이 아니라 영원하신 하나님이신 것입니다. 시작의 하나님이요. 끝의 하나님입니다. 그렇기 때문에 하나님이 알지 못하는 일은 하나도 없는 것입니다. 옛날부터 오늘까지 하나님은 모든 것을 알고 계십니다. 그뿐 아니라 성경은 말하기를 하나님은 만물을 창조하신 하나님이라고 말씀하고 있는 것입니다.

느헤미야서 9장 5절로 6절에 보면 "너희 무리는 마땅히 일어나 영원부터 영원까지 계신 너희 하나님 여호와를 송축할지어다. 하늘과 하늘들의 하늘과 일월성신과 땅과 땅 위의 만물과 바다와 그 가운데 모든 것을 지으시고 다 보존하시오니 모든 천군이 주께 경배하나이다."라고 말하고 계신 것입니다.

그러므로 하나님께서 다 지으셨으니 하나님이 지으신 것을 모를 리가 만무한 것입니다. 성경은 말하기를 어머니 뱃속에서 우리가 태어나기 전에 하나님은 우리를 보셨다고 말했습니다. 그리고 우리가 이 세상의 하루가 지나기 전에 우리 일생을 하나님의 책에 기록했다고 말했었습니다. 그러므로 하나님은 만물을 창조하신 하나님이시기 때문에 우리의 사정을 소소히 다 알고 계신 것입니다.

그리고 또 성경은 하나님은 피곤치 아니하시고, 곤비치 아니하시다고 말한 것입니다. 시편 121편 4절에 "이스라엘을 지키시는 자는 졸지도 아니하고 주무시지도 아니하시리로다." 하나님은 졸지도 아니하시고 주무시지도 아니 하시지만 피곤치도 않으시고 곤비치도 않으십니다. 하나님이 피곤하고 곤비해서 우리가 하나님께 기도할 때에 나 지친다, 나 지금 쉬게 하라, 하나님! 도와주소서. 나 지금 자는데 왜 야단이야. 이렇게 된다면 우리는 하나님께 의지 할 수 없지요. 그러나 하나님은 졸지도 않으시고 주무시지도 않으시고 피곤치도 아니하시고 곤비치 아니하시고 주님께서는 언제든지 그 능력으로 우리를 도우실 수 있는 하나님이시라는 것입니다.

그리고 성경은 "하나님은 명철히 한이 없으시다"고 말했습니다. 로마서 11장 33절에 "깊도다. 하나님의 지혜와 지식의 부요함이여, 그의 판단은 측량치 못할 것이며 그의 길은 찾지 못할 것이로다"고 말했습니다. 하나님이 명철이 한이 없었기 때문에 우리의 모든 문제를 다 아시고 그 문제에 대한 해답도 하나님은 모두 다 가지고 계신 것입니다. 그럴 뿐 아니라 이 하나님께서는 또한 우리에게 나타나서 역사하기를 원하시는 하나님이시라는 사실을 우리가 알아야 되는 것입니다. 성경은 말씀하기를 피곤한 자에게는 그는 능력을 주시겠다고 말씀했습니다. 오늘날 심신이 사람들은 피곤해져 있습니다. 혹은 생활에 지쳐서 피곤해 있습니다. 가정생활에 지쳐 버린 사람도 있고 투쟁력을 잃어버리고 될 대로 되라, 바람 부는 대로 물결치는 대로 그만 인생을 내어 던져 버린 사람도 있는 것입니다.

그러나 이사야 42장 3절에 보면 "상한 갈대를 꺾지 아니하며 꺼져가는 등불을 끄지 아니하고 진리로 공의를 베풀 것이며"라고 말한 것입니다. 우리 하나님께서는 상한 갈대라고 꺾어 버리고 꺼져가는 등불이라고 확 불어 불을 끄지 않습니다. 상한 갈대나 꺼져가는 등불조차도 주님께서 붙들어서 그 피곤한 자에게 능력을 주시기를 원하시는 것입니다. 지극히 무능한 자에게도 하나님께서는 능력을 주셔서 다시 일으켜 세워 살려 주시기를 원하시는 것이 우리 하나님의 복이라는 것을 우리가 알아야 된다는 것입니다. 성경은 무능한 자에게는 힘을 더하신다고 했는데 가장으로서 능력을 상실하고 무능하게 되었을 때 하나님은 가장으로서 힘을 주시고 아내로서의 능력을 상실했을 때 아내로서의 일을 할 수 있는 힘을 주시고 부모로서의 능력을 상실했을 때 부모로서 행할 수 있는 힘을 주시고 직장인으로서의 능력을 상실했을 때 직장에서 인정받을 수 있도록 능력 주시기를 원하시고 사회생활에 적응력을 상실했을 때 하나님은 힘을 주셔서 사회에 적응하여 살아갈 수 있도록 해 주기를 원하시는 하나님이라고 성경은 말하고 있는 것입니다.

히브리서 12장 12절에서 13절에 "그러므로 피곤한 손과 연약한 무릎을 일으켜 세우고 너희 발을 위하여 곧은길을 만들어 저는 다리로 하여금 어그러지지 않고 고침을 받게 하라"고 말하고 있는 것입니다. 우리 하나님께서는 피곤한 자에게는 능력을 주시기를 원하시고 무능 자에게는 지혜와 지식과 힘을 더하시기를 원하시는 하나님이라는 것을 말씀하고 있는 것입니다. 이러므로 이와 같이 하나님의 대한 기본적인 상식을 가지고 있어야 되는 겁니다.

둘째, 이와 같은 하나님을 우리가 안다면 이 땅에 살면서 여호와를 앙망할 줄 알아야 되는 것입니다. 앙망한다는 것은 수평적인 생활 관심에서 수직적인 관심을 가지고 하나님을 생각하고 예배하며 기다림을 말합니다. 세상 사람들은 전부다 땅만 보고 삽니다. 위를 쳐다보지 않습니다. 하나님을 앙망한다는 것은 땅만 보고 살지 말고 마음 안에 주인으로 계신 하나님을 쳐다보는 것을 말하는 것입니다. 하나님은 앙망하고 하나님을 예배하고 주인으로 모시는 이러한 삶을 살아야 하나님과 우리의 연결이 이루어지는 것입니다. 오늘날 사람들이 곤비하고 피곤하고 스트레스에 걸리고 넘어지는 것은 수평적인 인생을 살기 때문에 이 땅에서 다가오는 마음의 고통과 괴로움을 견디질 못해 쓰러지는 것입니다.

그러나 자신 안에 하나님을 바라보면 우리가 능히 이 세상에 스트레스를 이기고 스트레스를 삼키고 살아갈 수 있는 힘을 허락하여 준다는 것입니다. 예수님께서도 그렇게 말씀하지 않습니까? "수고하고 무거운 짐 진 자들은 다 내게로 오라 내가 너를 쉬게 하리라" 예수님이 어디에 계십니까? 하나님 보좌 우편에 계십니다. 내 안에 계십니다. 내 안의 하나님을 앙망해야만 되는 것입니다.

이러므로 우리가 여호와를 앙망하고 새 힘을 얻기 위해서는 하나님을 예배해야 하는 것을 잊지 말아야 됩니다. 예배하는 것은 이 수평적인 인생 생활을 잠시 잊어버리고 하늘을 쳐다보고 하나님께 공경하는 마음을 드리는 것을 말하는 것입니다. 성경에는 엿새 동안 일하고 이레째는 교회에 나와서 하나님을 예배하라고 말하고 있는 것입니다. 우리가 하나님께 나와서 믿음으로 하나님을 앙망하고 예배하면 하나님께서는 그들에게 포도주와 같은 즐거움을 주시고 젖과 같이 영양분이 듬뿍 담긴 하나님의 은혜를 주셔서 마음에 즐거움과 마음에 힘을 가지고 인생을 살아갈 수 있게 만들어 주는 것입니다. 예배는 반드시 영과 진리로 드려야 합니다. 영과 진리로 예배를 드리고 성령으로 기도할 때 성령의 역사로 마음 안에 스트레스와 상처가 정화되는 것입니다. 예배를 드린 후에 반드시 성령으로 기도해야 합니다.

그뿐 아니라 우리는 하루의 시작 전에 하나님을 예배해야 합니다. 이사야서 33장 2절에 "여호와여 우리에게 은혜를 베푸소서. 우리가 주를 앙망하오니 주는 아침마다 우리의 팔이 되시며 환난 때에 우리의 구원이 되소서" 주님은 아침마다 우리에게 붙들어 주는 팔이 된다는 것입니다. 그러므로 밤에 잠을 자고 아침에 일어나서는 제일 먼저 하나님을 앙망하고 하나님께 기도드리고 찬송하고 하나님의 도움을 구하면 하나님의 오른 팔이 나타나서 그날 살아갈 수 있는 힘을 허락하여 준다는 것입니다.

그리고 여호와를 앙망한다는 것은 말씀을 깊이 있게 듣고 읽어서 하나님과 가까워져야 합니다. 어떻게 하면 하나님과 가까워집니까? 성령으로 기도하며 하나님의 음성을 듣고 하나님과 가까이 나아갈 수 있는 것입니다. 서로 대화가 있어야 가까워지지. 아무리 사랑하는 친구들이라도 오래 떨어져 있으면 멀어지고 마는 것입니다. 이웃사촌이라는 말은 이웃이 우리와 피와 살이 섞이지 않아도 가까이 있어서 늘 대화를 하기 때문에 멀리 있는 사촌보다 더 가까워지는 것입니다.

그러므로 시편 119편 49절로 50절에 보면 "주의 종에게 하신 말씀을 기억하소서. 주께서 나로 소망이 있게 하셨나이다. 이 말씀은 나의 곤란 중에 위로라 주의 말씀이 나를 살리셨음이니이다." 주의 말씀이 마음속에 소망이 있게 하고 곤란 중에 위로가 되고 주의 말씀이 나를 살리는 역사를 하기 때문에 우리가 하나님의 말씀을 가까이 듣고 늘 읽어야 됩니다. 우리가 주일날도 말씀을 듣고 평일에 성령치유 집회에 참석하고, 집중치유기도에 참석하여 기도하고, 또 우리가 성경을 매일 읽음으로 하나님 말씀과 같이 있으면 자연적으로 하나님과 가까워지고 하나님과 친하게 되고 하나님의 은총의 손길을 가슴속에 느끼게 되는 것입니다. 그리고 수시로 기도하되 매일 특별한 시간을 내어서 기도하고 마음의 짐을 하나님께 맡겨 버려야 됩니다.

시편 55편 22절에 "네 짐을 여호와께 맡겨 버리라 너를 붙드시고 의인의 요동함을 영영히 허락지 아니하시리로다"고 말씀하셨으며, 시편 68편 19절에 "날마다 우리 짐을 지시는 주 곧 우리의 구원이신 하나님을 찬송할지로다" 우리 하나님은 우리의 짐을 지시기를 원하시는 것입니다. 적고 큰 모든 짐을 지시는데 우리가 기도하고 맡겨야 주님이 짐을 져 주시지 우리가 억지로 걸머지고 하나님께 맡기지 않았는데 하나님이 강제로 짐을 질 수가 없는 것입니다. 우리 하나님께는 우리를 사랑하사 우리를 감당치 못할 짐 지는 것을 원하고 계신 것입니다. 이렇기 때문에 수시로 우리는 하나님께 기도해서 짐을 맡기고 또 매일 같이 특별한 시간을 내어서 적어도 30분 한 시간 이상 마음으로 하나님과 함께 대화하고 하나님께 기도하면 마음속에 강물 같이 넘치는 하나님의 평안을 체험할 수 있는 것입니다. 매 주일마다 교회에 나와서 하나님께 기도하고 말씀을 듣고 찬양한다는 것은 하나님을 앙망하는 것이요, 이로 말미암아 하나님이 내리시는 은혜를 통해서 스트레스에서 해방되는 일이 얼마나 많은지 모릅니다. 주일 예배 드림으로 말미암아 수많은 생의 압력에서 해방되고 상처와 스트레스에서 해방과 자유를 얻고, 또 한 주간 동안 인생의 짐을 지고 살아갈 수 있는 성령 충만과 용기와 힘이 생겨나는 것입니다. 그리고 스트레스에서 해방되어야 정신적인 질병에서 육체적인 질병에서 해방될 수 있고 건강한 심신을 가지고 살아갈 수 있는 것입니다.

셋째, 성경에는 그렇게 하면 새 힘을 얻겠다고 말한 것입니다. 여호와를 앙망하면 새 힘을 얻는 것입니다. 어떻게 새 힘을 얻느냐? 우리들이 하나님을 앙망하고 있으면 자아에 대한 새로운 이미지가 생겨나는 것입니다. 이 세상에 수평적인 삶만을 살고 있으면 모든 수고와 괴로움이 짓누르고 그것을 감당하지 못하면 자기는 버림받고 고독한 존재가 되었다고 생각하고 좌절되는 것입니다. 그러나 여호와 하나님과 함께 만나고 있으면 하나님께서 우리의 참 모습을 보여 주십니다. 이러므로 버림받고 고독한 존재가 아니라는 것을 깨닫게 되는 것입니다.

요한복음 14장 18절로 20절에 "내가 너희를 고아와 같이 버려두지 아니하고 너희에게로 오리라 조금 있으면 세상은 다시 나를 보지 못할 터이로되 너희는 나를 보리니 이는 내가 살았고 너희도 살겠음이라. 그 날에는 내가 아버지 안에, 너희가 내 안에 내가 너희 안에 있는 것을 너희가 알리라" 보십시오. 하나님 앞에 있으면 주님이 내 안에 내가 주님 안에 있는 것을 알고 나는 보통 사람이 아니라 하나님의 사람, 예수 사람이 된 것을 알게 되는 것입니다.

예수님으로 말미암아 나는 죄악에서 해방되고 하나님과 원수 된 담이 무너졌으면 치료와 기쁨을 받고 아브라함의 축복을 받은 사람이며 사망과 음부를 이긴 사람이라는 새로운 자기 이미지를 가지고 살아갈 수 있는 것입니다. "누구든지 그리스도 안에 있으면 새로운 피조물이라 이전 것은 지나갔으니 보라 새 것이 되었도다." 새롭게 된 자아 이미지를 가지고서 살아가기 때문에 용기와 힘이 100배로 생겨나는 것입니다. 그러므로 십자가를 통하여 새로운 피조물이 되었다는 이 지식을 마음속에 하나님 앞에 확실히 가질 수가 있게 되는 것입니다.

그리고 또 하나님 앞에서 기다리면 새 힘이 오는데 그것은 성령이 주시는 새 힘인 것입니다. 우리는 하나님 앞에 기도하고 기다리면 하나님의 성령이 반드시 역사하는 것입니다. 하나님의 성령은 성경에 생수라고 말했습니다. "너희는 누구든지 목마르거든 내게로 와서 마셔라 그러면 너희 배속에서 생수의 강이 넘치리라"고 말한 것입니다. 생수는 피곤과 갈증이 다 채워지는 것입니다. 인생에 피곤하고 외롭고 슬프고 갈증이 생겼을 때 하나님이 성령으로 오셔서 우리의 모든 삶의 갈증을 채워주심으로 말미암아 새로운 힘이 생깁니다. 성령은 또 새 바람입니다. 사람이 생기가 다 죽었을 때 새 바람이 불어오면 생기가 돌아납니다. 성령은 새 바람으로서 우리가 이 세상에서 지치고서 피곤하여 완전히 기운이 쭉 빠졌을 때 성령의 생기가 우리에게 부어지는 것입니다.

요사이 "기(氣)"라는 말을 많이 쓰지 않습니까? "기가 죽었다, 그 사람 기가 다 빠졌다, 기가 나간 사람이다." 기가 나가고, 기가 빠지고, 기가 없는 사람, 아무리 보약을 먹고 아무리 침을 맞아도 안 됩니다. 거기에는 성령으로 기도하면 성령의 생기가 들어오는 것입니다. 성령은 위대한 "기"인 것입니다. 하나님의 권능입니다. 성령의 기가 들어오면 우리가 완전히 살아나게 됩니다. 눈알이 또렷또렷하게 됩니다.

그리고 성령의 충만해지면 우리 마음속에 새로운 기쁨이 넘쳐나게 되는 것입니다. 사도행전 8장 7절로 8절에 보면 "많은 사람에게 붙었던 더러운 귀신들이 크게 소리를 지르며 나가고 또 많은 중풍병자와 앉은뱅이가 나으니 그 성에 큰 기쁨이 있더라." 성령의 역사가 일어나면 귀신도 쫓겨 나가고 치료도 받고 마음속에 기쁨이 넘쳐나게 되는 것입니다. 기쁨이 우리에게 얼마나 큰 힘이 되는지 모릅니다.

그 뿐 아니라 하나님의 성령께서는 우리에게 새로운 꿈과 환상을 주는 것입니다. 성령이 오시면 젊은이에게는 환상을 늙은이에게는 꿈을 주리라고 했는데 소망이 다 없어지고 절망에 처했을 때 하나님의 성령은 와서 우리에게 내일에 대한 새로운 기도와 소망으로 채워주시고 꿈을 주시고 환상을 주시는 것입니다. 이래서 자리를 털고 일어날 수 있는 은혜를 주시는 것입니다. 그뿐 아니라 성령은 도전에 대한 응전의 힘을 주시는 것입니다. 용기와 담력을 허락하여 주시는 것입니다. 이 세상에서 사람들이 용기를 잃어버리면 아무 일도 하지 못합니다.

히브리서 10장 35절로 38절에 "그러므로 너희 담대함을 버리지 말라 이것이 큰 상을 얻느니라. 너희에게 인내가 필요함은 너희가 하나님의 뜻을 행한 후에 약속을 받기 위함이라 잠시 잠간 후면 오실 이가 오시리니 지체하지 아니하시리라 오직 나의 의인은 믿음으로 말미암아 살리라 또한 뒤로 물러가면 내 마음이 저를 기뻐하지 아니하리라" 우리는 뒤로 물러가지 않고 강하고 담대한 믿음으로 꿈을 가지고 앞으로 앞으로 나아가야 되겠는데 이것은 하나님의 성령께서 오셔서 그렇게 해주시는 것입니다.

그러면 여호와를 앙망하는 사람은 새 힘을 얻으면 어떻게 될까요? 독수리를 날개 치며 올라간다고 했습니다. 독수리가 날개 치며 올라갈 때는 땅에서 올라가는 상승 기류를 타고 확 올라갑니다. 참새가 나는 것은 헉~ 헉~ 헉~ 헉~ 이러다가 그냥 나뭇가지에 앉아서 헉~ 헉~ 헉~ 합니다. 그것은 그냥 자기의 날개 힘으로 가니까 그렇게 날개를 빨리 쳤다가 나중에 기진맥진 하는 것입니다. 독수리는 자기의 날개 힘으로 날지 않습니다. 상승기류를 타고 쫙 올라갑니다. 인생을 사는 것도 하나님을 앙망하고 성령의 힘을 얻어서 사는 사람은 "믿습니다." 그리고 믿음으로 사는데 하나님이 없는 사람은 헉~ 헉~ 헉~ 헉~ 있는 힘을 다해서, 그러고는 아이고 나 죽어 합니다. 그러고도 별로 올라가지도 못합니다. 그 날개 치고 뭘 올라가요? 우리는 여호와를 앙망하는 자는 독수리의 날개 치며 올라갈 수가 있는 것입니다. 매주일 예배드리고 난 다음에는 남은 주간에는 하나님과 함께 믿음으로 눈에는 아무 증거 안보이고 귀에는 아무 소리 안 들리고 손에는 잡히는 것 없어도 두려워하거나 불안에 떨지 않고 "믿습니다." 로 날라 올라갈 수 있는 것입니다. 이 얼마나 좋습니까? 그 결과로 달음박질을 해도 곤비치 않습니다. 달음박질 한다는 것은 뛰는 것 아닙니까? 쫓기는 인생, 숨 가쁘게 뛰며 스트레스가 쌓여도 기진맥진 하지 않습니다.

그러면 세상에서는 피곤하지만 여호와를 앙망하는 사람은 하늘에서 힘이 임하여 있기 때문에 달음박질해도 곤비치 않습니다. 달음박질하면서도 마음속에 기쁨과 즐거움으로 달음박질할 수 있습니다. 성경에는 여호와를 앙망하면 걸어가도 피곤치 않는다고 했습니다. 그러나 예수 믿는 사람은 걸어가도 피곤치 아니하고 생활의 여유가 생기고 모든 것이 평안해져도 주님의 은혜로 말미암아 그 여유를 가지고 하나님께 영광 돌리며 올바르게 살 수 있는 지혜와 힘이 주어지기 때문에 걸어가도 여유 있는 삶을 살아도 하나님을 앙망하는 자는 항상 새롭고 피곤치 않게 인생을 살아갈 수가 있는 것입니다. 하나님을 앙망하는 자는 성령으로 충만하기 때문에 성령의 힘으로 스트레스를 제압하고 살아갈 수가 있는 것입니다.

23장 걸어 다니는 성전으로 살아가야 한다.

(고전 3:16)"너희는 너희가 하나님의 성전인 것과 하
나님의 성령이 너희 안에 계시는 것을 알지 못하느냐"

코로나19 시대에 깊은 영성을 유지하면서 영-혼-육체가 건
강하게 살아가려면 걸어 다니는 성전으로 살아가야 합니다. 크
리스천이 하나님의 집과 성전으로 살아가는 이유는 분명합니
다. 세상에서 걸어 다니는 성전으로 살기 위해서입니다. 의식이
참으로 중요합니다. 하나님은 이렇게 말씀하십니다. "너희가
하나님의 성전인 것과 하나님의 성령이 너희 안에 거하시는 것
을 알지 못하느뇨(고전3:16)" "너희 몸은 너희가 하나님께로
부터 받은바 너희 가운데 계신 성령의 전인 줄을 알지 못하느냐
너희는 너희의 것이 아니라(고전6:19)" "하나님의 성전과 우상
이 어찌 일치가 되리요, 우리는 살아 계신 하나님의 성전이라
(고후6:16)" "그의 안에서 건물마다 서로 연결하여 주 안에서
성전이 되어 가고 너희도 성령 안에서 하나님의 거하실 처소가
되기 위하여 예수 안에서 함께 지어져 가느니라(엡2:21-22)"
"만일 내가 지체하면 너로 하나님의 집에서 어떻게 행하여야
할 것을 알게 하려 함이니 이 집(성도)은 살아 계신 하나님의 교
회요 진리의 기둥과 터이니라(딤전3:15)"
꼭 예배당에서 예배를 드릴 때에만 성전이 되는 것이 아닙니

다. 예배를 드리고 세상에 나가 살아갈 때에 성전으로 살아가야 합니다. 한 사람 한사람이 살아계신 하나님의 성전이 되어 가정이나 직장이나 학교에서나 생업 장에서 마음으로 기도하면서 예배를 드리는 습관이 중요한 것입니다. 코로나19 시대에 더욱 필요할 것입니다. 진정한 천국은 자신이 걸어 다니는 성전이 되었을 때 누리는 것입니다. 하나님은 예수를 영접한 사람의 마음 안에 주인으로 임재 하여 계십니다. 많은 성도들이 성경에 나오는 교회가 보이는 건물 교회인 것으로 알고 있는 경우가 많습니다. 성경에 기록된 교회는 물론 보이는 건물 교회를 말하고 알고 있지만, 성경에 기록된 교회는 대부분 성도들의 전인격이 성전 된 교회를 말합니다. 성전 된 성도 한 사람 한사람을 교회라고 말하고 있는 것입니다.

사람들은 하나님께서 콘크리트와 벽돌로 지어진 교회예배당 건물 안에나 성당 안에 혹은 기도원에 혹은 가톨릭 교인들이 말하는 피정의 집에 계신다고 말합니다. 실상은 인간이 지은 어떤 형태의 건물이든 그 건물 안에 하나님은 계시지 않습니다. "우주와 그 가운데 있는 만물을 지으신 하나님께서는 천지의 주재시니 손으로 지은 전에 계시지 아니하시고"(행 17:24). 하나님은 바로 성도들의 성전 된 마음속에 거하시는 것입니다. 마음에 하나님을 주인으로 모시지 않은 사람들이 아무리 화려하게 지은 예배당에 모여도 그곳에서는 하나님은 계시지 않습니다. 하나님은 영과 진리로 예배드리는 사람을 찾고, 그런 성도의 마음속에 주인으로 계시는 것입니다.

사람들의 관심은 눈에 보이는 예배당 건물입니다. 구약의 성전은 하나님의 임재를 나타냈으나 더 이상 백성들은 성전을 통해 하나님의 영광을 보지 못했습니다. 이 시대도 성전 용어보다 교회 예배당이란 말이 합당합니다. "충만한 교회 예배당" 건물로서의 성전은 더 이상 없습니다. 성경은 이제 주님을 모신 우리의 몸이 성전이라 합니다. "너희가 하나님의 성전인 것과 하나님의 성령이 너희 안에 거하시는 것을 알지 못하느뇨(고전 3:16)" 우리의 관심은 어디에 있습니까? 웅장하고 화려한 건물입니까? 참 성전이신 예수님을 마음에 주인으로 모시는 믿음의 일입니까? 걸어 다니는 성전에 있습니까? 우리의 관심과 열정은 많은 이들의 심령에 예수생명이 불길처럼 일어나게 하여 행복한 삶을 살아가는 복음 사역이어야 합니다.

첫째, 마귀에게 빼앗긴 우리의 마음. 창세기 1장 27절로 28절에 하나님이 자기 형상 곧 하나님의 형상대로 사람을 창조하시되 남자와 여자를 창조하시고 하나님이 그들에게 복을 주셨다고 말한 것입니다. 또 창세기 2장 7절에 "여호와 하나님이 땅의 흙으로 사람을 지으시고 생기를 그 코에 불어넣으시니 사람이 생령이 되니라"고 했습니다. 그런데 하나님은 성경에 보니 영이라고 말했지, 하나님이 육체라고 말하지 않았습니다. 그러므로 육체적인 아담과 하와가 하나님의 형상과 모양이 아니라,

아담과 하와의 마음이 하나님의 형상과 모양이요, 그 마음속에 하나님이 주인으로 오셔서 거하시는 것인데, 아담과 하와의 마음이 불신앙과 불순종으로 하나님을 떠나 버리고 만 것입니다. 마귀의 말을 듣고 하나님을 반역하고 아담과 하와의 마음이 하나님을 떠나 버렸었습니다. 그러자 하나님도 아담과 하와의 마음속에 거하지 아니하시고 떠나시게 된 것입니다.

창세기 2장 17절에 "선악을 알게 하는 나무의 열매는 먹지 말라 네가 먹는 날에는 반드시 죽으리라" 하셨습니다. 그들이 선악과를 따먹고 그 마음이 죽어서 마귀가 그 마음에 들어오자 하나님은 아담과 하와의 마음을 떠나 버린 것입니다. 타락한 아담과 하와 이후의 인류들은 마음속에 하나님을 모시지 못하고 공중에 권세 잡은 악령을 마음속에 주인으로 모시고 산 것입니다. 사람의 마음은 영을 담는 그릇이기 때문에 성령이든, 악령이든 거하는 것입니다. 중간지대인 마음은 없습니다.

그래서 악령이 시키는 대로 불신앙과 불순종과 세속을 따라서 살았고 하나님과 멀리멀리 떠나 버리고 만 것입니다. 그러므로 사람에게 가장 중요한 것은 마음인 것입니다. 마음이 하나님을 떠나고, 마귀가 점령하자 공허하고 혼돈하며 흑암이 깊이 점령한 마음이 되고 만 것 입니다. 사람의 마음이 죄와 허무와 죽음의 황야가 되고 만 것입니다. 죄가 마음을 부패시키고 마음이 하나님 없으니 허무하기 짝이 없게 된 것입니다.

하나님이 계셔야 마음에 소망이 있고 기쁨이 있고 가치가 있을 것인데 이것 다 잃어버리고 마음이 허무하게 되고 죽음의 광야가 꽉 들어찬 것입니다. 어디에서 와서 왜 살며 어디로 가는지를 마음은 알지 못하고 오직 죄와 허무와 죽음의 황야가 되고 만 것 입니다. 마음이 길을 잃고 방황하게 된 것입니다. 하나님은 방황하는 인간을 예수님을 보내셔서 구원하십니다.

둘째, 예수님의 구원과 성전 회복. 하나님이 우리 마음을 변화시키기 위해서 보내신 분이 하나님의 아들 예수님인 것입니다. 우리 마음을 변화시킬 수 있는 유일한 분은 예수님 밖에 계시지 않습니다. 죄가 사해져야 하나님앞에 나갈 수 있기 때문입니다. 죄인은 하나님을 만나면 죽습니다. 예수를 영접하면 죄가 사해져서 하나님을 아버지라고 부르며 나갈 수가 있습니다. 예수님이 오셔서 십자가를 걸머지고 우리 옛사람을 십자가에 못 박아 버려 마음에 죄악을 청산하고 마음을 점령한 귀신을 성령으로 쫓아내고 청소하고 변화시켜 주셨습니다. 그렇기 때문에 십자가의 보혈을 통해서 우리는 새로 거듭날 수가 있는 것입니다.

성경은 "누구든지 그리스도 안에 있으면 새로운 피조물이라 이전 것은 지나갔으니 보라 새것이 되었다"고 말한 것입니다. 주님이 우리를 새것으로 만들기 위해서 이사야 53장 5절로 6절에 보면 "그가 찔림은 우리의 허물 때문이요 그가 상함은 우리의 죄악 때문이라 그가 징계를 받으므로 우리는 평화를 누리고 그가 채찍에 맞으므로 우리는 나음을 입었도다. 우리는 다 양 같아서 그릇 행하여 각기 제 길로 갔거늘 여호와께서는 우리 모두의 죄악을 그에게 담당 시키셨도다."라고 말한 것입니다.

예수님이 우리의 부패하고 부정하고 죽은 마음을 십자가에 걸머지시고 청산한 것입니다. 우리의 육체를 청산한 것이 아니라, 우리 죄악으로 물든 영혼을 청산한 것입니다. 그리고 변화시켜서 하나님의 형상과 모양대로 다시 새롭게 지음을 주신 것입니다. 십자가를 통해서만이 우리는 하나님의 형상과 모양이 복구되고 새로운 피조물이 되는 것입니다. 십자가 없이 인간의 수양과 도덕으로 마음이 변화되지 않습니다. 아무리 자기 피부를 비눗물로 닦아도 황인종이 백인종이 되지 못하고, 흑인종이 황인종이 되지 못하는 것입니다. 마음이 그리스도의 보혈로 말미암아 변화되어야 참 새롭게 변화될 수가 있는 것입니다. 예수님은 보혈과 성령을 통하여 우리 마음을 점령하였던 마귀를 쫓아내고, 하나님과 화목케 하시고 보혈과 성령의 능력으로 우리를 새롭게 한 것입니다. 주의 십자가의 보혈의 능력과 성령의 역사가 없이는 마귀는 쫓겨 나가지도 않습니다. 보혈과 성령의 역사가 일어나면 마귀는 마음에서 철수하는 것입니다. 보혈과 성령의 역사 없이 하나님과 우리 사이를 화목 시킬 수도 없습니다. 예수님의 보혈과 성령이 마귀를 청산해 버리고 쫓아내고 죄악을 씻어내고 우리 마음을 하나님과 화목 시키고 하나님이 또다시 우리 마음속에 와서 거하게 만들어 주시는 것입니다. 성도들을 성전으로 가꾸는 분은 성령입니다. 성령으로 기도할 때 성령께서 성도들을 성전으로 정화하시는 것입니다.

셋째, 말씀과 성령으로 마음을 다스리는 자가 삶을 다스린다. 어떻게 하면 마음을 다스릴 수가 있을까요? 하나님의 마음은 우리 마음속에 성령을 통해서 오시는 것입니다. 성령으로 세례를 받고 성령으로 충만 받아 전인격을 성전 만들어야 합니다. 성전 된 육체에 하나님 말씀을 성령으로 받아 드려서 마음을 다스려야 되는 것입니다. 그러므로 말씀을 우리가 듣고 말씀을 읽고 말씀을 묵상하는 것은 굉장히 좋습니다. 성령으로 마음을 다스리지 아니하면 말씀으로 다스리지 아니하면 마음은 절대로 다스려지지 않습니다. 말씀과 성령을 마음속에 항상 채워 놓아야 세상과 마귀가 마음에 들어오지 못합니다. 말씀과 성령의 충만을 등한이 하면 곧장 세상과 마귀가 들어와서 세상과 마귀의 생각을 집어넣어서 마음을 흔들어 놓는 것입니다. 그러므로 하나님의 말씀이 마음을 변화시키는 것입니다. 그러므로 마음으로 늘 하나님을 찾아야 합니다.

히브리서 4장 12절에 "하나님의 말씀은 살아 있고 활력이 있어서 좌우에 날선 어떤 검보다도 예리하여 혼과 영과 및 관절과 골수를 찔러 쪼개기까지 하며 또 마음의 생각과 뜻을 판단 한다"고 말한 것입니다. 말씀과 성령이 마음을 점령해야 되는 것입니다. 로마서 12장 2절에 "너희는 이 세대를 본받지 말고 오직 마음을 새롭게 함으로 변화를 받아 하나님의 선하시고 기뻐하시고 온전하신 뜻이 무엇인지 분별하도록 하라" 하나님의 말씀을 통해서 성도들의 전인격이 어떻게 변화될까요? 하나님의 말씀과 성령을 통해서 "내 마음이 영혼이 잘되고 범사에 잘되며 강건하고 생명을 얻되 풍성하게 얻는 생각으로 꽉 들어차야"되는 것입니다. 용서와 의로움을 받은 생각으로 꽉 들어차야 되고, 거룩함과 성령 충만의 생각으로 꽉 들어차야 되고, 치료와 건강의 생각으로 꽉 들어차야 되고, 아브라함의 축복과 형통의 마음으로 꽉 들어차야 되고, 부활, 영생, 천국의 마음으로 꽉 들어차야 되는 것입니다. 마음에 하나님의 말씀과 성령이 들어와서 꽉 들어 채우고 새롭게 변화시키지 아니하면 세상과 마귀가 곧장 와서 마음을 부정적이고 파괴적이고 절망적이게 만드는 것입니다. 그렇기 때문에 "지킬만한 것보다 마음을 지켜라. 생명의 근원이 이에서 나온다"고 합니다. 마음을 지키는 것은 성령으로 기도하는 것입니다. 항상 하나님을 찾는 것입니다. 때문에 말씀과 성령으로 마음을 지켜야지 말씀과 성령이 떠나가면 하나님과 교통이 단절되고 마는 것입니다. 그러므로 가장 귀한 것이 하나님의 말씀과 성령인 것입니다.

교회는 생명의 말씀이 준비되어 있고, 성령의 역사로 성도들을 성전으로 가꾸는 곳이 교회인 것입니다. 신앙생활이란 말씀과 성령으로 성도들의 전인격을 변화시키는 것이 신앙생활이 되는 것입니다. 생명의 말씀과 성령의 역사가 없는 교회는 교회가 아닙니다. 교회는 성도들의 전인격이 성전이 되도록 깨끗하게 가꾸기 위하여 필요하다고 해도 과언은 아닙니다. 성도들은 예배당인 교회를 잘 만나야 합니다. 그런데 말씀과 성령의 역사가 없다면 교회로서 사명을 감당할 수가 없는 것입니다. 말씀과 성령의 역사가 없는 예배당인 교회는 종교적인 형식과 의식은 가질 수 있어도, 마음이 변화되지 아니하므로, 운명과 환경이 변화되지 않고, 하나님이 같이 계시지 아니하는 것입니다. 그러므로 우리는 항상 말씀을 사랑하고 성령의 임재가운데 말씀을 듣고, 성령으로 기도하여 말씀이 마음을 점령해서 말씀이 우리 속에서 역사하도록 해야 되는 것입니다.

성령의 역사가 일어나지 않으면 자신의 몸을 성전으로 가꿀 수가 없습니다. 심령에 마귀와 귀신이 거할 수가 있기 때문입니다. 마귀는 사람의 힘으로 어찌할 수 없는 강한자입니다. 반드시 성령의 역사가 일어나야 마귀와 귀신이 떠나가는 것입니다. 심령에서 성령이 사로잡아야 전인격이 하나님의 성전으로 정화되고 거룩하게 되어 하나님께서 마음대로 역사하실 수가 있습니다. 마음은 성령으로 충만한 믿음으로 다스려야 되는 것입니다.

믿음은 들음에서 나며 들음은 그리스도의 말씀으로 말미암는 것입니다. 하나님의 말씀을 믿는 것입니다. 눈에는 아무 증거 안보이고 귀에는 아무 소리 안 들리고 손에는 잡히는 것 없더라도 하나님의 말씀을 믿고 흔들리지 말아야 마음을 다스릴 수 있는 것입니다. 하나님의 은혜로 주신 약속을 우리는 믿어야 되는 것입니다. 믿으면 그 믿음을 통해서 마음을 다스리고 그 마음이 하나님의 역사를 나타낼 수가 있는 것입니다.

　열두 해를 혈루병 앓은 여인을 보십시오. 그가 하나님을 알지 못할 때는 마음을 다스릴 수가 없었습니다. 마음이 불안하고 초조하고 절망이었습니다. "나는 못산다. 나는 할 수 없다. 나는 죽는다"고 생각한 것입니다. 열 두해 동안 피를 흘리고 고통을 당했으니 빈혈증에 걸리고 가족들을 다 떠난 후로 산비탈 아래에 초막을 치고 살고 있으니 외롭기 그지없었습니다. 마음을 잡을 수가 없었습니다. 그는 이미 절망하고 죽음이 그 마음을 점령했습니다. 그런데 어느 날 예수 그리스도의 소식을 들었습니다. 하나님의 아들 예수 그리스도께서 갈릴리와 유다를 다니면서 죽은 자를 살리시고, 문둥이를 깨끗이 하고, 앉은뱅이를 일으키고, 천국복음을 전한다는 말씀을 듣고, 이 예수 그리스도를 마음속에 믿자 그 마음이 변화되기 시작한 것입니다.

　마음이 변화되어 흑암이 떠나가고 좌절과 절망이 떠나가고 마음에 희망과 꿈과 소망이 넘쳐나자 예수님이 그를 찾아오게 된 것입니다. 마음이 변화된 사람을 예수님이 찾아오시는 것입니다. 마음이 세속으로 꽉 들어찬 사람에게 예수님이 찾아오지 않습니다. 예수님은 마음이 예수 그리스도를 사랑하고 사모하는 자를 찾아오는 것입니다. 혈루병 앓은 여인이 마음속에 예수님을 믿고 예수님을 사모하고 마음이 안정되고 주의 은혜를 받기를 사모하자 예수님이 그 집 앞을 지나가게 되고 예수님을 만나고 그 옷자락에 손을 대고 혈루병이 낫게 된 것입니다. 이 혈루병 앓은 여인이 소망을 갖고 치유를 받은 것은 먼저 마음속에 예수님을 모시고 믿음이 굳세게 섰기 때문에 그렇게 된 것입니다.

그러므로 환경이 변화되기를 기다리지 마십시오. 마음이 변화되면 환경이 따라서 변화되는 것입니다. 자신의 마음 안에서 성령의 역사가 일어나야 환경을 변화시키는 것입니다. 마음에 절망이 있는데 환경이 소망으로 찾을 수 없습니다. 마음에 슬픔이 있는데 환경이 갑자가 기쁨으로 변화될 수 없습니다. 마음에 공포가 있는데 환경에 평화가 다가올 수 없는 것입니다. 마음에 성령으로 충만한 믿음이 있으면 성령의 역사로 공포가 사라지고 평안한 환경이 되는 것입니다.

마음이 천국이면 세상도 천국 되는 것입니다. 마음에 평화가 있으면 환경이 평화롭게 되는 것입니다. 마음에 축복이 있으면 환경이 축복으로 변화되는 것입니다. 마음에 치료가 있고 건강이 있으면 환경에 치료와 건강이 다가오게 되는 것입니다. 무엇이든지 마음이 먼저 변화되어야 환경이 변화되는 것입니다. 마음은 생명의 말씀과 성령의 역사로 변화되는 것입니다. 마음에 믿음으로 굳세게 서야 운명과 환경이 변화될 수가 있는 것 입니다. 그렇기 때문에 마음을 지키는 것은 성령으로 충만한 믿음인 것입니다. 하나님은 마음을 하나님의 나라를 만드시기 위하여 마음 안에 성령으로 임재하신 것입니다. 마음을 변화시켜야 모든 것을 변화시킬 수가 있기 때문입니다.

또한 마음은 마음속에 꿈으로 다스려야 되는 것입니다. 85세 된 아브라함이 마음이 흔들리고 마음이 캄캄했습니다. 왜냐하면 얼마 안 있으면 죽을 것인데 나이가 85세요, 아내가 75세인데 아들이 없습니다. 재산이 많습니다. 금과 은도 많고 짐승 떼들도 많은데 이 많은 재산을 상속할 자가 없어서 자기의 종에게 상속하고 갈 수밖에 없습니다. 그러므로 마음이 답답했습니다. 기도하고 부르짖었습니다. 그런데 하룻밤에 아브라함을 천막에서 불러내어 하늘을 쳐다보고 하늘에 있는 별들을 헤아리라고 말했습니다. 그리고 말하기를 "네 자손이 저 별들처럼 많을 것이다."라고 말한 것입니다. 거기에서 아브라함은 마음속에 꿈을 얻었습니다. 아브라함의 몸은 85세입니다. 아내는 75세입니다.

몸이 젊어진 것도 아닙니다. 아내가 젊어진 것도 아닌 것입니다. 그러나 마음이 절망과 흑암과 두려움에서 믿음으로 변화된 것입니다. 왜냐하면 꿈을 가질 수 있게 된 것입니다. 꿈이 마음을 다스린 것입니다. 눈에는 아무 증거 없습니다. 귀에는 들리는 소리 없습니다. 손에는 잡히는 것 없습니다. 몸은 여전히 85살의 늙은 몸입니다. 그러나 마음이 달라진 것입니다. 마음에 꿈을 얻게 된 것입니다. 그들은 하늘의 별과 같이 많은 자녀들을 거느린 사람이 된다는 꿈을 얻게 된 것입니다. 꿈이 마음을 변화시킨 것입니다.

십자가를 바라보면 변화될 수 있는 것입니다. 몸이 변화된 것이 아닙니다. 가정이 변화된 것도 아니고 환경이 변화된 것도 아니지만, 십자가를 바라보고 마음이 변화되면 몸도 변화되고 가정도 변화되고 환경도 변화될 수 있는 것입니다. 먼저 마음이 변화되어야 되는 것입니다. 마음이 무엇으로 변화되는 것입니까? 꿈을 바라볼 때 마음이 변화되는 것입니다. 어디에서 꿈을 얻을 수 있습니까? 십자가를 바라보면 꿈을 얻을 수가 있는 것입니다. 예수님은 십자가를 통하여 죄를 짓고 불의하고 추악하고 버림받아야 마땅한 나를 의롭다하고 용서해 주신 것입니다. 십자가를 통하여 용서받은 의인이 된 꿈을 얻을 수가 있는 것입니다. 소망을 얻을 수가 있는 것입니다. 예수님이 나를 대신해서 마귀와 세상과 싸워서 이기고 우리에게 거룩함과 성령 충만을 주셨으니 십자가를 통하여 거룩함과 성령 충만의 꿈을 얻을 수가 있었던 것입니다. 예수님이 나를 위해서 병들고 고통을 당하여 치료의 은혜를 베풀어 주셨으니 십자가를 통하여 치료의 꿈을 얻을 수가 있는 것입니다. 내가 가난하고 헐벗고 굶주리고 실패했을지라도 예수님이 십자가에서 나를 위하여 저주를 담당하시고 청산하셨기 때문에 십자가를 통하여 아브라함의 복과 형통이 임하는 것을 꿈꿀 수가 있는 것입니다. 내 마음속에 꿈을 받아 들일 수가 있는 것입니다. 내가 비록 죽을지라도 십자가를 바라보고 영생을 꿈 꿀 수가 있는 것입니다.

십자가를 가슴에 끌어안고 십자가를 통하여 예수께서 나를 위해서 역사해 주신 그 은혜를 품으면 그 꿈이 이루어져 나오는 것입니다. 영혼이 잘됨같이 범사에 잘되며 강건하고 생명을 얻되 풍성하게 얻는 놀라운 병아리가 깨어 나오는 것입니다. 꿈을 품어야 마음을 지킬 수가 있는 것입니다.

마음은 꿈(하나님)을 통해서 좌지우지 될 수가 있는 것입니다. 아브라함은 결국 85세에 꿈(하나님)을 품었더니 100세에 그 꿈이 이루어져서 사랑하는 아들이삭을 선물로 받게 된 것입니다. 그 다음 마음은 입술의 고백을 통해서 지켜질 수가 있는 것입니다. 입술로 시인하므로 기적이 일어나는 것입니다. 로마서 10장 10절에 "사람이 마음으로 믿어 의에 이르고 입으로 시인하여 구원에 이르느니라" 예수 믿는 것도 마음에 그냥 믿어서 구원받는 것이 아닙니다. 입으로 고백해야 구원을 받게 되는 것입니다. 우리가 입술로 말한다는 것은 하나님의 역사를 풀어 놓게 되는 것입니다. 잠언 16장 32절에 "자기의 마음을 다스리는 자는 성을 빼앗는 자보다 낫다"고 했는데 마음은 입술의 고백을 통해서 다스릴 수 있는 것입니다. 잠언서 4장 23절에 "모든 지킬 만한 것 중에 더욱 네 마음을 지키라 생명의 근원이 이에서 남이니라" 마음은 입술의 고백을 통해서 지킬 수가 있는 것입니다. 마음에 아무리 긍정적인 마음을 가지려고 해도 입술로 "나는 못한다. 나는 안 된다. 나는 할 수 없다. 나는 죽는다. 나는 병들었다"고 고백을 하면 그 마음은 사망의 세력으로 묶이게 되는 것입니다. 마음이 아무리 답답하고 고통스러울지라도 입술로 고백을 긍정적으로 합니다.

예수 그리스도의 십자가의 보혈로 말미암아 "나는 용서받은 사람이다. 나는 의로운 사람이다. 나는 성령님이 주인으로 계신다. 나는 건강한 사람이다. 나는 하나님의 복을 받은 사람이다. 나는 영생복락을 얻은 사람이다. 나는 승리한다. 나는 영혼이 잘되고 범사에 잘되며 강건하며 생명을 얻되 넘치게 얻는 사람이다." 고백하면 그 마음이 기적을 가져오는 것입니다. 성경에 하나님을 믿으라. 누구든지 이 산들에 명하여 저 바다에 던지라 하고 그 말하는 것이 이룰 줄 마음에 믿고 의심하지 아니하면 그대로 되리라. 말씀으로 믿음을 꽉 잡아 놓으면 그대로 이루어진다고 말한 것입니다. 우리 입술의 말이 씨가 되는 것입니다. 그러므로 결코 마음에서 아무리 의로운 긍정적인 마음을 가졌다고 할지라도 입으로 부인하면 다 파괴되어 버리고 마는 것입니다. 입술의 열매를 가지고 마음을 지킬 수가 있는 것입니다.

자신의 전인격(영-혼-육체)을 성전으로 거룩하게 가꾸려면 성령으로 기도하면서 영을 강하게 해야 합니다. 영을 강하게 하는 영적인 방법은 ① 성령으로 충만한 가운데 말씀을 배우고, 묵상하고, 깨닫고 ② 마음으로 기도하며, 말씀을 삶에 적용하고 ③ 전인격으로 성령하나님을 체험하여 믿음을 갖게 하는 것이 영을 강하게 하여 살아계신 하나님의 걸어 다니는 성전으로 살아가는 기본적인 단계이며 절차입니다.

이 세 가지가 어느 한쪽으로 일방적으로 치우치지 않고 균형을 유지해야 하며, 어느 한 가지라도 결여 되었다면 그 것은 온전하지 못한 것입니다. 우리는 하나님이 완전한 것처럼 완전해야 합니다. 완전하다는 말의 헬라어는 '텔레이오스'인데 '전인격이 하나님으로 가득채워지다'라는 뜻을 지닙니다. 이 세 가지 구성 요소 중 어느 것도 빠짐없이 다 들어있는 상태를 말하는 것입니다. 우리의 영이 강해지는 것은 이 세 요소를 다 갖추고 있다는 것을 말합니다. 하나님은 우리가 이런 상태로 살아가기를 원하시는 것입니다.

걸어 다니는 성전으로 살아가는 영적인 습관은 첫째로 걸어가면서 말씀을 묵상하는 훈련입니다. 성령의 지배가운데 마음으로 말씀의 묵상을 지속적으로 하면 영이 강화됩니다. 예를 든다면 "하나님은 영이십니다. 하나님은 반석이십니다." 그렇지 않으면 시편1편을 묵상하는 것입니다.

둘째로 걸어가면서 마음으로 기도하는 것입니다. 호흡을 들이쉬고 내쉬면서 하나님을 찾는 것입니다. 마음으로 "하나님! 사랑합니다. 하나님! 도와주세요. 하나님! 어떻게 해야 합니까?" 하면서 하나님을 찾으며 집중하는 것입니다. 길을 걸어가면서도 쉬지 않고 하나님께 집중하는 것입니다.

셋째로 걸어가면서 마음으로 찬양을 부르는 것입니다. 호흡을 들이쉬고 내쉬면서 마음으로 찬양을 하는 것입니다. 찬양은 자신이 제일 잘 부를 수 있는 찬양을 1절만 지속적으로 하는 것입니다. 이렇게 영을 강화시키는 훈련을 지속적으로 하면 자신의 혼과 육체가 영의 지배를 받아 육체가 강건하여 집니다.

24장 하나님의 얼굴을 구하는 기도를 하라.

(출34:33-35)"모세가 그들에게 말하기를 마치고 수건으로 자기 얼굴을 가렸더라. 그러나 모세가 여호와 앞에 들어가서 함께 말할 때에는 나오기까지 수건을 벗고 있다가 나와서는 그 명령하신 일을 이스라엘 자손에게 전하며, 이스라엘 자손이 모세의 얼굴의 광채를 보므로 모세가 여호와께 말하러 들어가기까지 다시 수건으로 자기 얼굴을 가렸더라"

코로나19 시대에 하나님의 복을 받으면서 살아가려면 하나님의 손을 구하지 말고 얼굴을 구하는 성도가 되어야 합니다. 하나님은 성도들이 하나님의 손을 구하는 삶에서 하나님의 얼굴을 구하는 삶으로 전환이 되기를 원하십니다. 하나님의 얼굴을 구하는 사람은 하나님의 뜻을 알고 하나님께서 자신을 통하여 일하신다는 것을 믿고 행동하는 성도입니다. 모세가 홍해가에서 두려워 떨고 있는 이스라엘 사람들에게 "모세가 백성에게 이르되 너희는 두려워하지 말고 가만히 서서 여호와께서 오늘 너희를 위하여 행하시는 구원을 보라 너희가 오늘 본 애굽 사람을 영원히 다시 보지 아니하리라 (14) 여호와께서 너희를 위하여 싸우시리니 너희는 가만히 있을지니라"(출14:13-14). "여호와께서 모세에게 이르시되 너는 어찌하여 내게 부르짖느냐 이스라엘 자손에게 명령하여 앞으로 나아가게 하고 (16) 지팡

이를 들고 손을 바다 위로 내밀어 그것이 갈라지게 하라 이스라엘 자손이 바다 가운데서 마른 땅으로 행하리라"(출14:15-16). 모세가 하나님의 말씀대로 지팡이를 내밉니다. "모세가 바다 위로 손을 내밀매 여호와께서 큰 동풍이 밤새도록 바닷물을 물러가게 하시니 물이 갈라져 바다가 마른 땅이 된지라"(출 14:21).

하나님의 손을 구하는 자는 하나님께서 해주시기를 기다리는 사람들로 홍해 가에 있던 이스라엘 사람들입니다. 하나님께 달라고 달라고 하다가 곤란에 처하면 원망하면서 소리만 지르는 사람들입니다. "그들이 또 모세에게 이르되 애굽에 매장지가 없어서 당신이 우리를 이끌어 내어 이 광야에서 죽게 하느냐 어찌하여 당신이 우리를 애굽에서 이끌어 내어 우리에게 이같이 하느냐"(출 14:11). 원망 불평만 하는 사람들입니다.

아브라함은 하나님의 얼굴을 구하는 자입니다. 반대로 롯은 하나님의 손을 구하는 자입니다. 모세는 하나님의 얼굴을 보면서 대화하는 사람입니다. 반면에 아론은 말은 잘하지만 하나님의 얼굴을 볼 수가 없는 육신에 속한 사람이기 때문입니다. 모세는 한마디로 하나님과 대면하며 친밀하게 지내는 사람입니다. 신앙의 본질은 하나님을 알고 하나님과 친밀하여 사랑하는 삶입니다. 하나님을 알기 위해서는 하나님께서 자신을 계시(조명)하실 때만 하나님을 알 수 있습니다. 하나님을 얼굴을 구해하는 것은 필수입니다. 따라서 하나님의 얼굴을 구하는 삶은 신앙의 첫 단추와 같습니다. 반대로 하나님의 손을 구하는 삶에서는 하나님과 친밀함이 절대로 가능하지 않습니다.

첫째, 하나님의 손을 구하는 수준으로 능력은 채워지지 않는다. 요한복음 6장에 나오는 광야에 있던 사람들입니다. 오병이어의 떡을 먹었던 무리들과 제자들로서 큰 기적을 경험하고 또 사모한 그들이지만 예수님께서 십자가를 지실 것을 말씀하자 다 떠났습니다(요6:66). 예수님은 그들에게 영적인 눈을 열어 주시지 않았습니다. 하나님의 얼굴을 구하는 삶으로 나오지 않았기 때문입니다. 즉 하나님의 손을 구하는 삶(요6:26)을 사는 아담적인 사람이기 때문입니다. 여기서 우리가 기억해야 할 것은 하나님의 얼굴을 구하는 삶으로 나오지 않으면 그렇게 사모하여 나왔음에도 불구하고 하나님과 친밀한 교제가 전혀 열리지 않는다는 것입니다. 육신에 속한 아담이기 때문입니다.

또 다른 무리들은 광야의 이스라엘 백성들입니다. 엄청난 기적들을 경험했음에도 불구하고 하나님과 친밀함이 전혀 열리지 않았습니다. 왜 그렇습니까? 하나님의 얼굴을 구하는 삶으로 전환하지 않았기 때문입니다. 우리가 아무리 사모하고, 기도를 많이 하고, 아무리 능력을 경험해도 하나님의 얼굴을 구하는 삶으로 전환하지 않으면 하나님과 친밀함은 절대 열리지 않습니다. 바꿔 말하면 하나님의 손을 구하는 삶에서는 하나님과 친밀함은 절대 불가능합니다. 하나님의 손을 구하는 삶의 특징은 이렇게 표현하고 설명할 수가 있습니다.

1)육신에 속한 사람으로 완악하여 하나님의 뜻을 헤아리지 못하고, 자신들의 육적인 만족을 이루기 위하여 하나님을 이용하니 하나님을 근심케 하고, 더 나아가 하나님을 분노케 합니다.

①이스라엘 백성들은 40년 동안 하나님의 행사를 보았음에도 불구하고 그들은 40년 동안 하나님을 격노케 하였습니다(히 3:7-19). 하나님의 능력을 경험하는 것이 반드시 하나님이 우리를 신임(기뻐하시는)하는 보증이 아니라는 겁니다. 이것은 별개입니다. 자신에게서 신령한 능력이 나타난다고 다된 것이 아니라는 것입니다.

②유다에서 제 3대 아사 왕은 여호와를 섬기는 신앙부흥을 적극적으로 추진한 왕이었습니다. 그는 먼저 이방제단과 산당을 없이하고 주상을 훼파하며 아세라신을 다 찍어 없앴습니다. 에티오피아의 대왕 세라가 백만 대군을 거느리고 유다를 침략해 들어왔을 때, 간절히 부르짖어 기도하여 하나님께서 에티오피아의 군대를 치셨습니다.

그 후 20년 동안 아무 일이 없이 나라가 부강하고 태평 성대하니 아사가 하나님을 찾지 않았습니다. 북방인 이스라엘 왕 바아사가 군대를 소집해서 유다를 침략하자 마음속에 두려움이 들어왔으나 여호와께 부르짖거나 기도하지 않았습니다. 병이 들었어도 하나님께 구하지 않고 세상 의원에게 의지했기 때문에 못 고쳤습니다(대하 16:12). 그는 죽고 만 것입니다. 형통함이 하나님의 기뻐하시는 보증이 아니라는 것입니다.

③ 요한계시록에 나오는 라오디게아 교회를 보세요(계3:14-17). 라오디게아교회는 세상 적으로 잘되었던 교회입니다. 급성장한 교회였습니다. 부족한 것이 없는 교회였습니다. 그런데 주님으로부터 칭찬 한마디 없는 교회가 바로 라오디게아 교회

였습니다. 그런데 왜 칭찬을 못 받았나요? 세상 적으로 잘되는 것이 하나님이 자기들을 신임하는 보증이라고 자기들의 수준으로 생각한 것입니다. 많은 성도들이 세상에서 잘되는 것이 축복인줄로 압니다. 그러나 기억하세요, 외부적 사역의 확장이 하나님의 신임은 아니라는 것입니다. 하나님의 신임과는 별개입니다. 이것은 영의 눈을 열어 보셔야 합니다.

　2)하나님의 얼굴을 구하지 않으면 하나님의 길을 알지 못합니다. 하나님의 길을 따라 행할 때 하나님이 기뻐하시는 삶이 가능한 것입니다. 하나님의 길을 모르면 하나님을 기쁘시게 하는 삶은 불가능합니다. 하나님께서 해주기를 바라며 하나님의 손을 구하는 삶에서는 친밀함이 불가능합니다. 따라서 하나님의 길을 알 수 없습니다. 고로 하나님을 기쁘시게 하는 삶은 불가능한 것입니다.

　헨리 블랙가비 목사님은 하나님은 우리에게 3가지를 계시하시는데 하나님 자신, 하나님의 목적, 길(방법)을 계시하신다고 하셨습니다. ①하나님이 자신을 계시하시는 목적입니다. 모세를 하나님과 친밀한 관계로 인도하시기 위해서 자신을 계시하십니다. 하나님께서 모세를 통하여 일하시기 위해서 입니다. 그래서 하나님의 인도를 따라 가려면 영적인 눈을 열어 믿음으로 하지 않고는 불가능합니다. 그런데 믿음으로 주님을 의지하려면 주님을 알아야합니다. 하나님을 아는 만큼 믿을 수 있기 때문입니다.

　②하나님이 목적을 계시하시는 이유입니다. 그 일에 동참케 하기 위해서 계시하셨습니다(계시가 곧 초청). 하나님의 일에

동참하려면 자신의 삶을 조정해야 합니다. 자신의 삶을 조정하려면 대가를 지불해야합니다. 오늘날 많은 사람이 하나님을 따르기를 원합니다. 그런데 대가를 지불하기를 원치 않습니다. 하나님의 음성을 듣는 그 자체로 만족하는 경우가 많습니다. 그러니 실제 하나님과 동행하지 못하는 것입니다. 하나님을 따르려면 반드시 대가가 지불되어야 합니다. 자신의 삶이 조정되고 동참되어지면 그때 주님이 앞서서 인도해가십니다. 구체적인 길(방법)을 지시하십니다. ③언제 하나님 자신, 목적, 길이 보일까요? 하나님의 얼굴을 구해야 합니다. 하나님의 뜻을 구해야 합니다. 하나님께서 자신을 통해 일하시게 해야합니다. 이스라엘 백성들은 하나님의 얼굴을 구하지 않으니 하나님 자신을 계시하지 않았습니다. 하나님을 모르니 믿음이 없습니다. 따라서 불신, 세상사랑이 가득한 것입니다. 하나님의 얼굴을 구하지 않으니 하나님의 목적을 계시하지 않습니다. 하나님의 의중(길)을 모릅니다. 참다운 순종이 불가능한 것입니다. 따라서 하나님을 기쁘시게 하는 것이 불가능한 것입니다.

둘째, 하나님의 얼굴을 구하는 삶이 되어야 하나님으로 채워진다. 이 삶에서 하나님과 친밀함도, 동행하는 삶도, 다가오는 하나님의 놀라운 행하심에 동참하는 삶이 가능한 것입니다.

　1) 하나님의 얼굴을 구하는 삶의 특징입니다. 하나님의 얼굴을 구하는 삶은 하나님의 손을 구하는 삶과 정반대의 특징을 가지고 있습니다. 하나님과 친밀해집니다. 하나님의 길을 알고 그

길을 따라 행하기 때문입니다. 하나님의 은총이 있습니다. 하나님이 기뻐하십니다. 진정한 믿음이 있습니다. 하나님과 친밀한 교제에서 나오기 때문입니다. 하나님의 뜻에 올바른 순종을 할 수가 있습니다. 하나님이 영광으로 임하십니다. 출애굽기 34장에 보면 하나님이 모세 앞에 영광으로 임하십니다. 모세가 하나님의 얼굴을 구한 것에 대한 응답으로 이루어진 것입니다.

성경은 마지막 때에 하나님의 놀라운 영광으로 하나님의 백성들과 하나님의 교회를 방문하실 것을 예언하고 있습니다. "일어나라 빛을 발하라 이는 네 빛이 이르렀고 여호와의 영광이 네 위에 임하였음이니라. 보라 어둠이 땅을 덮을 것이며 캄캄함이 만민을 가리려니와 오직 여호와께서 네 위에 임하실 것이며 그의 영광이 네 위에 나타나리니"(사60:1-2). 그러므로 오늘날 하나님의 얼굴을 구하는 삶으로의 전환이 어느 때 보다 절실하게 필요합니다.

2) 하나님의 얼굴을 구하는 삶이란 이렇습니다. 하나님의 손을 구한다는 말과 대조적으로 사용합니다. 하나님의 손을 구한다는 것은 자신의 목적과 목표를 위해 하나님의 도움이나 능력과 같은 하나님의 손길을 구하는 것입니다. 하나님의 얼굴을 구한다는 것은 하나님 자신을 구하는 것을 의미합니다. 하나님을 더 알기를, 더 사랑하기를 구하는 것입니다. 하나님께서 자신을 통해서 역사하신다는 믿음을 위하여 얼굴을 구하는 것입니다.

하나님의 손을 구하는 삶과 하나님의 얼굴을 구하는 삶은 별 차이가 없어 보이지만 근본적인 차이가 있습니다. 하나는 하나님이 수단이 되는 삶이고, 다른 하나는 하나님이 목적이 되는 삶입니다. 그러므로 하나님의 얼굴을 구하는 삶은 먼저 거짓신 앙체계를 버리는 것, 즉, 하나님이 수단이 된 삶을 버리는 것에서 시작됩니다. 하나님이 목적이 되는 삶으로 바뀌어야 합니다. 하나님을 주인으로 모시고 살아가려는 자세가 되어야 합니다.

3)하나님의 얼굴을 구하는 삶의 실 예입니다. 먼저 모세입니다. "여호와께서 모세에게 이르시되 너는 네가 애굽 땅에서 인도하여 낸 백성과 함께 여기를 떠나서 내가 아브라함과 이삭과 야곱에게 맹세하여 네 자손에게 주기로 한 그 땅으로 올라가라. 내가 사자를 너보다 앞서 보내어 가나안 사람과 아모리 사람과 헷 사람과 브리스 사람과 히위 사람과 여부스 사람을 쫓아내고, 너희를 젖과 꿀이 흐르는 땅에 이르게 하려니와 나는 너희와 함께 올라가지 아니하리니 너희는 목이 곧은 백성인즉 내가 길에서 너희를 진멸할까 염려함이니라 하시니"(출33:1-3). 모세가 지금 있는 곳은 광야입니다. 하나님의 약속은 젖과 꿀이 흐르는 가나안 땅, 심지어 천사들을 앞서 보내어 모든 원수를 멸해주시겠다고 약속합니다. 하나님께서 모세를 통해 일하신다는 것입니다.

모세의 이 자세를 보십시오. 모세는 하나님께서 함께 가시지 않는 젖과 꿀이 흐르는 가나안 땅이나 천군 천사를 통한 놀라운 승리보다 하나님의 임재가 함께 하시는 돌 뿐이고 숨이 막히는 사막이 더 좋다고 했습니다. 그만큼 그는 그 무엇보다 하나님의 얼굴을 구했습니다. 하나님의 임재, 하나님 자신을 구했습니다. 하나님과 함께 있기를 구했습니다. 그 무엇보다 하나님이 그에게 소중했습니다. 하나님의 은총 가운데 있는 것이 소중했습니다. 이것이 바로 하나님의 얼굴을 구하는 자세입니다.

우리는 이러한 모세의 기도와 삶의 자세를 보면서, 왜 하나님께서 그에게 그러한 친밀함을 허락하셨는지, 그가 왜 하나님의 은총을 입었는지, 왜 하나님은 그의 기도를 들으사 곧바로 돌이키시고 이스라엘 백성들과 동행하셨는지, 그리고 왜 하나님께서 영광으로 그에게 임하셨는지를 깨달을 수 있습니다.

우리는 성경에서 하나님의 얼굴을 구하는 것이 무엇인지를 한 구절로 정리한 것을 볼 수 있습니다. "내가 여호와께 바라는 한 가지 일 그것을 구하리니 곧 내가 내 평생에 여호와의 집에 살면서 여호와의 아름다움을 바라보며 그의 성전에서 사모하는 그것이라"(시17:4). 하나님의 얼굴을 구하는 것은 하나님을 알고 사랑하는 것이 유일한 소망이 되는 것입니다.

다윗도 하나님의 임재 가운데서 하나님의 영광을 보고, 하나님의 아름다움을 앙망하는 것을 한 가지 소원으로 하나님께 간구했습니다. 그것은 다윗의 많은 소원 중의 하나가 아니었습니다. 심지어 많은 것 중에서 첫 번째도 아니었습니다. 그것은 다윗의 유일한 한 가지 소원이었습니다. 그리고 그것은 예전에도 그랬고, 지금도 변함없이 그랬습니다. 골리앗을 잡을 때도 하나님께서 친히 골리앗을 죽일 것이라는 것을 믿었다는 것입니다. 이것이 바로 하나님의 얼굴을 구하는 삶입니다. 하나님께서 다윗에 대해서 하나님의 마음에 합한 자라고 말씀하셨는데, 우리는 그 이유를 알 것 같습니다.

하나님의 얼굴을 구하는 것은 오직 하나님만이 유일한 목적이 되는 것을 말합니다. 필자는 성공적인 사업도 원하고, 하나님도 더욱 알기 원하는 성도들을 보았습니다. 그리고 목회도 성공하고 하나님의 영광도 보기를 원하는 많은 목회자들도 보았습니다. 그러나 필자는 그것은 결코 하나님의 얼굴을 구하는 자세가 아닌 것을 발견했습니다. 그것은 나누어진 마음입니다. 우리들이 진실로 하나님을 알기 원하고, 하나님이 우리에게 소중하면, 그 분만이 우리의 유일한 목적과 목표가 되어야 합니다. 하나님만이 우리의 유일한 목표와 목적이 되어 질 때, 그 분이 우리를 통하여 살아계심을 나타내니다. 우리를 통하여 역사하십니다. 그 분은 천지를 창조하신 분일 뿐 아니라, 우리를 진실로 사랑하시는 분이시기 때문입니다.

4)우리는 지속적으로 하나님의 얼굴을 구해야 합니다.

①모세의 예입니다. 모세와 다윗과 같은 하나님의 사람들은 지속적으로 하나님의 얼굴을 구했습니다. 그들이 광야를 방황하며 헤맬 때 뿐 아니라, 그들의 사역이 확장되고 놀라운 하나님의 복이 그들과 함께 할 때에도 그들은 여전히 하나님의 얼굴을 구했습니다. 하나님 자신만이 그들의 유일한 소망이요 열망이었습니다. 출애굽기 33:12-13에 나오는 모세의 기도는 그의 사역의 절정기에 그가 한 기도인 것을 기억하십시오. "모세가 여호와께 아뢰되 보시옵소서, 주께서 내게 이 백성을 인도하여 올라가라 하시면서 나와 함께 보낼 자를 내게 지시하지 아니하시나이다. 주께서 전에 말씀하시기를 나는 이름으로도 너를 알

고 너도 내 앞에 은총을 입었다 하셨사온즉, 내가 참으로 주의 목전에 은총을 입었사오면 원하건대 주의 길을 내게 보이사, 내게 주를 알리시고 나로 주의 목전에 은총을 입게 하시며 이 족속을 주의 백성으로 여기소서"(출33:12-13).

②바울의 예입니다. 신약 성경에 나오는 사도 바울도 처음부터 끝까지 오직 예수님 한 분만을 구했습니다. 바울이 간절히 알기를 원했던 한 가지로서 오직 예수님만(주님만) 알기를 원했습니다. "내가 너희 중에서 예수 그리스도와 그가 십자가에 못 박히신 것 외에는 아무 것도 알지 아니하기로 작정하였음이라"(고전2:2). 사도 바울이 간절히 얻기를 원하는 것이 바로 예수 그리스도입니다. "그러나 무엇이든지 내게 유익하던 것을 내가 그리스도를 위하여 다 해로 여길뿐더러 또한 모든 것을 해로 여김은 내 주 그리스도 예수를 아는 지식이 가장 고상하기 때문이라 내가 그를 위하여 모든 것을 잃어버리고 배설물로 여김은 그리스도를 얻고"(빌립보서 3:7-8).

사도 바울이 간절히 본받기를 원하는 것도 예수 그리스도입니다. "내가 그리스도와 그 부활의 권능과 그 고난에 참여함을 알고자 하여 그의 죽으심을 본받아"(빌립보서 3:10). 바울은 그것을 얻기 위하여 다른 모든 것을 해로 여겼습니다(빌3:7-8절). 사도 바울은 오직 예수님만을 원했습니다. 고린도전서는 대체적으로 그의 사역의 초기 부분에 쓰신 서신서입니다. 그리고 빌립보서는 로마 옥중에서 쓰신 서신으로서 그의 사역의 말기 부분에 쓰인 서신입니다. 이 서신들을 보면, 바울은 처음부터 끝까지 오직 예수 그리스도만을 알기 원하고, 그 분만을 사랑하기 원했던 것을 알 수 있습니다.

우리는 지속적으로 하나님의 얼굴을 구해야 합니다. 하나님의 얼굴을 구하는 사람은 하나님의 뜻을 알고 하나님께서 자신을 통하여 일하신다는 것을 믿고 성령의 감동을 선포하여 하나님의 뜻을 이루는 사람입니다. 그 분을 알고, 그 분을 더욱 사랑하는 것만이 최선이 되어야 합니다. 우리들이 하나님의 얼굴을 구하는 삶을 살다가도, 조금만 방향이 흐려져 다른 것이 우리의 삶의 초점이 되어지면, 심지어 그것이 주를 위한 사역이라 할지라도, 곧바로 하나님과의 친밀함이 우리에게서 끊어집니다.

5)하나님의 얼굴을 구체적으로 어떻게 구해야 합니까? 하나님의 얼굴을 구하는 과정은 이렇습니다. "그가 나가서 아사를 맞아 이르되 아사와 및 유다와 베냐민의 무리들아 내 말을 들으라. 너희가 여호와와 함께 하면 여호와께서 너희와 함께 하실지라. 너희가 만일 그를 찾으면 그가 너희와 만나게 되시려니와 너희가 만일 그를 버리면 그도 너희를 버리시리라"(대하15:2). 찾으면 만난바 되는데 어떻게 찾아야 할까요? "또 마음을 다하고 목숨을 다하여 조상들의 하나님 여호와를 찾기로 언약하고"(대하15:12), "온 유다가 이 맹세를 기뻐한지라. 무리가 마음을 다하여 맹세하고 뜻을 다하여 여호와를 찾았으므로 여호와께서도 그들을 만나 주시고, 그들의 사방에 평안을 주셨더라."(대하15:15).

하나님을 아는 것과 찾는 것이 유일한 목표가 되는 것으로, 100으로 하나님을 찾아야 하나님을 1이라도 알 수 있습니다.

지속적으로 찾느냐에 따라서 30%, 60% 알아갈 수 있는 것입니다. "여호와께서 이와 같이 말씀하시니라. 바벨론에서 칠십 년이 차면 내가 너희를 돌보고 나의 선한 말을 너희에게 성취하여 너희를 이곳으로 돌아오게 하리라. 여호와의 말씀이니라. 너희를 향한 나의 생각을 내가 아나니 평안이요 재앙이 아니니라. 너희에게 미래와 희망을 주는 것이니라. 너희가 내게 부르짖으며 내게 와서 기도하면 내가 너희들의 기도를 들을 것이요, 너희가 온 마음으로 나를 구하면 나를 찾을 것이요, 나를 만나리라."(렘29:10-13).

전심으로 찾는 것이 어떤 것입니까? "내 이름으로 일컫는 내 백성이 그들의 악한 길에서 떠나 스스로 낮추고 기도하여 내 얼굴을 찾으면 내가 하늘에서 듣고 그들의 죄를 사하고 그들의 땅을 고칠지라."(대하7:14). 스스로 겸비한다는 뜻은 역대하 22장의 요시아 왕이 한 것과 같이, 말씀 앞에 정직하게 엎드려 동의하는 것입니다. 전심으로 기도(구하고, 찾고, 두드림)해야 합니다. 구하고 찾고 두드립니다(눅11:9). "내가 또 너희에게 이르노니 구하라, 그러면 너희에게 주실 것이요. 찾으라, 그러면 찾아낼 것이요. 문을 두드리라, 그러면 너희에게 열릴 것이니"(눅11:9). 하나님의 얼굴을 구해야 합니다. 창32장에 나오는 얍복강의 야곱과 같이 하나님의 얼굴을 구해야 합니다. 그리고 악한 길에서 떠나야 합니다. 온유함으로 옷을 입어야 합니다.

아사왕의 예(대하15:8-15)입니다. "온 유다가 이 맹세를 기뻐한지라 무리가 마음을 다하여 맹세하고 뜻을 다하여 여호와를 찾았으므로 여호와께서도 그들을 만나 주시고 그들의 사방에 평안을 주셨더라"(대하15:15). 중간에 멈추십니다. 유지와 지속적이 중요합니다.

6)하나님의 얼굴을 구하는 삶의 특징은 하나님의 방법을 따라 사는 삶입니다. 자기의 방법을 따라 사는 삶을 종결하고 하나님의 의도를 질문하여 알아내고 순종하는 것입니다. 한마디로 하나님의 방법대로 사는 삶을 사는 것입니다. 하나님의 이름으로 골리앗에게 나가는 것입니다. "다윗이 블레셋 사람에게 이르되 너는 칼과 창과 단창으로 내게 나아오거니와 나는 만군의 여호와의 이름 곧 네가 모욕하는 이스라엘 군대의 하나님의 이름으로 네게 나아가노라."(삼상 17:45) "오늘 여호와께서 너를 내 손에 넘기시리니 내가 너를 쳐서 네 목을 베고 블레셋 군대의 시체를 오늘 공중의 새와 땅의 들짐승에게 주어 온 땅으로 이스라엘에 하나님이 계신 줄 알게 하겠고"(삼상 17:46).

특히 여호수아 22장은 여호수아가 가나안 정복을 마치고 르우벤 사람과 갓 사람과 므낫세 반 지파를 요단 동편으로 보내면서 그들을 향한 모든 신앙의 권면을 이 한 마디 속에 담아서 당부한 구절입니다. 핵심은 "하나님의 길로 행하라"입니다.

예수님은 철저하게 하나님의 방법을 따라 사셨습니다. "그러므로 예수께서 그들에게 이르시되 내가 진실로 진실로 너희에게 이르노니 아들이 아버지께서 하시는 일을 보지 않고는 아무것도 스스로 할 수 없나니 아버지께서 행하시는 그것을 아들도 그와 같이 행하느니라"(요15:19). 하나님의 방법을 따라 살기 위해 우리에게 필수적인 요소 중 하나는 하나님께 묻는 것입니다. 하나님의 의중에 순종하고 따르는 것입니다.

하나님의 뜻을 가장 잘 물은 사람이 다윗입니다(삼상23:2-4; 삼하2:1). "이에 다윗이 여호와께 묻자와 이르되 내가 가서 이 블레셋 사람들을 치리이까? 여호와께서 다윗에게 이르시되 가서 블레셋 사람들을 치고 그일라를 구원하라 하시니, 다윗의 사람들이 그에게 이르되 보소서 우리가 유다에 있기도 두렵거든 하물며 그일라에 가서 블레셋 사람들의 군대를 치는 일이니이까 한지라. 다윗이 여호와께 다시 묻자온대 여호와께서 대답하여 이르시되 일어나 그일라로 내려가라 내가 블레셋 사람들을 네 손에 넘기리라 하신지라"(삼상23:2-4). 이 중 대표적인 사례가 삼상30장입니다. 다윗이 블레셋에 피신, 당시 블레셋 족장들과 합하여 사울을 치러갑니다. 가다가 자기가 머물던 시글락으로 돌아옵니다. 아말렉 사람들이 남아있던 자녀, 아내들을 포로로 끌고 갑니다. 다윗의 부하들이 돌을 들어 다윗을 치려고 합니다. 이런 상황에서도 하나님께 물어봅니다(삼상30:6-8). 이러한 다윗도 묻지 않아서 큰 낭패를 경험한 적이 있습니다(대상13장). 나중에 그의 가장 근본적인 잘못이 하나님께 묻지 않았던 것에 있었음을 발견합니다(대상15:13).

하나님의 얼굴을 구하는 성도는 항상 하나님의 뜻을 쫓아사는 성도입니다. 하나님의 뜻이 이러하니 아무리 어렵고 힘들어도 하나님께서 자신을 통해서 하신 다는 믿음의 행동입니다. 담대하게 예수이름으로 나가서 기적을 체험하는 성도입니다.

25장 코로나 시대에 알곡성도로 사는 길

(마 13:24-30)"예수께서 그들 앞에 또 비유를 들어 이르시되 천국은 좋은 씨를 제 밭에 뿌린 사람과 같으니 (25) 사람들이 잘 때에 그 원수가 와서 곡식 가운데 가라지를 덧뿌리고 갔더니 (26) 싹이 나고 결실할 때에 가라지도 보이거늘 (27) 집 주인의 종들이 와서 말하되 주여 밭에 좋은 씨를 뿌리지 아니하였나이까? 그런데 가라지가 어디서 생겼나이까? (28) 주인이 이르되 원수가 이렇게 하였구나 종들이 말하되 그러면 우리가 가서 이것을 뽑기를 원하시나이까? (29) 주인이 이르되 가만 두라 가라지를 뽑다가 곡식까지 뽑을까 염려하노라 (30) 둘 다 추수 때까지 함께 자라게 두라 추수 때에 내가 추수꾼들에게 말하기를 가라지는 먼저 거두어 불사르게 단으로 묶고 곡식은 모아 내 곳간에 넣으라 하리라."

코로나19가 2년이 다되도록 위세를 떨치고 있습니다. 최초 4자리 수의 확진 자가 나왔을 때 정부방역책임자들이 굵고 짧게 하여 코로나를 잠식시키겠다고 4단계를 선포하고 2주간 대처했지만, 2,000-3,000명씩 확진 자가 나오는 상황이 벌써 3개월이 다되어 갑니다. 정부의 방역담당 관리들과 국민들이 코로나19의 종식을 원합니다. 우리는 현실을 직시해야 합니다. 코로나19의 종식은 우리가 원하는 바이지 실제는 그렇지 못할 수가 있다는 것입니다. 코로나19와 동행하며 살아갈 대안을 찾아야 한다는 것입니다. 살아계신 하나님의 성전 된 성도들도 마찬가지입니다. 코로나19가 종식되기를 기다린다면 시대에 뒤떨어진 성도요, 종교단체가 될 수가 있습니다. 사실 우리가 코로나19 확진자 숫자가 4자리가 되는 것을 처음 봤을 때는 이게 얼마나 지속될까 생각했었는데, 언제 확진자 숫자가 3자리로 떨어질지, 그렇게 될까 싶은 걱정이 드는 게 사실입니다. 그래서 사회적 거리두기 4단계 격상도 한 번 더 4주나 연장된 상황에서 코로나와 함께 살아가야하는 세상이 다가오고 있는 게 느껴집니다.

최근에 언론에서는 위드 코로나라는 용어를 종종 언급하고 있는데요. 코로나19 사태 그리고 사회적 거리두기에 관련된 기사에서 심심치 않게 등장하고 있습니다. 처음 '위드 코로나' 라는 단어를 보신다면 생소하실 수도 있으실 것 같습니다. 위드코로나는 함께 라는 뜻을 가진 전치사 with와 코로나를 합쳐서 만든 신조어입니다. 이 단어의 뜻으로 봤을 때, "코로나와 함께 일상을 생활한다."라는 의미로도 해석할 수 있겠습니다. 위드 코로나라는 표현은 코로나19가 장기화되면서 변이 바이러스가 계속 진화하여 나타나면서 코로나 감염병이 완전히 사라지는 것은 어렵다고 판단해서, 결국 코로나19와 함께 살아갈 준비를 하자는 것입니다. 위드 코로나는 지금처럼 격리와 방역에 집중해서 단기적인 바이러스 확산을 차단하는 방식이 아니고, 코로나를 독감처럼 관리하고, 전염병 방역 전략을 사망자와 위중증 환자를 최소화하는데 중점을 뒀다고 볼 수 있습니다. 코로나와 함께 살아간다는 의미로서 사회적 거리두기와 마스크 착용 및 비대면 강의, 비대면 예배 등에 이미 익숙해질 대로 익숙해진 지금, 위드 코로나로 살아가는 상태는 유지하면서, 사회적 그리고 경제적 활동에 제한하지 두지 않고, 우리 국민들의 일상 복귀와 침체된 경기의 회복 효과를 기대할 수 있다고 생각합니다.

이에 따라서 이미 일부 국가에서는 코로나19 확진자 수의 감소를 위해서 지역 및 경제 봉쇄 조치와 방역 강화를 유지하기보다는 위중증 환자의 관리를 위주로 정책변경하려는 움직임을 보이고 있습니다. 결국 코로나19 확진자 수를 감소시키는 정책에는 한계가 있고 경제적 피해가 늘어나다보니 반대로 치사율을 낮추는 것에 좀 더 초점을 맞추는 것입니다. 특히 이스라엘, 싱가포르와 영국 등 백신 접종률이 높은 국가에서는 진행하고 있던 사회적 거리두기와 방역 조치를 점차 완화하고 있습니다.

실제로 현재 영국에서는 사적 모임 인원제한 및 실내 마스크 착용의무, 사회적 거리두기 등의 제한 사항들을 거의 해제했습니다. 그리고 6개월간에 걸친 4단계 방역 완화를 발표했습니다. 현재는 4단계가 시행되고 있으며, 1개월 째(프리덤 데이) 영국에서는 거의 모든 법적 그리고 제도적 방역 규제가 사라진 상태입니다.

싱가포르의 사례를 보면, 강력한 봉쇄 정책을 펼친 이후에 안정기를 맞이하면서 규제 완화를 시작했습니다. 싱가포르의 경우에는 코로나 백신 2차 접종 완료가 전 국민의 약77%를 넘겼으며, 올해 사망자수는 44명으로 대부분 백신 미 접종자라고 발표했습니다. 싱가포르의 위드 코로나는 확진자와 접촉한 사람들의 추적과 격리 규모를 축소시키고, 위중증 환자에 대한 집중치료와 중증 환자수를 주요 수치로 생각하고 관찰하면서 앞으로는 중중환자에 집중하는 것으로 방역 체계를 전환시킨 것입니다. 그러나 방역 지침의 준수를 필수로 한다는 점은 영국과는 차이가 있는 것이며, 마스크 착용을 거부하는 영국인에게 싱가포르 법원은 징역 6주를 선고한 사례가 있습니다.

전문가들은 이렇게 다른 국가 사례를 살피면서 우리나라에 맞는 전략을 세워야 한다고 말하고 있습니다. 백신만이 100% 답은 아니라고 말하고 있으나, 최근 델타 변이 바이러스가 확산되면서 돌파 감염도 증가하고 있는 만큼, 백신이 새로운 변이 바이러스에 대한 예방 효과가 떨어진다는 분석이 있었습니다.

위드 코로나가 등장한 이유는 코로나19에 대한 백신이 개발되고, 예방 접종을 시행해왔지만 코로나의 계속되는 변이와 백신접종 후 돌파 감염 등으로 인해서 코로나의 대유행이 끝날 기미가 보이지 않아서 나타나게 된 것입니다. 특히 장기간 동안 시행된 사회적 거리두기로 인해서 국민들의 일상이 점점 지쳐가고 있으며, 경제 침체가 가속화되는 등의 사회적, 그리고 경제적인 문제가 장기적으로 이어지기 때문입니다. 특별하게 교회도 타격이 큽니다. 필자가 제일 듣기 싫어하는 말이 있습니다. 많은 분들이 전화하여 충만한교회가 정상적으로 유지가 되느냐는 말입니다. 우리 충만한교회는 성령하나님께서 주인으로 운영하고 계시니까, 아무런 문제가 없이 잘 유지되고 있습니다. 이러한 여러 문제로 코로나19의 완전한 종식을 기대하지 않고, 코로나19와 일상생활에서의 공존을 선택하여 국민들의 일상과 침체된 경제 회복, 사회적 거리두기에 따른 비용 및 의료비 부담 등을 줄이기 위한 것이 위드 코로나의 등장 이유입니다.

최근에는 기존 코로나19 바이러스보다 전염력과 중증화 가능성이 훨씬 높은 델타 변이 바이러스와 백신 효과를 무력화시키는 것으로 알려진 람다 변이 바이러스 등, 계속해서 새로운 코로나 변이 바이러스가 나타나고 있습니다. 게다가 백신을 2차까지 접종 완료했음에도 불구하고 감염이 발생하는 돌파 감염 사례가 계속해서 발생하고 있기 때문에 코로나19와 함께 일상을 살아가자는 위드 코로나를 주장하는 목소리가 나오고 있는 것입니다.

위드 코로나를 시행하게 되면 가장 큰 장점은 침체된 경기 회복이라고 생각할 수 있습니다. 사회적 거리두기 4단계가 예상보다 길어지며, 몇 번의 연장으로 인해 우리나라 지역 소상인들의 불만이 점점 거세지고 있습니다. 방역 수칙을 잘 지키고 있는 사람이 대부분이겠지만, 몇 명의 방역수칙을 위반하는 사람들 때문에 손해를 보는 구조가 탐탁지 않고 그 피해가 힘들기 때문입니다.

위드 코로나를 시행하면 발생할 수 있는 단점은 역시나 코로나 확진에 의한 사망자 발생입니다. 그래서 위드 코로나를 시행하려면 먼저 언급했었던 영국과 싱가포르의 사례를 잘 파악하고 분석한 뒤 시행하는 것이 좋습니다. 우선 영국과 싱가포르의 경우에는 각 나라의 차이가 있지만 그보다는 백신 접종률이 훨씬 높은 상황입니다.

현재 영국은 마스크를 벗고 돌아다니고 있으며, 돌파 감염 때문에 위험하다고 하는 델타 변이 바이러스가 빠르게 번지고 있는 상황에서도 프리덤 데이를 선언하고 자유롭게 생활을 즐기고 있습니다. 그럼에도 불구하고 코로나 발생 시기를 평균으로 비교해봤을 때, 사망률은 낮아졌다고 했습니다.

우리나라 정부에서도 백신 접종률이 높아지는 9월 이후에는 방역 조치를 조금씩 완화하여 위드 코로나를 시행할 수 있다는 입장을 밝혔습니다. 대통령도 위드 코로나를 언급하였고, 정부 관료가 계획을 말하기도 합니다. 그들의 말에 의하면 10월 말 혹은 11월 초에 위드 코로나 체제로 전환하는 것에 대해서 검토한다는 입장입니다. 강화된 방역 조치와 사회적 거리두기를 지속할 경우에는 경제 부담이 커질 수 있기 때문에, 백신 접종률이 목표치에 달성하는 추석 이후 가을 무렵에 방역 조치를 완화할 수 있다는 내용입니다. 이 경우 사적모임 인원제한 등과 같은 규제가 조금은 완화될 수 있다고 예상하고 있습니다. 하지만 방역 조치가 완화되더라도 마스크 착용과 확진자 발생에 따른 역학 조사와 같은 정책은 지속될 것으로 예상됩니다. 아니 그렇게 해야 합니다. 필자는 지금과 같이 방역하면서 목회를 할 것입니다. 코로나19 변종 바이러스가 계속 나타나면서 확진자 수가 증가하고 있습니다. 조금은 불편하고 답답하시겠지만, 사회적 거리두기 실천을 통해서 안전하게 생활하시길 바랍니다. 당분간은 정부의 사회적 거리두기에 적극적으로 동참하면서 개인 방역을 철저하게 해서 코로나19로부터 자신을 보호해야 합니다. 지금 코로나19 시대에 국민 한 사람 한 사람이 개인방역을 철저하게 해야, 대한민국의 코로나19 방역이 성공할 수가 있고, 코로나19를 빨리 종식시킬 수가 있는 것입니다.

첫째, 교회는 어떻게 대처해야 할 것입니까? 필자는 지금 하나님께서 성도들을 코로나19라는 전염병을 통하여 알곡과 가리지를 구별하고 계신다고 믿습니다. 알곡은 어떤 성도들일까요? 모든 성도는 좋은 땅이 되고 좋은 열매를 맺어야 합니다. 그렇게 하려면 이렇게 해야 합니다. 첫째로 하나님은 보이지 않지만 살아계신 것을 믿어야 합니다. 자신은 예수님을 믿을 때 죽고 지금은 사망권세 깨뜨리고 다시사신 예수님으로 살아간다는 믿음의 확신이 중요합니다. 그래서 살아계신 하나님의 성전이 되어야 합니다. "너희는 너희가 하나님의 성전인 것과 하나님의 성령이 너희 안에 계시는 것을 알지 못하느냐"(고전 3:16). 살아계신 하나님의 성전이 되어 걸어 다니는 성전 된 성도는 알곡신자가 되는 것입니다. 성령님의 지배와 장악되어 성령의 인도를 받기 때문입니다.

둘째로 하나님을 두려워해야 합니다. 하나님은 보이지 않지만 살아계십니다. 자신을 성전삼고 주인으로 계신다는 것을 믿어야 합니다. 항상 불꽃과 같은 눈으로 자신과 이웃과 세상을 감찰하고 계십니다. "온 땅은 여호와를 두려워하며 세상의 모든 거민들은 그를 경외할지어다"(시 33:8). 세상에서도 부모를 두려워하는 사람은 나쁜 짓을 하지 못합니다. 부모가 두렵기 때문입니다. 부모를 우습게 알거나 하찮게 여기는 자는 부모 말씀을 듣지 않습니다. 결국 인생을 실패하여 고통 속에서 살게 됩니다.

셋째로 자기를 죽이고 하나님께 절대 복종해야 합니다. 자기를 죽이는 것은 성경에서 말한 대로 "새 사람을 입었으니 이는 자기를 창조하신 이의 형상을 따라 지식에까지 새롭게 하심을 입은 자니라."(골 3:10). 이 말씀을 깨닫지 못하면 좋은 땅이 되지 못합니다.

넷째는 좋은 열매를 많이 맺어야 합니다. 선한 열매, 착한 열매, 성령의 열매, 의의 열매입니다. 성령의 열매입니다. 교회 생활에서 열매를 맺어야 합니다. 가정생활에서 열매를 맺어야 합니다. 세상 생활에서 열매를 맺어야 합니다. 이 정도만 열매를 맺어도 새사람이 되어 알곡이 될 수 있습니다. 거기에는 사랑,

희락, 화평, 오래 참음, 자비, 양선, 충성, 온유, 절제의 열매가 모두 들어 있습니다. 그리고 선한 열매 의의 열매가 들어 있습니다. 그러므로 알곡이 되는 것입니다. 알곡이 되는 것은 어렵지 않습니다. 본인이 알곡이 되려고 결심하시고 성령의 인도를 받으면서 행동에 옮기면 됩니다.

그러면 지금 예수님이 공중 재림하시더라도 심판을 면하고 상급을 받습니다. 시간이 얼마 남지 않았습니다. 빨리 실천하십시오. 지금 바로 결심하십시오. 깨달았을 때가 늦은 것이 아니라 가장 빠른 것입니다. 하나님은 과거보다 현재와 미래를 보시는 하나님이십니다. 모두가 추수 전에 알곡이 되어 심판을 피하고 상급을 받는 분들이 되시기를 축원합니다.

좋은 열매 성령의 열매를 맺으려면 좋은 땅이 되어야 합니다. 자신의 마음이 좋은 밭이 되어야 합니다. 좋은 밭이 되려면 쓴 뿌리를 거두어내야 합니다. 돌을 거두어내고, 가시를 거두어내야 합니다. 굳어버린 마음을 갈아엎어야 합니다. 그래서 흙만 있는 부드러운 땅이 되어야 합니다. 그러면 하나님 말씀의 씨앗이 떨어져서 좋은 열매 알곡을 맺습니다. 알곡을 맺지 못하는 이유는 마음이 좋은 땅이 아니기 때문입니다. 이는 자신이 마음을 열면 성령께서 하십니다. 성령으로 자신의 마음을 좋은 땅으로 만드십시오. 마음을 찢고 두드리며 회개하고 애통 해 하십시오. 자신의 마음에 말씀의 씨가 떨어지면 "아멘!"으로 받는 심령이 되십시오. 그렇게 하셔야 생명을 얻을 수 있습니다. 이것에 실패하면 가라지가 되는 것입니다. 성공하면 알곡이 됩니다.

알곡이 되는 제일 좋은 길은 자신이 죽는 것입니다. 자신이 죽으면 성령님이 주인이 되십니다. 성령님이 주인이 되어 자신을 전인격을 살아계신 하나님의 성전이 되게 하십니다. 자신이 하나님의 성전 된 성도가 알곡 성도가 된다고 말했습니다. 자신이 죽어 없어지고 하나님의 성전이 되면 성령하나님께서 자신을 하나님께서 사용하시기에 좋도록 바꾸십니다. 성도는 성령으로 바뀐 사람입니다. 지금 코로나19를 통하여 우리 예수를 믿고 성령의 인도를 받는 성도들을 하나님의 성전으로 바꾸고 계시는 것입니다.

하나님의 성전으로 바뀌기를 싫어하는 성도는 가라지가 되는 것입니다. 가라지 성도가 되는 이유는 살아계신 하나님의 성전이 무엇인지 깨닫지 못하여 자신의 편의주의로 믿음생활을 하기 때문입니다. 관념적으로 신앙생활을 하기 때문에 성령으로 영이 깨어나지 못한 고로 하나님의 말씀을 들어도 깨달을 수가 없기 때문입니다. "이사야의 예언이 그들에게 이루어졌으니 일렀으되 너희가 듣기는 들어도 깨닫지 못할 것이요 보기는 보아도 알지 못하리라"(마 13:14). 신앙생활을 자기 편의주의로 하기 때문에 전인격이 세상신의 지배를 받는 연고로 마음이 둔해졌기 때문입니다. "이는 그들이 그 떡 떼시던 일을 깨닫지 못하고 도리어 그 마음이 둔하여졌음이러라"(막 6:52).

예수를 믿었다고 하나 여전하게 자신이 살아있는 악한 사람은 깨닫지 못합니다. 악한 사람이란 성령으로 거듭나 살아계신 하나님의 성전이 되지 못한 사람입니다. "많은 사람이 연단을 받아 스스로 정결하게 하며 희게 할 것이나 악한 사람은 악을 행하리니 악한 자는 아무것도 깨닫지 못하되 오직 지혜 있는 자는 깨달으리라"(단 12:10). 보이지 않는 하나님을 살아계신 하나님으로 알고 믿는 지혜를 달라고 기도해야 합니다. 그래야 밝히 깨닫고 가라지가 될 수 있는 신앙의 행태를 바꿀 수가 있습니다. 자신을 정확하게 볼 수 있는 눈은 성령께서 열어주시는 것입니다. 그런데 가라지가 되면 마귀가 주인이 되어 다른 사람의 신앙을 판단하여 상처를 주는 분리주의자가 될 수가 있습니다.

둘째, 코로나19 속에서 어떻게 신앙생활을 해야 할까요? 시대의 흐름을 하나님의 입장에서 분별하는 자들이 되어야 합니다. 예수님은 이렇게 말씀하십니다. "아침에 하늘이 붉고 흐리면 오늘은 날이 궂겠다 하나니 너희가 날씨는 분별할 줄 알면서 시대의 표적은 분별할 수 없느냐 (4) 악하고 음란한 세대가 표적을 구하나 요나의 표적 밖에는 보여 줄 표적이 없느니라 하시고 그들을 떠나가시니라."(마 16:3-4)

1) 걸어 다니는 성전이 되어야 합니다. 하나님은 이렇게 말씀하십니다. "너희는 너희가 하나님의 성전인 것과 하나님의 성령이 너희 안에 계시는 것을 알지 못하느냐"(고전 3:16). 살아계신 하나님께서 자신의 주인으로 동행한다는 믿음이 되어야 합니다. 오늘

성령이 역사하시는 교회시대를 사는 우리는 예수님을 마음에 주인으로 영접하였기 때문에 예수님은 멀리 계시는 것이 아니라 바로 내 마음 속에 들어와 계시고 성령님을 모시고 살아가니 내가 바로 걸어 다니는 성전이며 우리 각자가 걸어 다니는 충만한 교회입니다. 그러므로 걸어 다니는 성전답게 살아갈 일입니다.

   2) **어디서나 예배하는 성도가 되어야 합니다.** 코로나19속에서 정부에서 비대면 예배를 강요하더라도 교회예배당에 나가 예배를 드릴 수가 있다면 만사를 뒤로하고 예배당에 가서 예배를 드려야 합니다. 코로나가 무섭습니까? 하나님은 이렇게 말씀하셨습니다. "……애굽 사람에게 내린 모든 질병 중 하나도 너희에게 내리지 아니하리니 나는 너희를 치료하는 여호와임이라"(출15:26下). 알곡성도는 하나님께 예배드리는 것을 즐겨하는 성도입니다. 알곡성도는 성령께서 예배를 즐겨드리도록 지배하시고 인도하시기 때문입니다. 자신을 성찰하여 보시기를 바랍니다. 코로나로 인해 집에서 영상예배를 드리고, 예배도 축소되고 하는 모든 과정 속에서 "나 자유 얻었네?"가 아니라, 그럴수록 나 자신을 조여매어서 자신 안에 주인으로 계시는 하나님께 착 달라붙어 있는지 말입니다. 항상 하나님과 대면하는 신앙이 되어야 합니다. 이때가 우리의 믿음의 시험대가 될 수 있는 기회입니다. 그런데 앞으로 코로나가 종시되거나 위드 코로나로 전환이 되더라도 코로나19가 발생하기 전과 같이 많은 성도들이 한께 번에 예배당에 모여 예배를 드리는 것은 쉽지 않을

것으로 판단이 됩니다. 많은 수의 성도들이 집에서 인터넷이나 TV화면을 보면서 예배를 보는 것에 몸과 마음에 익숙 되었기 때문입니다. 성령으로 세례를 받고 성령의 충만함을 사모하는 믿음이 있는 성도들을 제외하고 교회예배당에 들어와서 예배를 드리는 것은 상당한 노력과 기간이 필요할 것입니다.

예수님은 이렇게 말씀하셨습니다. "예수께서 이르시되 여자여 내 말을 믿으라 이 산에서도 말고 예루살렘에서도 말고 너희가 아버지께 예배할 때가 이르리라 (22) **너희는 알지 못하는 것을 예배하고 우리는 아는 것을 예배하노니** 이는 구원이 유대인에게서 남이라 (23) **아버지께 참되게 예배하는 자들은 영과 진리로 예배할 때가 오나니 곧 이 때라 아버지께서는 자기에게 이렇게 예배하는 자들을 찾으시느니라.**"(요 4:21-23). 내가 선 곳에 교회고 삶이 예배가 되어야 합니다. 예배와 삶이 떨어져 있어서는 안 됩니다. 삶이 예배고 예배가 삶이 되어야 합니다. 이것이 진정한 성도의 개인적인 '신앙생활'이고 경건생활입니다. 입술의 경건, 마음의 경건, 행위의 경건이 필요합니다. "하나님 아버지 앞에서 정결하고 더러움이 없는 경건은 곧 고아와 과부를 그 환난 중에 돌보고 또 자기를 지켜 세속에 물들지 아니하는 그것이니라."(약1:27) 충만한 교회 성도로서뿐 아니라, 하나님의 자녀로서도 부끄럽지 않은 성도들이 되어야 할 것입니다.

3) 어디서나 기도하는 성도가 되어야 합니다. 필자가 어느 날 새벽에 기도하니까, 성령하나님께서 이렇게 감동하시는 것입니

다. "왜 무당들이 유명한 산에 올라가 장구치고 북치고 하면서 기도하는지 알고 있느냐" 잠시 생각을 해보니까, 유명한 산에 역사하는 산신령을 접신 받으려고 유명한 산을 찾아 기도한다는 생각이 떠올랐습니다. 그래서 "산에 역사하는 산귀신을 접신 받으려고 산에 가서 기도하는 것입니다." 했더니 성령께서 "그렇다. 산에 역사하는 산신령을 접신 받으려고 산에 가서 기도하는 것이다." 말씀하시는 것입니다. 그럼 자네는 어디에서 기도해야 하겠는가? 제 안에 예수님이 주인으로 계시니까, 어디서나 제 안에 계신 예수님께 기도하고 있습니다. 하며 대답했습니다. 성령께서 그렇다. 이를 목회자들이나 성도들에게 알려주어 기도 장소의 개념을 바르게 알고 기도하도록 하라고 말씀하셨습니다. "크리스천의 기도는 하나님이 주인으로 계시는 자신 안에 집중하여 기도하게 하라는 것입니다." 하나님은 자신 안에 계신 하나님께 기도하시기를 바랍니다. 우리 목회자들이나 성도들의 의식이 기도하려면 "기도원가야 한다. 산에 가야 한다. 교회에 가야한다."로 고정되어 있기 때문에 자신 안에 관심이 두지 않습니다. 더군다나 지금 코로나19로 인하여 교회예배당에 갈수가 없습니다. 자연스럽게 기도하지 않는 목회자 성도가 되는 것입니다. 자신의 마음 안에 관심을 두지 않기 때문에 예수를 믿으면서도 변화되지 못하는 것입니다. 그렇다고 교회나 기도원에 가서 기도하지 말라는 말로 이해하면 안 됩니다. 교회에 가서 기도에 대하여 바르게 배우고 바르게 해야 합니다. 교회에 가서 성령으로 세례도 받아야 합니다. 필자는 자신 안에 계신 하나님께 관심을 가지고 무시로 기도하라는 것입니다. 성전 된 성도답게 기도의 장소를 구별 말고 자신의 집에서나 직장에서나 사업장에서나 어디서나 기도하라는 것입니다.

기도는 하나님을 찾으면서 자신 안에 주인으로 계시는 하나님께 집중하는 것입니다. 기도는 자신 안에 계신 하나님께 기도하여 자신이 하나님의 입장이 되어 하나님의 길을 제대로 따라가고 있는지, 바르게 가고 있는지, 돌아가고 있는지를 보는 것입니다. 그리고 자신 앞에 있는 문제를 하나님께 기도하여 하나님의 해결 방법을 알아내는 것입니다. 그리고 알려주신 해결 방법대로 순종하기 위해서 기도하는 것입니다. 기도는 하나님께 무엇을 얻어내려고 하는 것이 절대로 아닙니다. 자신의 상처를 치유하고, 성령으로 충만하며, 하나님과 대화하기 위하여 기도하는 것입니다. 지친 영혼의 쉼을 얻기 위하여 기도하는 것입니다. 기도는 영-혼-육이 쉼을 얻는 시간이라고 생각하며 성령으로 해야 합니다. 이 중요한 기도가 잘못되면 먼저 영혼이 만족을 누리지 못하는 것입니다. 다음은 이성이 만족을 누리지 못하니 정신이 안정되지 못하고 산란한 것입니다. 더 진전이 되면 육체의 질병으로 발생합니다. 따라서 예수를 믿으면서도 세상 사람들과 똑 같은 영육간의 고통을 당하고 사는 것입니다.

4) 하나님께 드리는 것을 멈추면 안 됩니다. 마음이나 십일조나 감사헌금을 드리는 것은 나의 소유가 모두 하나님의 소유이기 때문에 감사함으로 드리는 것입니다. 옛 사람이던 나는 예수를 믿으면서 십자가에서 죽고, 부활하신 예수로 태어나 예수인

생을 살고 있기 때문에 감사함으로 드리는 것입니다. 직장에 가서 일을 해도 예수님이 주인되어 하기 때문에 돈도 예수님이 버신 것입니다. 예수님이 버신 것이라도 대행권자인 나에게 주시는 것이므로 거기에 십일조를 드리는 것은 당연한 것입니다.

십일조를 드리지 못하는 사람은 아직 모든 소유가 자기의 것이기 때문에 십일조를 드리지 못하는 것입니다. 모든 소유가 자기의 것이므로 하나님이 보호하실 수가 없는 것입니다. 그래서 마귀귀신들이 마음 놓고 환란과 풍파를 일으키는 것입니다. 우리는 하나님이 나에게 주신 권세를 가지고 재정의 복을 받아서 하나님의 나라 확장에 물질을 사용하는 성도가 되어야 합니다. 그것이 하나님의 뜻입니다. 하나님은 예수를 믿는 우리가 다 잘 되기를 소원하고 계십니다. 코로나19로 인하여 교회예배당에 가서 예배를 드리지 못할 지라도 하나님의 것, 십일조와 감사헌금은 교회계좌에 주일마다 입금하는 성도가 되어야 합니다. 하나님께 가진 것을 아낌없이 드릴 수 있는 성도는 살아계신 하나님의 성전 된 성도입니다. 예수님은 믿고 성령으로 거듭난 살아계신 하나님의 성전으로 살아가는 성도는 어떠한 일이 있더라고 하나님께 드리는 것을 중단하지 않는 성도입니다. 하나님의 것은 하나님께 아낌없이 드리시기를 바랍니다.

결론적으로 하나님은 코로나19를 통하여 알곡성도와 가라지 성도를 구별하고 계십니다. 우리 모두 알곡성도가 되어 지금 살아계신 하나님의 성전으로 살아가면서 천국을 누리고 세상에서 삶을 끝내고 영원한 천국에 들어가시기를 바랍니다.

이 책을 통해 예수님이 땅끝까지 전파 되기를 소원합니다.
(출판으로 인한 이익금은 문서선교와 개척교회 선교에 사용합니다.)

코로나9 시대의 신앙생활

발 행 일 l 2021. 10. 06초판 1쇄 발행

지 은 이 l 강요셉

펴 낸 이 l 강무신

편집담당 l 강무신

디 자 인 l 강요셉

교정담당 l 강무신

펴 낸 곳 l 도서출판 성령

신고번호 l 제22-3134호(2007.5.25)

등록번호 l 114-90-70539

주   소 l 서울 서초구 방배천로 2길 53(방배동)

전   화 l 02)3474-0675/ 3472-0191

E-mail l kangms113@hanmail.net

유   통 l 하늘유통. 031)947-7777

ISBN l 978-89-97999-82-8 부가기호 l 03230

가   격 l 16,000원